가자에 지하철이 달리는 날

오카 마리 지음 박용준 옮김

Gaza ni Chikatetsu ga Hashiru Hi by Mari Oka
Copyright © Mari Oka, 2018
Original Japanese edition published by Misuzu Shobo, Ltd.
Korean translation rights arranged with Misuzu Shobo, Ltd.

이 책의 한국어판 저작권은 Misuzu Shobo와의 독점계약으로 마르코폴로 출판사에 있습니다. 저작권법에 따라 한국 내에서 보호를 받는 저작물이므로 무단 전재와 복제를 금합니다.

가자에
지하철이
달리는 날

오카 마리 지음
박용준 옮김

마르코폴로

제1장	사막의 연옥 • 9
제2장	태양의 사내들 • 29
제3장	노 맨의 뼈 • 49
제4장	참을 수 없는 존재의 가벼움 • 69
제5장	게르니카 • 87
제6장	파리 떼에 뒤덮인 날의 기억 • 109
제7장	어둠의 심연 • 131
제8장	팔레스타인 사람이라는 것 • 149
제9장	힐루 필라스틴 • 171

제10장	팔레스타인 사람으로 살아가다 • 205
제11장	영혼의 파괴에 맞서 • 227
제12장	인간성의 임계점 • 251
제13장	슬픈 딸기가 열매 맺는 땅 • 277
제14장	가자 지구에 지하철이 달리는 날 • 301

후기 • 326

역자의 말 • 332

주석 • 340

1957년 1월 1일, 가자지구의 학교 마당에 팔레스타인 아이들이 천진난만한 표정으로 줄을 서 있다.
사진제공: UN

일러 두기

1. 원서에서 일본어(가타카나)로 표기된 아랍어 단어는 독자들이 해당 단어에 대한 검색 및 참조를 용이하게 할 수 있도록 팔레스타인 문제를 다루는 주요 언론의 표기 방식을 따랐으며, 그 외에는 저자인 오카 마리의 저서 중에서 국내 번역서의 표기 방식을 참조했다.
2. 원서의 각 장에 달려 있는 주석은 모두 이 번역서의 말미로 옮겼다.
3. 주석 중 저자의 보충 설명이 있는 경우, 해당 내용 및 자료명을 한글로 번역했으며 그렇지 않은 경우에는 별도로 번역하지 않고 그대로 두었다.
4. 본문의 각 페이지 하단에 있는 각주는 번역자가 추가했다. 단, 원저자가 본문에 주석을 달았지만 해당 내용이 글의 흐름을 끊는 경우가 있어, 이를 각주 처리하고 '저자 주'를 표기하여 번역자 주와 구분하였다. 별도의 표기가 없는 한 번역자의 각주이다.
5. 본문에 언급된 인물 중, 한글로 이름을 검색했을 때 관련 정보를 찾기 어려운 경우 본문에 영문명을 함께 표기했다.

자연 상태의 인간이 안정적인 입장을 누린다는 것은
국민국가의 법권에서는 상상할 수도 없는 일이다.

— 조르조 아감벤

1948년, 팔레스타인에 '유대인 국가'를 표방하는 이스라엘이 건국되었다. 그 과정에서 이 땅에 살고 있었던 이슬람 교도 및 기독교도 팔레스타인 사람 70여 만 명이 민족정화*를 당하고 난민이 되었다. 팔레스타인 사람들을 덮친 이 민족적 비극을 가리켜 아랍어로는 '나크바(النكبة: 대재앙)'라고 부른다.

---

* '민족정화(ethnic cleansing)'란 특정한 영역에서 자신들과 에스니시티(ethnicity, 종족성)를 달리하는 집단을 집단학살, 강제 추방, 그 밖의 여러 가지 폭력적 수단을 동원하여 배제하는 것이다 (이후 본문에서는 '민족정화'보다는 '인종청소'가 한국 사회에서 보편적으로 사용된다고 보아, 모두 인종청소란 표현으로 대체했다).

제1장

사막의 연옥

1. 다잉 메시지

인터넷에서 발견한 한 장의 사진.

사막 한복판에서 대여섯 살쯤 되었을까, 어린 소녀가 필사적으로 두 팔을 위로 뻗어 커다란 종이 한 장을 들어 올리고 있다. 거기에는 손글씨로 이런 영어가 쓰여 있다. "I'm dying in the desert(나는 사막에서 죽어가고 있어요)." 등 뒤로는 텐트 여러 채가 늘어서 있다. 장소는 이라크와 시리아 국경의 사막 지대. 시기는 2007년 내지 2008년 무렵. 소녀는 내전 중인 이라크를 탈출하려고 국경 사이의 노 맨스 랜드(No man's land, 완충지대)에 머물고 있는 팔레스타인 사람이다.

2. 캠프 K

2004년 8월, 나는 요르단의 수도 암만에 있었다.

국경 너머 이라크에서 전쟁이 시작된 때는 그 전해인 2003년 3월이었다. 이라크 전쟁*이 시작된 지 한 달 후인 2003년 4월, 미국은 사담 후세인** 정권의 붕괴를 발표했고 같은 해 5월에 부시 대통령은 서둘러 종전을 선언했다. 그로부터 일 년 남짓 지난 2004년 6월에는 이라크 임시정부에 주권이 이양되었지만 이라크의 현실은 전투 종결과는 거리가 멀었다. 점령에 맞선 주민들의 저항은 수그러들지 않았고, 미국군과 영국군의 공습으로 인한 민간인 살상이 잇따랐으며, 폭탄 테러, 몸값을 노린 납치 등은 이라크의 일상이 되었다. 뒤집힌 판도라의 상자에서 세상의 온갖 악이 쏟아지듯, 중세 이슬람 문명의 찬란한 아바스 왕조***의 수도였던 바그다드는, 몽골군의 침공으로 티그리스 강이 피로 붉게 물들었다고 하던 이래 유례없는 폭력에 유린당하고 있었다.

 이라크 전쟁 발발 직후부터 이웃 나라인 요르단에는 수십만 명의 이라크인들이 조국의 전쟁을 피해 난민이 되어 몰려들었다. 그러나 2004년 8월의 암만은 겨우 몇백 킬로미터밖에 떨어지지 않은 땅에서 전쟁이 계속되고 있다는 사실이 도저히 믿기지 않을 만큼 평온한 일상을 보내고 있었다. 호텔에서는 결혼식들이 성대하게 열리고 해가 지면 번화가에는 온 가족이 저녁 산책에 나선 시민들로 넘쳤다. 지도에 그려진 한 줄기

---

*   이라크 전쟁(2003~2011)은 미국의 조지 W. 부시 행정부가 주도하는 다국적군이 이라크의 사담 후세인 정권이 대량살상무기(WMD)를 보유하고 있다고 주장하면서 이라크를 침공하여 벌어진 전쟁이다. 그 결과 후세인 정권은 붕괴했으나 대량살상무기는 발견되지 않았다.

** 사담 후세인(1937~2006)은 이라크의 정치가로 대통령 취임 후 독재 정치를 펼쳤다. 이란-이라크 전쟁과 걸프 전쟁을 일으켰고 정권이 붕괴한 뒤 도피 생활 중 미군에 생포되었으며 이후 이라크의 시아파 신정부 하에서 재판을 받고 교수형으로 처형되었다.

*** 아바스 왕조는 750년 아부 알 아바스가 우마위야 왕조를 무너뜨리고 개창한 이슬람 왕조로서 수도인 바그다드를 중심으로 번영했다. 1258년 칭기스칸의 손자인 훌라구가 이끄는 몽골 군대의 공격으로 붕괴했다.

의 선을 따라 이웃한 나라들이 뚜렷하게 다른 색으로 칠해져 있듯이 이쪽과 저쪽은 국경선 하나를 사이에 두고 천국과 지옥만큼이나 동떨어진 세상이었다.

그 2년 전인 2002년 여름, 나는 레바논을 처음 방문해서 난민캠프 몇 군데를 돌아다녔다. 레바논의 팔레스타인 사람들은 시민권조차 없다. 그들의 신분은 '난민'으로 법적, 사회적 차별을 받고 있으며 지중해 동부 연안의 아랍 국가들-요르단이나 시리아 등 팔레스타인 난민이 다수 거주하는-가운데서도 가장 열악한 인권 상황에 놓여 있다. 레바논은 수많은 종파들로 구성되어 국회도 종파별로 의석이 배분되어 있다. 이렇게 미묘한 정치적 균형을 이루고 있기 때문에 국가 정책적으로 전체 인구의 10퍼센트를 차지하는 팔레스타인 사람들(대부분이 수니파* 무슬림이다)을 자국 내에 정착시키지 않으려 한다. 반면 요르단의 팔레스타인 사람들은 오래전부터 요르단 국적을 부여받고 '요르단인'으로서 '국민'의 권리를 부여받았다.[1] 압둘라 현 국왕의 부인은 쿠웨이트 태생의 팔레스타인 사람이며 선대인 후세인 국왕의 세 번째 부인도 팔레스타인 사람이었다. 총리나 각료가 된 팔레스타인 사람들도 있다. 2004년 여름, 나는 요르단에 갔다. 2년 전 레바논 방문에 이어 요르단의 난민캠프를 직접 방문해 그곳에 사는 난민들의 생생한 육성을 듣고 그들 생의 편린이나마 직접 확인하기 위해서였다.

---

* 이슬람의 종파는 대표적으로 수니파와 시아파로 나뉜다. 예언자 무함마드 사후 그를 계승하는 칼리프 지위를 두고 분쟁이 벌어졌는데, 제4대 칼리프였던 무함마드의 사위인 알리가 피살되고 우마위야 왕조가 개창되는 과정에서 종파가 크게 분열되었다. 이후 무함마드의 혈통을 잇는 알리를 정통 칼리프로 인정하는 종파는 시아파를 형성했으며, 무함마드의 언행(순나)를 잇는 역대 칼리프를 모두 정통으로 인정하는 종파가 수니파를 형성했다.

바카아 난민캠프, 히틴 난민캠프2) 등 암만 근교의 난민캠프를 방문하는 한편, 유엔 팔레스타인 난민구호기구(UNRWA)*의 암만 사무소와 요르단 정부의 팔레스타인 난민문제국을 방문했다. 또한 암만에 거주하는 난민 지원 사업 관계자도 만나서 이야기를 들었다. 그때 일본국제자원봉사센터(JVC)의 스태프로 당시 현지에서 활동하던 사토 마키(佐藤眞紀) 씨와 하라 분지로(原文次郎) 씨에게서 이야기를 듣다가 캠프 K의 존재를 알게 되었다. 캠프 카라메, 통칭은 캠프 K. 그곳은 이라크와 요르단의 국경 사이에, 사막 지대인 노 맨스 랜드에 설치된 난민캠프였다.

3. 국경

대륙에는 있지만 섬나라에는 없는 것이 있다. 바로 국경이다. 섬나라에는 국경이 없다. 육지를 맞대고 있는 이웃 나라가 존재하지 않으니 당연하다. 섬나라에게 '이웃 나라'는 언제나 바다 건너편, 해외다. 그래서 섬나라의 언어로 '외국'과 '해외'는 같은 뜻이며 이 두 단어는 언제든지 바꾸어 쓸 수 있다. 섬나라 사람이 외국/해외로 갈 때, 하늘길이든 바닷길이든 어차피 물리적으로 '국경'을 넘지 않는다. 하늘길의 공항이나 혹은 바닷길의 항구의 여권 심사대를 드나드는 것으로 나라를 떠나고 들어가

---

* 유엔 팔레스타인 난민구호기구(The United Nations Relief and Works Agency for Palestine Refugees, UNRWA)는 1949년 설립된 유엔 산하 기구로 1948년 나크바 이래로 발생하고 있는 팔레스타인 난민들을 지원하고 있다. 요르단의 암만, 가자 지구 등에 본부를 두고 그 외에도 동예루살렘 등에 사무소를 두고 있다.

는 것이다. 그래서 섬나라 사람은 물리적 '국경'을 모른다. 물론 머리로는 알고 있지만 실제로는 국경을 넘는 것을 경험하지 않는 한, 아니 더 정확하게는 넘으려 해도 넘을 수 없는, 눈앞을 가로막는 장벽으로서의 국경을 몸소 체험하지 않는 한, '국경'이란 의미를 알 수 없다.

예전에, 이제는 30년도 더 된 옛날 일이지만 이집트 유학생 시절에 한 달가량 걸려 동부 지중해 국가들을 여행한 적이 있었다. 먼저 카이로에서 그리스 아테네로 날아간 다음, 거기서부터는 버스를 타고 밤낮을 꼬박 달려 튀르키예의 이스탄불과 에페소스의 고대 유적을 차례로 방문한 다음, 야간열차를 타고 수도 앙카라로 향했다. 거기서 더 버스를 타고 동쪽으로 이동해 기암괴석으로 유명한 카파도키아로 간 다음, 남쪽으로 내려가 안타키아를 거쳐 시리아의 알레포로 들어갔다. 그다음 지중해 연안의 도시 라타키아에 들렀다가 내륙의 팔미라 유적을 방문한 후 수도 다마스쿠스로 간 후, 버스를 타고 다라를 경유해 요르단의 수도 암만으로 갔다. 사실 페트라 유적도 보고 싶었지만 이미 한 달여의 긴 여정에 지쳐서 페트라는 다음 기회로 미루고 암만에서 항공편으로 카이로로 돌아왔다.

알레포, 팔미라, 다마스쿠스, 다라…. 이제 이 도시들의 이름을 입에 올리는 것조차 고통스럽다. 2011년 시작된 내전으로 인해 전염병처럼 퍼진 폭력으로 멍든 시리아의 이 땅들을 30년 전의 나는 분명히 떠나 있었다. 지금도 어제 일처럼 기억난다. 다마스쿠스 근교 구타 숲에서 솟아나는 샘물에서 뿜어져 나오는 맑은 물의 청량감, 알레포의 요새로 불어오는 6월의 산들바람, 구시가지의 수크*, 그리고 석양에 물든 팔미라 유적지, 유구한 세월을 넘어 사막 한복판에 우뚝 서 있는 로마 시대의 하얀 열주들….

대륙을 육로, 특히 버스로 여행하면서 알게 된 것이 있다. '국경선'이라고 하지만 실제 국경은 '선'이 아니라 '면'이며 너비가 있다는 것을. 튀르키예와 시리아 사이의 국경에서 그걸 실감했다. 카파도키아에서 버스를 갈아타고 국경 검문소에 도착했을 때는 이미 해가 진 뒤였다. 여권 심사대에서 출국 도장을 찍는 동안 튀르키예 담당자가 "걸어서 왔습니까?"라고 물었다. 왜 그런 질문을 하는지 몰라 "버스를 타고 국경까지 왔어요."라고 대답했더니 "그렇군요."라고 말하며 출국 게이트의 차단 바를 올려주었다. 난 그대로 걸어 나갔다. 그런데 십여 미터를 가도 주변은 캄캄했고 길 끝은 칠흑 같은 어둠에 빨려 들어가 아무것도 보이지 않았다.

튀르키예의 출국 관리소를 벗어나면 바로 눈앞에 시리아의 입국 관리소가 있는 줄 알았다. 아테네에서 이스탄불행 버스를 타고 그리스-튀르키예 국경을 넘었을 때는 그랬다. 그리스 여권 심사대를 나와 강을 건너면 다리 건너편에 바로 튀르키예의 출입국 관리소 건물이 있었다. 그 몇 달 전 버스를 타고 육로로 카이로에서 텔아비브로 갈 때 다녔던 이집트와 이스라엘 국경도 그랬다. 그런데 시리아 쪽 국경 주변은 짙은 어둠에 둘러싸인 채 고요했으므로 이 수십 미터 거리엔 건물이 있을 턱이 없다고 직감했다. 도대체 몇 킬로미터나 떨어져 있는지, 애초에 걸어서 갈 수나 있는지 도저히 감이 잡히지 않았다. 아, 그래서 그 담당자가 "걸어서

---

* 이슬람의 전통 시장.

왔습니까?"라고 놀라워하며 물었던 것이다. 그건, "이 캄캄한 어둠 속을 당신이 걸어서 시리아 측 국경까지 갈 셈이라고?"라는 의미였다. 도보로 갈 것을 알면서도 그냥 보내주었으니, 걸어서 못 갈 만한 거리는 아닌 듯했다. 하지만 이 칠흑 같은 어둠 속이라면 뭔가 숨어 있어도 이상할 게 없는 것 같았다.

더 이상 발을 떼지 못하고 그 자리에 서 있는데, 뒤에서 차 한 대가 다가왔다. 시리아로 가는 장거리 택시였다. 사정을 이야기하니 흔쾌히 태워주었다. 택시에 타고 있었던 사람은 주말을 이용해 튀르키예 관광을 온 중년의 시리아인 부부였다. 남편은 분명히 초등학교나 중학교 교사였던 것 같다. 알레포에 있는 집으로 돌아가는 중이라고 했다. 나도 알레포에 갈 거라고 말했더니 그대로 알레포 시내의 적당한 호텔까지 태워다 주기로 했다. 시리아 측 국경까지 시간이 얼마나 걸렸는지 정확히는 기억나지 않는다. 하지만 어둠 속에서 구불구불한 언덕길을 택시가 꽤 오랜 시간 달렸던 기억이 난다. 부부는 알레포 시내의 허름한 숙소까지 택시로 데려다 주었다. 알레포, 시리아 최대의 이 도시는 내전으로 시가전이 벌어져 역사적인 구시가지의 수크까지 잿더미로 변해버렸다. 그 마음씨 착한 부부는 어떻게 지내고 있을까? 고향이 파괴된 그들은 지금 어디서 어떤 생각으로 살고 있을까?

국경과 국경 사이에는 경우에 따라 몇 킬로미터 이상 완충지대가 존재한다는 것을 1983년 6월달 초, 라마단이 시작된 첫날 튀르키예와 시리아 국경에 가서야 알게 되었다. 다른 관점에서 보면 이렇게도 말할 수도 있다. 이 세상의 모든 것이 빈틈없이 국민국가의 그물망으로 뒤덮인 듯한 오늘날에도 국민국가와 국민국가를 가르는 국경선 사이에는 '틈새'가 존재한다는 것이다. 국경과 국경의 틈새, 국민국가와 국민국가의 틈새. 노 맨스 랜드, 그 누구의 것도 아닌 땅. 국민국가의 외부, 아니 어쩌면 그것은 '이 세상' 그 자체의 외부일지도 모른다.

4. 인간이 아닌 자, 노 맨

이라크와 요르단 국경의 사막 지대에도 수 킬로미터에 이르는 완충지대(노 맨스 랜드)가 펼쳐져 있다. 이라크 전쟁이 시작된 직후부터 전쟁을 피해 수만, 수십만의 이라크 시민들이 이곳을 거쳐 이웃 나라 요르단으로 피난을 갔다. 그러나 이라크 쪽 국경은 통과했지만 요르단 측 국경에서 입국을 거부당해 들어가지 못하는 사람들이 있었다. 그들은 팔레스타인 사람들과 쿠르드족이었다. 이라크인이라면 국내 정세가 안정되면 다시 돌아갈 것이다. 자기 조국이니까. 외국인이라면 요르단을 거쳐서 역시 자국으로 돌아갈 것이다. 하지만 국가 없는 팔레스타인 사람들이나 쿠르드족은? 요르단은 인구의 절반 이상을 팔레스타인 사람이 차지하고 실제로 그들에게 국적을 부여하는 등 가장 후대하는 나라처럼 보인다. 그러나 총리와 왕비가 팔레스타인 사람인 반면, 반세기가 지났어도 여전히 열악한 난민캠프 생활에서 벗어나지 못하는 수십만의 가난한 팔레스타인 난민들이 있다. 그들은 스스로 원해서 요르단인이 된 것도 아니고 이방인의 삶을 사는 것도 아니다. 그들에게 조국은 어디까지나 팔레스타인이며 조국으로의 귀환이야말로 그들이 원하는 것이다.

'요르단인'으로서 요르단 사회에서 정치적, 경제적으로 성공할 수 있는 팔레스타인 사람들과 달리, 난민캠프에 사는 가난한 그들에게는 팔레스타인의 민족의식이나 정치의식이 첨예하다. 이들에게는 이스라엘과 평화협정을 맺고 '요르단이 먼저다'라는 국가 슬로건을 내걸으며 팔레스타인 내셔널리즘을 억압하는 요르단의 국가체제란, 이스라엘과 공모하여 그들의 귀환을 막는 '적'에 불과하다. 고(故) 후세인 국왕*이 왕정 유지의 대가로 요르단의 팔레스타인 난민을 고향으로 돌려보내지 않겠다고 이스라엘과 비밀리에 약속했다는 것도 이제는 잘 알려진 사실이다. 히틴 난민 캠프에 인접하여 경찰서가 세워져 있다는 점도 난민들이 국가체제의 감시와 관리 대상임을 노골적으로 내비친다. 당국자는 "다른 의도는 없다. 우연이다."라고 말하지만 이스라엘 점령 하의 팔레스타인 동포들에게 무슨 일이 생기면 이들 난민캠프에서 연대 시위가 조직될 테고, 곧바로 요르단의 공권력에 의해 시위가 진압되며 사망자가 나오기도 한다. 요르단 국적을 취득하여 계층 상승을 이루려는 일부 팔레스타인 사람들이 있는 것은 사실이다. 그러나 한편으로는 수십 년간을 난민캠프에서 살아가는 가난한 팔레스타인 난민들에게 '요르단 국적'이란 자신을 정치적으로 가두는 감옥에 불과하다.

요르단이나 시리아, 레바논의 팔레스타인 난민이 그러하듯, 이라크의

---

* 후세인 1세(재위 1952-1999)를 가리킨다. 아버지 탈랄 1세의 양위로 요르단 국왕이 되었다. 제3차 중동전쟁으로 동예루살렘 및 요르단강 서안 지구 등을 잃었다. 이후 그는 요르단 내에서 활동하던 팔레스타인 해방기구(PLO)를 '검은 9월' 전쟁을 통해 요르단에서 내쫓았다.

팔레스타인 난민도 1948년의 나크바, 즉 '유대인 국가' 이스라엘의 건국과 함께 벌어진 인종청소로 고향에서 쫓겨나서 이곳으로 건너온 난민들과 그 후손들이다. 이라크 전쟁과 그에 따른 내전의 참화는 모두에게 똑같이 닥친 사건이지만 팔레스타인 사람들에게는 또 다른 비극이 기다리고 있었다. 사담 후세인 독재정권은 아랍 사회주의를 표방하며 '팔레스타인의 대의'를 체제 정당화의 원천으로 활용했기 때문에 팔레스타인 사람들을 후대했다. 그런 후세인 정권이 붕괴되자, 마치 사신(死神)에게 홀린 듯 끊임없이 분출되는 폭력 속에 그들은 박해의 대상이 되었다. 팔레스타인 난민에게 이라크는 더 이상 안전한 거처가 아니었다.

그들은 요르단에 입국하더라도 돌아갈 나라가 없으니 그대로 요르단에 난민으로 정착할 수밖에 없다. 자연히 요르단은 잠재적인 '비(非)복속민'**을 더 많이 품게 된다. 이라크에서 쫓겨난 그들이 요르단의 난민캠프에 살고 있는 동포들의 대열에 합류해 조국 팔레스타인으로의 귀환을 요구하지 않으리라고 누가 장담할 수 있겠는가. 요르단 정부는 이라크인이나 다른 외국인들을 난민으로 받아들였지만, 팔레스타인 사람들은 그런 이유로 입국을 거부당했다. 그렇게 해서 그들은 여름에는 섭씨 50도를 넘고 겨울에는 영하로 떨어지는 사막 한복판에서 몇 달씩 갇혀버린 것이다. 이라크에 돌아간다손 치더라도 죽을 위험이 있으니 그저 그곳에서 버틸 수밖에 없었다. 조국이 없기에 국경의 노 맨스 랜드, 즉 이 세상과 지옥을 가르는 '사막의 연옥'***에서 말이다.

---

*   원문은 まつろわぬ民.
**   원문은 '砂漠の辺獄.' 辺獄은 고성소(古聖所)로 번역하기보다는 연옥으로 했다.

'노 맨스 랜드'의 주민인 그들은 '노 맨(No Man)', 즉 이 세상에서 국가를 갖지 못한 난민이자 아무도 아닌 자, 인간이 아닌 자인 것이다. 국민국가의 틈새에 빠져버린 노 맨. 그들은 자신들을 지켜줄 인권도, 법과도 무관하다. '법'이나 '인권'은 국민의 특권이기 때문이다. 국민이 아닌 자는 '인간'이 아니다. 그것이 보편적 인권을 표방하는 이 세상이 수행적(performative)으로 표명하는 명백한 사실이며, 그런 사실, 즉 그들이 '국민'이 아니니 '인간'이 아니라는 사실, 따라서 인권이나 법의 테두리 밖에 존재하는 '노 맨'이라는 사실이 적나라하게 드러나는 장소가 바로 여기, 노 맨스 랜드다.

우리가 '국경'을 진정으로 모른다면, 그 이유는 우리가 단순히 섬나라에서 태어나고 자랐기 때문만은 아니다. 우리가 국가로부터 여러 겹으로 보호받는 '국민'-여권이 그 증표이다-이기 때문이며, 그래서 국경이 우리 앞에 넘으려 해도 넘을 수 없는 장벽으로 보일 리 없다. 바다이든 사막이든, 나라와 나라를 가르는 그 틈새를 우리가 삶과 죽음을 가르는 연옥으로 경험할 리 없다.

국경과 국경 사이의 연옥에 갇혀 있는 난민들을 위해 사막 한복판의 노 맨스 랜드에 마련된 캠프 카라메. 아이러니하게도 이 말은 아랍어로 '존엄'을 의미한다.

JVC의 사토 씨와 하라 씨는 캠프 K에서 텐트 생활을 해야만 하는 난민들을 위해 봉사하고 있었다. 특히 학령기임에도 불구하고 교육 기회를 박탈당한 아이들을 돌보고 지원하는 프로젝트를 진행하고 있었다. 지난번에 캠프를 찾아갔을 때는 패션 잡지를 몇 권 가져와서 아이들이 거기에 실린 드레스 사진을 오려 내어 종이인형에게 옷을 입혀 주는 워크숍을 했다고 한다. 장기간에 걸쳐 사막에서 텐트 생활을 하면 당연히 병에 걸리거나 사망하는 사람들도 있다. 얼마 전에는 한 소년이 완충지대 도로를 달리던 차에 치여 숨졌다고 한다. 목이 마른 소년은 콜라를 사 먹을 돈을 구걸하려고 달려오는 차에 뛰어들었다가 차에 치여 사망한 것이다. 먹을 것도 없는 난민이 콜라를? 언뜻 그런 생각이 들었다. 하지만 이 아이들은 불과 얼마 전까지만 해도 이라크에서 시민 생활을 하고 있었다. 유엔이 전면적인 경제 제재를 하고 있었지만 그런 통에도 학교에 다니고 텔레비전을 보고 아이스크림도 먹고 콜라도 마셨을 것이다. 우리와 마찬가지로.

　나는 캠프 K에 방문할 수 없었다. 국경 밖에 있는 캠프인데다 유엔의 허가를 받아 활동 중인 NGO 직원이 아니면 갈 수 없었다. 그런 연유로 실제로 방문한 적도, 만나서 이야기를 나눈 적도 없었지만, 이들 난민의 존재는 그해 여름 요르단에서 내가 경험한 어떤 것보다도 머릿속에 깊게 새겨졌다. 일본에 돌아와 십여 년의 세월이 흐르는 동안에도 그들을 계속 떠올렸다. '카라메(존엄)'이라는 이름과는 달리 인간 존엄의 한계 너머 사막의 연옥에 매달려 있는 그들, 죽은 자 아닌 죽은 자들-그들 노 맨은 이 세상에서 '산 자'라고 할 수 있을까?-의 이미지가 불현듯 망령처럼 되살아나곤 했다('그래, 되살아난다는 말은 곧 황천에서 돌아온다는 뜻이구나.'라고 지금 글을 쓰는 순간 깨닫는다). 그래서 그해 여름 내가 요르단에 간 것은, 오로지 캠프 K에서 노 맨이 된 사람들과 만나기 위해서였다고 해도 과언이 아니었다. 그 이후로 그들 노 맨의 망령은 내 인생의 동반자가 되었다.

첫머리에 소개한 사진은 몇 년 전 인터넷에서 이미지 검색으로 찾아낸 사진이다. 이라크의 팔레스타인 난민이 이라크와 시리아 국경의 완충지대에서 헤어나오지 못하고 있다면서 미국의 NGO 직원이 2008년 보고서에 첨부한 사진이다.[3] 내가 요르단을 방문한 지 3년 이상 지났지만, 아직도 이라크 내전은 수습되지 않고 국외로 탈출하는 난민도 끊이지 않는다. 그리고 팔레스타인 난민들은 시리아에서도 입국이 저지되어 여전히 국경 틈새, 노 맨즈 랜드에서 방치된 채 세상의 관심 밖에 있다. 가까스로 시리아에 입국한 이들은 몇 년 후에 이번에는 (과거 이라크 내전을 능가하는) 시리아 내전*으로 인해 다시 난민이 된다.

5. 암묵적인 허구

2015년 여름, 유럽으로 밀려드는 중동 난민 문제가 일본 매스컴에서도 대대적으로 보도되었다. 난민들의 대부분은 시리아 난민이다. 시리아 내전이 시작된 것은 2011년. 그 후 5년 동안 총인구 2,200만 명 중 450만 명이 넘는 사람들이 전쟁터가 된 고향을 떠나 레바논, 요르단, 튀르키예 등 인근 국가로 탈출해 난민이 되었다. 유엔난민고등판무관(UNHCR)**에

---

* 시리아 내전(2011~2024)은 '아랍의 봄', 즉 범아랍권 민주화 운동의 일환으로 시리아의 바샤르 알-아사드 정권에 민주화를 요구하는 시위가 격화되어 발생한 내전이다. 주변국뿐 아니라 미국, 이슬람 국가(IS)까지 개입한 대규모의 국제전으로 확산되었다. 2024년 12월, 반군의 진격으로 수도 다마스쿠스가 함락되고 알-아사드 정권은 붕괴되었으며 대통령인 바샤르 알-아사드는 러시아로 망명했다.

** 유엔난민고등판무관 또는 유엔난민기구(United Nations High Commissioner for Refugees,

따르면 2018년 9월 현재, 그 수는 560만 명을 넘어섰다.

보통 '중동'이라고 하면 사막의 이미지가 강하지만 시리아와 레바논을 가로지르는 레바논 산맥은 가장 높은 곳이 해발 300m가 넘는 엄청난 강설 지대다. 겨울이 닥칠 때마다 산속 난민캠프 사람들은 굶주림과 추위에 시달렸고 저항력이 약한 영·유아가 죽어갔다. 하지만 중동의 여러 나라가 그들을 '중동의 난민 문제'로 취급하는 한, 대대적으로 보도되지 않는 이상 사회적 관심을 받지도 못한다. 레바논은 인구 500만 명이다. 그런 레바논이 그동안 자국 인구의 20퍼센트에 해당하는 100만 명 이상의 시리아 난민을 받아들였다. 일본의 인구 비율로 환산하면, 그 수는 2400만 명에 해당한다(2018년 9월 현재 요르단은 67만 명, 튀르키예는 350만 명 이상이다). 이윽고 유리잔에 가득 찬 물이 넘쳐흐르듯, 중동 주변 나라들에서 넘쳐흐른 난민들은 성난 파도처럼 유럽으로 밀려들어와 '유럽의 난민 문제'가 되었다. 그때서야 비로소 그들에 대해서 일본조차 연일 대대적으로 보도하기 시작했다. 우리는 헝가리인 여성 사진작가가 난민 아이들에게 발길질을 한 것에 분노를 느꼈던 딱 그만큼, 그저 '남의 일'로만 보지 않게 되었다.

지중해 저편에 도착하더라도 그 너머에 반드시 천국이 기다리고 있는 것은 아니다.[4] 그렇더라도 '유럽의 난민 문제'가 된 그들은 그나마 행복하다고 말할 수 있다. 서구 세계의(즉 '이 세상'의) 정치적 담론 공간에 적어도 '배제해야 할 난민' 또는 '잠재적 테러리스트'로나마 그들의 존재

UNHCR)은 1950년 설립된 유엔 산하 기구로 전 세계에서 발생하고 있는 난민들을 지원하고 있다. 스위스의 제네바에 본부를 두고 있다.

가 확실히 기록되었기 때문이다.* 그들의 등 뒤로는 '유럽의 난민 문제'도, '이 세상의 주민'도 되지 못한 채, 지중해에서 고기밥이 되어 사라지거나 눈 덮인 난민캠프에서 추위에 떨며 굶주리다 죽어가는 무수한 노 맨들이 있었다.

마이클 윈터바텀 감독의 2002년 영화 〈인 디스 월드: In This World〉는 주인공인 아프간 난민 소년이 사촌 형과 함께 파키스탄에서 영국 런던을 향해 떠나는 여정을 다큐멘터리로 그려 낸다. 천신만고 끝에 영국에 입국한 주인공은 난민캠프에 있는 가족에게 전화를 걸어 사촌형은 "이 세상에 없어"라고 말하는 장면으로 끝난다. 사촌형은 튀르키예에서 이탈리아로 밀항할 때 밀폐된 컨테이너 안에서 질식사한 것이다. 영화의 제목인 '이 세상'이라는 말에는 저승과 대비되는 '이승'인 동시에, "온전한 인간으로 살아가는 사람들의 세상"이라는 이중적 의미가 담겨 있다. 팔레스타인 난민 출신 작가, 가산 카나파니도 『우리 것이 아닌 세상』이라는 제목으로 단편소설집을 냈다.

노 맨, 아무것도 아닌 자들. 아무것도 아니기 때문에 그저 인간일 뿐인 자들. 그들은 어떤 사람인가에 따라, 예를 들어 시민이냐 국민이냐에 따라 부수되는 일체의 권리를 갖지 못한다. 이탈리아의 철학자 조르조 아감벤**의 말을 빌리자면, 바로 그런 연유로 이러한 '있는 그대로의 인간'들은

---

* 마찬가지로 1960년대 후반부터 1970년대 초반에 걸쳐, 조국 해방을 위한 무장 투쟁을 시작한 팔레스타인 사람들에게는 비록 '테러리스트'라는 부정적인 표상이라 할지라도 그들이 정치적 주체로 표상되고 세계에 자신들의 존재를 인식시키는 것이 결정적으로 중요했다. 적어도 아무런 표상을 지니지 못한 채 '불쌍한 난민'으로 잊혀지는 것보다는 훨씬 더 환영할 만한 일이었다. (저자 주)

** 조르조 아감벤(1942~)은 이탈리아의 철학자로 '호모 사케르(Homo Sacer)', '예외 상태' 등의 개념을 주장했으며 저자가 팔레스타인 난민 문제를 이야기하는 데에 중요한 영향을 미쳤다.

어느 누구보다도 인권을 보호받아야 할 필요가 큰데도 현실에서는 인권의 저편에 방치되어 있다.

예를 들어 UNHCR은 2011년부터 매년 본격적인 겨울이 오기 전에, 강설 지대에 있는 난민캠프에 체류 중인 시리아 난민들을 위한 겨울나기 캠페인을 진행하고 있지만, 캠프의 위치가 고립된 외딴 곳에 있거나 자금난 등의 어려움으로 인해 따뜻한 옷과 난방기구, 전기담요 등 절박하게 필요한 생존 물자들이 난민들에게 충분히 전달되지 못하고 있다. 이와 마찬가지로 인권이라는 것도 난민 문제를 관장하는 국제기구가 제대로 기능하지 않거나 자금난과 수용국의 배외주의 등의 난관에 부닥쳐서, 그걸 가장 필요로 하는 이들에게 제대로 전달되지 못한 것일까? 아감벤은 꼭 그런 것은 아니라고 말한다.

인권은 본래의 말과는 달리 '있는 그대로의 인간'에 대한 권리가 아니다. 오히려 시민이나 국민인 사람의 특권이다. 인권을 둘러싼 이 철학적 난제(아포리아)는 사실 철학적 난제라기보다는 국민주권을 기초로 하는 국민국가의 탄생의 와중에 아로새겨진 것이다. 아감벤은 에세이집 『인권의 저편으로』의 표제작에서 다음과 같이 말한다.

국민국가(Stato-nazione)란, 태어남(nativitá) 혹은 탄생(nascita)—즉, 벌거벗은 삶—을 스스로의 주권의 기초로 삼는 국가를 의미한다. (…) 삶이라는 요소를 온갖 정치적 연합의 중심에 새겨넣었으므로(제1조와 제

2조)*, 이 선언은 주권의 원리를 국민(nazione)에게 (원래는 그저 '태어남'을 의미하는 'natio'라는 어원에 따라) 강하게 연결시킬 수 있게 된다(제3조). (…) 앙시앵 레짐에서는 태어남의 원칙과 주권의 원칙이 분리되어 있었지만, 오늘날 이 두 가지는 돌이킬 수 없는 방식으로 하나가 결합되어 국민국가라는 새로운 존재의 기초를 구성한다. 여기서 암묵적으로 되어 있는 허구란 **태어남**이 곧장 **국민**이 된다는 점이다. 그리하여 이 두 계기 사이에는 결코 조금의 틈도 있을 수 없게 된다. 따라서 권리가 **인간**에게 주어지는 것은 **인간**이 **시민**의 등장과 함께 즉시 소멸한다(**인간**은 **인간**으로서는 결코 드러나서는 안 된다)는 전제에서만 가능할 뿐이다.[5]

사막의 연옥은 국경과 국경 사이에만 존재하는 것이 아니다. "인간과 시민의 동일성, 태어남과 국적의 동일성에서 떨어져 나온" 난민(죽은 자 아닌 죽은 자)들이 사는 공간이라면, 그곳이 어디든지 모두 사막의 연옥이 된다. 바로 그곳에서 '이 세상'을 구성하는 암묵적 허구**가 백일하에 드러난다. 아감벤은 에세이에서 "인간의 정치적 생존이란, 공간이 이렇게 구멍이 뚫리고 위상기하학적으로 변형된 지상에 있을 때에야, 자신이 난민이라는 것을 인정할 수 있는 땅 위에 있을 때에야, 비로소 사고할 수 있다."[6]라는 문장으로 마무리한다. 어쩌면 사막의 연옥이란 바로 국민적 영토에 뚫린, 아감벤이 말하는 '위상기하학적인 구멍'이며, 팔레스타인

---

* 여기서 말하는 제1조와 제2조, 이어서 나오는 제3조는 프랑스 혁명 시기인 1789년의 「인간과 시민의 권리 선언」의 해당 조문을 아감벤이 해석한 것이다.
** 인간의 태어남과 국민이 된다는 것 사이에는 결코 조금의 틈도 있을 수 없다는 허구로 국민국가를 이루는 상상의 기초가 된다.

을 사고한다는 것은 노 맨으로서 이 사막의 연옥으로부터 세상을 사고한다는 것이 아닐까.

제2장

태양의 사내들

발걸음을 멈추어
살그머니 애띤 손을 잡으며
"늬는 자라 무엇이 되려니"
"사람이 되지"
아우의 설은 진정코 설은 대답이다.

─윤동주, 「아우의 인상화」*

---

* 원문에서 이 시는 김시종(金時鐘)이 일본어로 번역하여 실렸다(歩みをとめて/そっと 小さい 手を握りながら/「大きくなったらなんになる?」/「人になるよ」/弟の說はまこと 未熟な答えだ.) 본 번역서 본문은 윤동주가 쓴 한국어 원문으로 표기한다.

1. 타리크의 산*

1990년 12월 말, 나는 지브롤터 해협에 있었다.

그 2년 반 전인 1988년 봄, 전문 조사관으로 모로코의 일본대사관에 부임한 나는 수도 라바트에서 이십 대의 마지막 3년을 보냈다. 귀국을 3개월 앞둔 12월 말, 나는 마지막 연말연시 휴가를 안달루시아에서 보내기로 하고, 모로코 북부의 항구도시 탕헤르에서 페리를 타고 스페인의 알헤시라스로 건너갔다. 겨울의 지브롤터 해협이 어땠는지는 회색빛 하늘 외에 아무것도 기억나지 않는다. 기억에도 남지 않는 한 시간 남짓한 배 여행이었다.

대사관에서 유일한 아랍 연구자였던 나의 업무 중 하나는 매일 아침 모로코의 주요 아랍어 신문을 훑어보는 것이었다. 당시는 아직 선대 하산 2세(1929~1999, 재위 1961~1999)의 치세였다. 모든 신문은 매일 아침

---

* 이베리아 반도 남단의 지브롤터 반도에 위치한 '지브롤터 바위산(Peñón de Gibraltar)'을 의미한다. 이슬람 왕조인 우마위야 왕조의 타리크 이븐 지야드가 이베리아 반도를 정복할 당시 이 곳에 상륙했다고 하여, 타리크의 산(jabal al-Tariq)이라는 이름이 붙었다.

1면에 국왕의 사진을 크게 실었고 톱 뉴스는 항상 국왕에 관한 내용이었다. '국왕 폐하께서 어디를 방문하셨다', '국왕 폐하께서 누구와 회견하셨다', 국왕 폐하께서, 국왕 폐하께서…. 그런 기사 제목에는 '국군 최고 사령관이시며 천재이시자 현자이시며 신자들의 통솔자이신 하산 2세 국왕 폐하…'라고 언제나 왕을 수식하는 거창한 형용사나 칭호가 가장 큰 활자 크기로 뛰놀고 있었다. 제3차 세계대전이 발발해도 톱 뉴스는 분명 국왕에 대한 이야기일 것 같았다. 당시 신문만 그런 것이 아니라 텔레비전도 마찬가지였다.

제대로 된 저널리즘이 존재하지 않는다는 것은 표현의 자유가 존재하지 않기 때문이며 '독재'의 증거다. 그것은 무바라크의 이집트나 아사드의 시리아, 카다피의 리비아, 벤 알리의 튀니지에서도 비슷했을 것이다. 2011년 튀니지에서 시작된 정권 타도 운동*이 일국 혁명에 그치지 않고 일련의 '아랍 혁명'으로 발전했던 연원을 살펴보면, 왕정이나 공화정을 막론하고 아랍 국가들의 땅 밑에는 '독재'라는 저류가 흐른다.

어느 날 누군가 내게 "모로코 사람들이 왜 매일 신문을 사는지 알아요?"라고 물었다. 그게 누구였는지 지금은 기억이 나지 않지만, 그의 대답만은 또렷하게 기억한다. "십자말풀이를 하기 위해서죠." 모로코 신문에 읽어 볼 만한 기사가 없다는 저널리즘의 부재를 자조하면서 국왕의 독재를 은근히 비판한 농담이었다. 어쩌면 그 당시 십자말풀이도 하지 않고 모로

---

* 튀니지 혁명은 2010년에 시작된 민주화 운동으로 노점상 무함마드 부아지지의 분신 자살을 계기로 촉발되었으며 이후 범아랍권 민주화운동인 '아랍의 봄'으로 이어졌다. 무함마드 부아지지에 관해서는 이 책의 「후기」를 참조하기 바란다.

코에서 신문을 열심히 읽은 사람은 나뿐이었을지도 모른다.

그렇게 매일 신문을 읽다 보면 가끔씩 모로코 북부의 지중해 연안, 혹은 대서양 연안에서 해변에 떠밀려 온 익사체가 발견되었다는 기사를 지면의 한 귀퉁이에서 찾을 수 있었다. 밤에 어둠을 틈타 밀항하려다 스페인 해상경비대에게 발견되어 바다에 뛰어들어 익사한 청년의 시신이었다. 당시 모로코는 젊은 인구가 많아 청년 실업률도 높았으며 자기 나라에 있어 봤자 미래가 보이지 않기 때문에, 많은 젊은이들이 생명의 위협을 무릅쓰고 스페인으로 밀항을 시도하고 있었다. 더 나은 삶, 더 나은 생활, 더 나은 인생을 찾아 저쪽 세상으로 건너가려다 국경의 틈새에서 목숨을 잃는 젊은이들. 아아, 그들은 '태양의 사내들'이라고 생각했다.

2. 노 맨스 랜드(No Man's Land)

넓은 행사장 바닥은 여러 구획으로 질서정연하게 나뉘어 있고 그 안쪽에는 헌옷 더미가 거대한 산처럼 수북이 쌓여 있다. 그리고 인간의 심장 박동을 녹음한 소리가 재생되어 행사장을 가득 채운다. 5월의 뉴욕. 아마도 수천 벌의 헌옷에서 풍기는 냄새가 실내에 은은하게 퍼져 있었을 것이다. 헌옷 더미 옆에 놓인 크레인이 집게발로 헌옷 일부를 집어 올려 옆으로 떨어뜨린다. 언제, 어느 시점에, 헌옷 더미의 어느 부분에서 얼마만큼 집어 올릴 것인지는 크레인 조종석에 앉은 남자의 자의에 맡겨져 있다. 프랑스 작가 크리스티앙 볼탕스키(1943~)의 2010년 설치 작품 〈노 맨스 랜드〉이다.

옷, 신발, 안경… 사람이 입고 신고 걸치는 것은 모두 인간의 은유다. 예루살렘의 야드 바셈(홀로코스트 기념관)이나 워싱턴의 홀로코스트 뮤지엄의 나치 절멸수용소 전시 섹션에 이르면, 그 입구에는 작은 신발들이 바닥 가득 채워져 있다. 일찍이 제2차 세계대전 말기, 해방된 절멸수용소에 들어온 연합군 병사들을 맞이한 것은 피수용자들로부터 압수한 옷 더미, 신발 더미, 안경 더미였다. 70년이 지난 지금, 이들 홀로코스트 뮤지엄에서는 절멸수용소 전시관 입구부터 바닥을 뒤덮은 조그마한 신발들이 방문객을 맞이한다. 수용소로 끌려온 유럽 각지의 유대인 아이들이 신었던 신발들. 도대체 몇백 켤레나 될까? 나치 점령지역에서 끌려 온 유대인들이 열차 화물칸에 백 명 이상이나 콩나물시루처럼 쑤셔 넣어진 채 며칠 밤낮을 실려 가 수용소로 보내진다. 어느 신발이든 땀과 오줌으로 범벅이 되었을 것이다. 아이들의 체취가-사건의 기억이-스며들어 사라지지 않은 신발. 회색 물감을 덧칠한 듯 색이 완전히 바랜 신발은 가까이 다가가면 마치 유령의 신발처럼 70년의 세월을 뛰어넘어 그 시대의 냄새를 풍긴다. 갑자기 두 팔이 오싹해진다.

신발, 특히 남겨진 신발은 본래 그것을 신고 있어야 할 신체가 그곳에 없다는 점에서 인간의 비존재 내지는 소멸을 강하게 각인시킨다. 홀로코스트 뮤지엄 바닥에 깔린 빛바랜 신발들이 어린 주인들을 덮친 부조리한 죽음의 은유라면, 사람의 모습을 형상화한 옷은 인간 자체의 환유이며 헌옷으로 구성된 〈노 맨스 랜드〉는 강제수용소의 은유이다. 헌옷이 깔려 있는 여러 구획은 수용소 부지에 늘어선 막사를 표현하고 있다. 그리고 변덕스럽게 내려와서 헌옷을 집어 옮기는 크레인은 수용소로부터 해방되어 살아남을 수 있는 자와 그렇지 못한 자를 가려내는 '신의 손'이라고 볼탕스키는 말한다.7)

볼탕스키의 아버지는 우크라이나 출신의 유대인이다. 나치의 프랑스 점령 시기, 그의 아버지는 파리의 자택 아파트 지하에 숨어 홀로코스트에서 살아남았다. 전후 수용소에서 생환한 부모의 친구들로부터 크리스티앙 소년은 수용소 이야기를 듣게 된다. 볼탕스키의 작품은 항상 '삶과 죽음'이나 '기억'을 주제로 한다. 그의 예술 근원에는 어린 시절 생환자로부터 들은 강제수용소에 대한 기억의 트라우마, 그리고 유대인의 피가 흐르는 자기 자신을 둘러싼 이 세상 자체에 대한 실존적 불안―'세계'란 언제든지 송곳니를 드러내며 자신을 공격할지 모르는 그런 부조리한 폭력을 내포하고 있는 장소라는 불안―이 도사리고 있다.8)

사람의 모습을 띤 헌옷은 인간들 자신의 환유인 동시에 그것을 입는 육체가 이제는 소실되어버린 시체라는 은유이기도 하다. 쌓여 있는 옷더미는 언제 찾아올지 모르는 신의 손길에 의한 구원을 갈구하는 수용소의 포로들이다. 뿐만 아니라 그곳에서 아무도 모르게 숨이 끊어져 누구도 그 죽음을 알지 못하고 그 이름을 기억하지 못하는 이들의 유해가 쌓여가는 것을 상기시킨다. 1955년 알랭 레네의 영화 〈밤과 안개〉에서, 혹은 야드 바솀이나 워싱턴의 홀로코스트 뮤지엄 전시 모니터에서 끝없이 흘러나오는 시체 더미를 다룬 기록 영상이 떠올랐다. 절멸수용소를 해방시킨 연합군이 촬영한 것이다. 이 방치된 시신들을 매장하는 것도 수용소를 해방시킨 연합군 병사들의 첫 임무 중 하나였다. 하지만 시체의 수가 너무 많아서 하나하나 정성스럽게 묻지 못하고 불도저 삽으로 쓰레기를 치우듯 기계적으로 처리했다. 크레인이 헌옷을 집어올렸다가 무심코 옆으로 떨어뜨리듯이. "인간은 그렇게 죽어서는 안 된다(이시하라 요시로)."[9] 아, 이 헌옷더미야말로 그렇게 죽어서는 안 되는 죽음, 한 개인에게서 그 이름과 존엄성을 박탈하고야 만 떼죽음의 희생자들에 대한 은유인 것이다.

볼탕스키가 이 설치 작품에 〈노 맨스 랜드〉라는 이름을 붙인 이유는, 강제수용소가 인간이 인간으로서 의미를 모두 박탈당하고 그저 숫자로, 인간 아닌 자(노 맨)로 환원되는 장소이기 때문이다. 지금(2016년 4월 현재)의 나로서는, 이 작품을 보고 가장 먼저 떠오르는 것은 전쟁을 피해 시리아를 탈출했지만 요르단 입국이 허용되지 않아 시리아/요르단 국경의 노 맨스 랜드인 '사막의 연옥'에 체류 중인 1만 명이 넘는 시리아 난민들이었다. 그들 중 누가 언제 국경을 넘어 연옥에 있는 죽은 자에서 '이 세상'의 주민이 될 것인가. 그것은 '신의 손'에 달려 있으며, '이 세상'의 주민임을 자처하며 '국민' 또는 '인간'이라는 존재에 조금의 틈새도 괴리도 없는 자들의 변덕에 맡겨져 있다. 또한 헌옷 더미는 국경과 국경 틈새의 사막에서, 혹은 유럽과 중동이나 아프리카를 가르는 지중해에서 세상에 알려지지 않은 채 숨이 끊어져 사라진 난민들의 시신이 쌓여 있는 퇴적물로도 보인다.

사실 국경의 완충지대와 수용소는 그 본질에 있어서 같은 것이다. 두 장소 모두 국민국가에서 쫓겨난 사람이 사회적 존재(국민/시민)로서 지위를 박탈당하고 그저 한 인간, 그저 살아 있는 생명, 박탈된 삶으로 환원되어 법외의 존재가 되고야 마는 그런 토포스(topos)라고 할 수 있다. 혹은 이렇게 말할 수도 있다. 완충지대인 이른바 '노 맨스 랜드'가 국민국가와 국민국가 사이의 경계, 국경과 국경 사이에 존재하는 '사막의 변방'이라면, 캠프/수용소는 국민국가 내부에 존재하는 '사막의 연옥'이며 아감벤이 말하는 국민적 영토에 뚫린 '위상기하학적인 구멍'이라고.

2010년 1월, 볼탕스키가 파리에서 〈인간들: Personnes〉이라는 제목으로 발표했던 작품을 같은 해 5월, 뉴욕의 '아모리쇼'에서는 〈노 맨스 랜드〉라는 제목으로 전시했다. 당시 그가 국경과 국경 사이의 노 맨스 랜드를 어느 정도까지 의식하고 있었는지는 알 수 없다. 하지만 헌 옷으로 강제수용소의 폭력을 상징하는 그의 작품을 보면 볼수록, 캠프/수용소라는 것과 사막의 변방인 '노 맨스 랜드'가 인간 실존에 있어 동일한 의미론적 토포스라는 것을 강하게 의식하지 않을 수 없다. 그렇다면 스스로 난민이기도 했던 가산 카나파니(1936~1972)*가 1963년 소설 『태양의 사내들10)』에서 네 명의 사내들을 주인공으로 하여 난민캠프에서 신음하는 팔레스타인 사람들의 정치적 생존 문제를 이라크-쿠웨이트 국경의 노 맨스 랜드를 무대로 그린 것은 어쩌면 당연한 일이었다고 할 수 있다.

3. 태양의 사내들

---

* 가산 카나파니(1941~1972)는 팔레스타인의 작가 및 정치가로 마르크스-레닌주의 계열 공산당 조직인 팔레스타인 인민해방전선(Popular Front for the Liberation of Palestine, PFLP)의 대변인을 역임했다. 1972년 이스라엘 정보기관인 모사드의 폭탄 테러로 사망했다.

이라크 남부의 대도시 바스라. 티그리스와 유프라테스가 합류하는 샤트 알 아랍 강이 흐르는 이 도시에 세 명의 팔레스타인 난민 사내들이 각기 다른 이유로 쿠웨이트 입국을 위해 찾아온다. 작품 속에서 수없이 반복되는 '10년'이라는 단어가 암시하듯, 1948년 나크바, 즉 이스라엘 건국과 함께 팔레스타인의 인종청소로 고향에서 쫓겨나 그들이 난민이 된 지 10년째 되는 8월이었다. 쿠웨이트에 가면 일자리가 있다. 나크바로 인해 집과 올리브 나무를 비롯해 모든 것을 잃고, 지난 10년 동안 오로지 고향으로 돌아가는 것만을 간절히 염원하며 유엔의 원조에 매달려 살아온 아부 카이스는 아직 어린 자녀의 학자금을 마련하기 위해 동분서주한다. 청년 아사드는 정치 활동으로 요르단 정부에게 쫓기는 신세이지만 새로운 삶을 개척하려 한다. 그리고 의사를 꿈꾸는 16세의 마르완은, 쿠웨이트에서 일하며 가족을 부양하던 형이 결혼하면서 갑자기 송금을 중단하자, 남편에게 버림받은 어머니와 어린 동생들을 부양하기 위해 자신의 학업을 포기하고 형을 대신해 일하고 있다. 각자의 이유는 달랐지만 가족과 자신의 생존을 위해 모두 쿠웨이트에서 일하는 것에 운명을 걸고 있다.

여권도 비자도 없는 난민들은 밀입국을 할 수밖에 없다. 가까스로 바스라에 도착했지만 밀입국 안내를 해주는 업체를 만나지 못한 세 사람 앞에, 한 팔레스타인 난민 사내가 나타나 국경을 넘자고 제안한다. 쿠웨이트인 부호의 운전기사로 일하고 있는 이 사내, 아부 카이주란*은 다음 날 급수 트럭을 몰고 쿠웨이트에 돌아가기로 되어 있었다. 사내는 빈 급수

---

* 멀대같이 큰 아저씨라는 뜻의 별명

탱크에 몸을 숨기고 국경을 넘자고 세 사람에게 제안한다.

　이튿날 아침, 네 사람을 태운 트럭은 뜨거운 사막을 한길로 달려 이라크와 쿠웨이트 국경을 향해 달린다. 이라크 측 국경 검문소가 가까워진다. 사막 기후인 바스라 지역의 여름 기온은 50도를 넘나든다. 금속제 탱크 지붕에 맺힌 물방울은 똑 소리와 함께 삽시간에 증발한다. 사막의 햇볕에 그을린 탱크 안에 세 사람이 몸을 숨긴다. 딱 7분만 참아. 아부 카이주란은 그렇게 말하며 검문소 앞에 차를 세우자마자 토끼처럼 차에서 뛰어나와 맹렬한 속도로 출국 수속을 마치고 트럭으로 도로 달려가 시동을 건다. 그리고 검문소가 시야에서 사라지는 지점까지 단숨에 달려가 차를 세우고는 탱크 지붕에 기어올라 뚜껑을 열고 다 죽어가는 세 사내를 지옥의 가마솥 밑바닥에서 끌어올린다.

　이라크 측 검문소는 무사히 통과한다. 난민 사내들을 태우고 사막의 노맨스 랜드를 질주하는 트럭. 곧 쿠웨이트 측 검문소가 다가오고 세 사람은 다시 지옥의 가마솥으로 들어간다. 아부 카이주란도 아까처럼 거침없이 입국 수속을 밟는다. 하지만 에어컨이 빵빵한 쾌적한 사무실에서 한가롭게 시간을 보내고 있는 쿠웨이트 직원들은 만만한 심심풀이 상대가 왔다는 이유만으로 그에게 잡담이나 늘어놓자고 끌어들인다. 뭘 그렇게 서두르는 거야? 네놈도 역시 여간내기가 아니야. 먼젓번 댄서에 대해 말해봐. 이름이 뭐라던가? 꽤나 미인인 거 아닌가…. 시시각각 흘러가는 시간. 직원의 손에서 출입국 서류를 빼앗아 차를 몰고 빠르게 달리는 아부 카이주란. 차를 세우고 철제 뚜껑을 열었을 때는 이미 20분이 넘었다. 이름을 불러도 대답하는 사람은 아무도 없다.

중동에서, 혹은 유럽의 해변에서 국경을 넘나들지 못하고 세계의 망각 속에서, 노 맨스 랜드에서 절명하고 있는 자들의 비극. 앞 장에서도 언급했듯이 이러한 현대적 비극은 2002년 마이클 윈터바텀 감독의 〈인 디스 월드〉를 비롯한 여러 영화에서 그려졌지만[11], 카나파니는 지금으로부터 50여 년보다 더 전에, 불타는 사막의 노 맨스 랜드에 방치되어 불지옥이 된 탱크 안에서 질식해 죽어가는 난민 사내들이라는 잊을 수 없는 강렬한 이미지로 형상화했다.

아부 카이주란을 운전기사로 고용한 쿠웨이트인 부호 하즈 리다는 손님들을 초대해 사막에서 사냥을 하기 위해 국경 따위는 존재하지 않는 것처럼 쉽게 쿠웨이트와 이라크를 오간다. 그런 사막에서 세 남자는 국경을 넘어가지 못하고 질식해 죽는다. 내게는 관광여행의 한 장면조차 딱히 기억에 남지 않은 지브롤터 해협을 모로코 젊은이들이 건너지 못하고 바다에서 스러져 갔던 것처럼. 혹은 크루즈를 즐기는 에게 해를 중동 난민들은 죽음을 각오하고 건너야 하는 감옥인 것처럼.

최근 중동과 유럽을 무대로 '국경과 난민' 문제가 떠오르고 있는 이 시점에서, 카나파니의 『태양의 사내들』은 다시 읽어 봐야 할 작품이다. 그런데 이 소설의 사상적 의의는 21세기의 오늘날의 문제를 반세기보다 더 전에 예견적으로 그려냈다는 것에서 그치지 않는다. 국경을 넘으려 해도 넘지 못하는 중동과 아프리카 난민들을 그린 영화는 그 사건을 우리 세상에서 벌어지고 있는 동시대 인간의 비극으로 세상에 널리 알리고 그에 대한 인간적인 공감을 불러일으키기 위해 만들어진다. 하지만 『태양의 사내들』이 쓰여질 당시, 쿠웨이트로 건너가려던 팔레스타인 난민들이 반드시 이 소설에 묘사된 것과 같은 비참한 죽음을 맞이한 것은 아니다. 그렇다면 카나파니는 무엇을 위해 이 작품을 썼을까?

4. 사막의 메아리

그날 밤, 아부 카이주란은 어둠을 틈타 급수 트럭을 몰고 마을 외곽의 쓰레기 처리장으로 향한다. 그리고 탱크 안으로 들어가서는 세 구의 유해를 탱크 뚜껑을 통해 밖으로 밀어 올린다. 경직된 시체들은 탱크 지붕에서 미끄러져 땅바닥에 둔탁한 소리를 내며 떨어진다(볼탕스키의 〈노 맨스 랜드〉에서 크레인이 헌옷을 집어 올려 떨어뜨리는 장면을 보고, 나는 영화 『태양의 사내들』의 바로 이 장면이 떠올랐다). "내일 아침에 제일 먼저 온 쓰레기차 운전기사가 발견하겠지"라며 세 사람의 유해를 도로변에 내버려두고 그 자리를 떠나려던 아부 카이주란은 문득 뭔가를 깨달았는지 발걸음을 돌린다. 그러더니 세 사람의 주머니에서 돈을 꺼내고 마르완의 팔에 찬 시계를 챙긴 뒤 차로 돌아간다. 갑자기 한 가지 상념이 그의 뇌리를 스쳐 지나간다. 떨쳐내려 해도 떨쳐낼 수 없는 거대한 상념에 아부 카이주란은 괴로워한다. 마침내 그의 입에서 이런 말이 튀어나온다.

"왜 니들은 탱크 벽을 안 두드린 거냐…."

그는 몸을 휙 돌렸다가 땅바닥에 쓰러질 뻔했다. 그러고는 차의 계단에 발을 걸치고 운전석으로 돌아와 핸들에 머리를 기댄다.

"왜 니들은 탱크 벽을 안 두드린 거냐고. 왜 소리를 안 질렀냐. 왜."

사막은 갑자기 일제히 울려 퍼진다.

"왜 니들은 탱크 벽을 안 두드렸냐. 왜 탱크 벽을 안 두드렸냐. 왜 그랬냐. 왜! 왜!"12)

작품의 마지막에 세 번이나 반복되는 아부 카이주라의 물음, "왜 그랬냐, 왜! 왜!" 왜 그들은 탱크의 벽을 두드리지 않았는가. 왜 도움을 요청하며 울부짖지 않았는가. 그 부분이야말로 카나파니가 이 작품에 담아낸 마음이 고스란히 응축되어 있다.

이 작품은 나크바로부터 10년이 지난 뒤, 팔레스타인 난민이 처한 전반적인 상황 자체를 은유적으로 표현한 작품이다. 국경과 국경 틈새의 노 맨스 랜드와 난민캠프는 동일한 의미론적 토포스라고 앞서 언급했다. 사막에 방치된 채 불지옥이 되어 안에 있던 사람들이 질식해 죽은 탱크는 사막의 노 맨스 랜드를 보다 극적으로 형상화한 것이며, 동시에 고향에서 쫓겨나 난민이 된 팔레스타인 사람들이 '아무것도 아닌 것'으로 머물러 있는 난민캠프와 그곳의 난민적 삶에 대한 은유이다. 캠프를 떠나 쿠웨이트로 가든지, 가족과 자신의 (생물학적, 물질적, 경제적) 생존에만 마음을 쏟고 있는 한, 그들이 난민적 상황에 갇히고 만 포로라는 사실에는 변함이 없다. "식민주의라는 것은 말이오, 인간에게서 뇌를 뽑아버리는 거요." 재일 고령자 무연금 소송*의 원고인 한 할아버지가 했던 말을 떠올려 본다.

---

* 재일 고령자 무연금 소송은 2003년, 오사카에 거주하는 재일 한국인 고령자(일제강점기 출생) 6명이 일본『국민연금법』에서 배제된 채 무연금 상태로 방치되었던 데 대하여 일본 정부에 정신적 손해배상을 요구한 소송이다. 田中宏, 「在日コリアンの無年金高齢者問題について(民際學特集)」『龍谷大學経済學論集』(44(5) 2005.3) pp.55-72

그들이 난민/노 맨인 한, 난민캠프/노 맨스 랜드에서 질식사할 수밖에 없다. 그들이 아무리 인간 사회의 법의 테두리 밖에 있다고 하더라도 '이 세상'에서 그런 문제는 중요하지 않다. 그들은 '노 맨'일 뿐이며, 국경 출입국관리사무소 직원들처럼 '이 세상'에 사는 인간들은 쾌적한 자신들의 세상에서 안온함과 잡담에 빠져 난민들의 정치적 생존에는 아무런 관심이 없으니까. "왜 벽을 안 두드렸냐, 왜 소리를 안 질렀냐."라고 사막에 메아리치던 아부 카이주란의 외침은 "벽을 두드려라. 바깥을 향해 외쳐라. 이 세상에 팔레스타인 사람들이 존재한다는 것을 세상에 알려라. 그렇지 않으면 그대들은 난민캠프에서 노 맨으로 남은 채 세상의 망각 속에서 절명할 수밖에 없다."라는 동포를 향한 혼신적인 외침임에 틀림없다.

5. 속임수에 넘어간 자들

『태양의 사내들』은 1972년 이집트 출신인 테우픽-살레 감독이 〈속임수에 넘어간 자들: The Dupes(Al-Makhdū'ūn)〉이란 제목으로 영화화했다(제작은 시리아). 영화는 소설과 결정적으로 다른 장면이 있다. 영화에서는 탱크 안의 세 사람이 벽을 두드리며 바깥에 있는 사람들에게 구조를 요청하며 소리를 지른다. 하지만 그들의 목소리도, 탱크를 두드리는 소리도 에어컨 실외기 소리에 묻혀 아무도 알아차리지 못한다.

『태양의 사내들』이 출간된 지 4년 후인 1967년, 제3차 중동전쟁으로 성지 예루살렘을 포함한 요르단강 서안 지구 및 가자 지구까지도 이스라엘에 점령당함으로써 역사적 팔레스타인*의 모든 것이 점령당했다. 아랍어로 '나크사'라고 불리는 이 대패배를 계기로, 팔레스타인을 자신들의 손으로 해방시키겠다며 다양한 무장해방 조직이 탄생한다. 나크바로부터 19년, 언젠가 누군가 자신들을 팔레스타인으로 되돌려 줄 것을 꿈꾸며 난민이라는 처지를 감수하고 있었던 아부 카이스 등의 부모 세대와는 대조적으로 노 맨으로서 난민캠프의 진흙탕 속에서 성장한 난민 2세들은 팔레스타인을 되찾기 위해 목숨을 걸고 싸우기를 택했다. 그들은 '난민'이라는 '인도적 문제'임을 그만두고, 조국의 해방과 그곳으로의 귀환을 위해 총을 들고 해방의 전사(페다인)가 되어 세상 앞에 서게 된다. 자신들을 난민캠프라는 사막의 연옥에 가둬두고 그 존재를 맘 편히 망각하고 있던 사람들의 목구멍에 총을 겨누고 '이 세상'의 평온을 흔드는 그들을 가리켜 세계는 '테러리스트'라고 불렀다. 아무것도 아니었던 자들, 인간 아닌 자들이 '인간'이자 정치적 주체로서 세상에 자기 존재를 각인시키는 순간이었다.

1960년대 후반부터 1970년대 초반은 그런 시대였다. 팔레스타인 사람들은 진작부터 목소리를 내고 필사적으로 탱크의 벽을 두드리고 있지만, "세계가 그 목소리, 그 소리에 귀를 막고 있다"라는 설명을 듣고는 카

---

* '역사적 팔레스타인(Historic Palestine)'은 레바논, 시리아, 요르단, 이집트 및 지중해 연안에 접해 있던 원래의 팔레스타인 지역을 가리킨다. 현재의 '점령된 팔레스타인 영토(Occupied Palestinian Territories)'인 요르단강 서안 지구와 가자 지구와 대비되는 개념이다. 일란 파페에 따르면, 팔레스타인 사람들 대다수는 요르단강 서안 지구 및 가자 지구만이 아닌, '역사적 팔레스타인'을 팔레스타인으로 규정하고 있다. 이와 관련해서는 이 책의 제14장 「가자 지구에 지하철이 달리는 날」의 4절 '와탄' 및 아래 사이트들을 참조할 것.
https://palestinecampaign.org/resources/history/
https://thisweekinpalestine.com/historical-palestine/

나파니도 납득했다고 한다. 소설이 쓰여진 후부터 영화가 만들어지기까지 팔레스타인 난민의 상황을 둘러싼 수십 년간의 역사적 변화를 반영하여 영화 속 이야기의 결말도 수정된 것이다. 동시에 소설은 무엇보다도 동포인 팔레스타인 사람들, 특히 '뇌를 뽑힌' 채로 개개인의 생존에 골몰하고 있는 난민들이 스스로 그런 상황을 타파할 수 있기를 바라는 마음으로 쓰여졌다면, 이집트인 감독에 의해 시리아에서 제작된 영화는 팔레스타인 사람들을 망각하고 계속 외면하는 이 세상, 특히 아랍 세계를 작품 대상으로 삼고 있다는 것을 반영하기도 한다.

6. 사랑에 빠진 포로

『태양의 사내들』의 결말, 아부 카이주란의 '왜'라는 절규에 담긴 카나파니의 메시지에 응답하듯, 결국 팔레스타인 난민 2세대는 세계의 온정과 자선의 대상에서 벗어나 스스로 조국을 되찾으려는 정치적 주체로 탈바꿈하게 되고, 난민캠프라는 노 맨스 랜드는 이제까지와는 전혀 다른 공간으로 변모해 나가게 된다. 1970년대 초, 요르단 난민캠프에서 2년을 보냈던 장 주네*가 사망한 후 간행된 유작 『사랑에 빠진 포로[13]』에서 작가는 바로 이 점을 무한한 사랑으로 증언하고 있다.

---

* 장 주네(1910~1986)는 프랑스의 작가로 옥중에서 첫 소설인 『꽃 피는 노트르담』 등을 발표했으며 이후 팔레스타인 해방 운동에도 참여했다. 팔레스타인 문제를 다룬 작품으로 『샤틸라의 4시간』, 『사랑에 빠진 포로』 등이 있다.

국민도 시민도 아닌, 그저 한 인간일 뿐인 난민들. 한 사람이 이 세상에 '태어나는 것'과 '국민이 되는 것'은 완전히 차원을 달리하는 일이며, 양자 간에 조금의 간극도 있을 수 없는, 그런 암묵적 허구 위에 세워진 '이 세상'에서 난민은 그저 인간일 뿐인 동시에 인간이 아닌 자들(노 맨)이다. 그래서 난민들이 사는 난민캠프는 법외의 토포스이며(왜냐하면 법은 '인간'을 위한 것이기 때문이다), 이 세상이 인간에게 보장하는 일체의 권리가 무효화되는 장소, 즉 세상의 외부다. 나크바 이후 지난 70년간의 팔레스타인 난민의 역사가 집단학살의 역사인 것은 바로 이 때문이다. 그러나 그 난민들이 총을 들고 조국 귀환을 자신의 목숨을 걸고 실현하려 하기 시작했을 때, 인간이 '노 맨'이라는 의미는 변용되고 난민캠프가 '노 맨스 랜드'라는 의미도 변용된다. 볼탕스키적 의미의 그것과는 정반대의 공간, 한 개인이 존재의 의미를 모두 박탈당하고 '인간 아닌 존재'로서 죽어가는 장소가 아니라, 국민도 시민도 아니어도 충분히 자유로운 존재가 될 수 있는 그런 세상으로 바뀐다.

팔레스타인 해방투쟁이라고 불리는 운동의 모든 것이 그랬다는 것은 아니다. 아니, 오히려 '팔레스타인 해방'이라는 정치적 용어가 의미하는 것은 팔레스타인 주권 국가를 수립하고 팔레스타인 사람들이 그 국가에 귀속되는 것, 난민 혹은 점령지 주민이라는 '노 맨'으로서 인권 저편에 놓인 그들이 국민으로 등록되어 인간의 제반 권리를 보장받는 것이다. 즉, 온전한 국민이 됨으로써 인간이 되고 인권을 보장받는 것이다. 시오니즘*이 유대인 국가를 원했던 것도 그 때문이다.

그러나 주네가 요르단 난민캠프에서 팔레스타인 해방을 위해 총을 들고 투쟁하는 정치적 주체가 된 젊은 페다인을 통해 환기한 것은 무엇일까. '인간과 시민의 동일성, 태어남과 국적의 동일성'(아감벤)이 단절됨으로써 난민이 인간 아닌 자로 죽음에 이르게 하는 비극이 아니라, 오히려 그 동일성의 단절로 인해 인간이 진정으로 자유로워지는 꿈의 모습이었다. '팔레스타인 해방'이 궁극적으로 국민국가의 획득을 목표로 하고 있다고 해도, 그리고 그것이 실현되는 순간 그 꿈은 사라진다 해도, 그런 과정에서 숲 속을 스쳐 지나가는 한순간의 바람처럼 인간이 어디까지 자유로울 수 있는 꿈의 자태가 그곳에 있었다.

7. 인간이 된다는 것

인간과 시민의 동일성, 태어남과 국적의 동일성이라는 국민국가의 근간을 이루는 암묵적 허구는 정도의 차이는 있지만 그들 모두 '난민'이며 그러한 자들이 사는 공간은 어디든 은유적으로 노 맨스 랜드/난민캠프라

---

* 시오니즘, 또는 시온주의는 19세기 후반 이래 팔레스타인에 유대인의 국가를 수립하려는 국제정치적인 움직임을 의미한다. 이를 신봉하는 이들을 시오니스트라고 한다. 시오니즘은 근대 유럽의 민족국가 성립 시기 유대인들이 겪은 차별과 박해의 피해 경험, 종교문화를 통한 공동체 의식을 자각하여 헤스(Moses Hess)가 체계화했고, 헤르츨(Theodor Herzl)이 1897년 제1차 시오니스트 회의 개최 및 시오니스트 기구 창설 등 구체적인 정치 운동으로 전환시켰다. 이후 로스차일드(Baron Edmond Rothchild) 등 재력가들과 영국 정부의 협력으로 1948년 5월 14일 팔레스타인에 이스라엘이 건국되었다. 서울대학교 역사연구소 편, 『역사용어사전』, 서울대학교출판문화원, 2015.

고 부를 수 있을 것이다. 이 세상은 그들이 노 맨스 랜드의 노 맨인 이상, '불쌍한 난민'에 대해 때로는 변덕스러운 온정을 베풀기도 한다. 하지만 국민이 아닌 그들이 '인간 아닌 자'의 경계에서 정치적 권리와 자유를 요구하고 세상에 새로운 공동체성으로 열리기를 요구할 때, 이 세상은 엄청난 폭력으로 발현되어 그들을 덮친다. 탈 자아타르, 사브라-샤틸라, 제닌, 가자 지구…. 팔레스타인 난민캠프가 반복되는 제노사이드적 폭력에 시달리는 것은 난민캠프가 노 맨스 랜드, 즉 노 맨들이 사는 법외의 토포스이기 때문이기도 하지만 그뿐만은 아니다. 이 세상에서 노 맨으로 규정된 자들이 그저 살아 있는 생명으로 환원되는 것을 거부하고 자신의 정치적 생존을 단호히 포기하지 않고 '인간다움'을 주장하기 때문이다.

제3장

노 맨의 뼈

1. 달력

지난 십여 년 동안 애용하는 달력이 있다. 캐나다의 팔레스타인 지원 단체가 제작하고 판매하는 "Colors of Palestine"라는 달력이다. 매년 팔레스타인 예술가가 그린 (또는 팔레스타인을 주제로 한) 열두 점의 그림이 수록되어 있다. 해마다, 그리고 달마다 다른 작가의 작품도 있고 1년 내내 같은 작가의 작품도 있다.

북미에서 제작되었기 때문에 미국 독립기념일과 추수감사절 등 캐나다와 미국의 공휴일이 표시되어 있지만(8월 6일과 9일 히로시마와 나가사키의 원폭기념일도 표기되어 있다), 이 달력에는 팔레스타인과 깊은 관련이 있는 세 가지 신앙 즉 유대교, 기독교, 이슬람교와 관련된 축일이 기재되어 있다. 기독교라면 부활절과 크리스마스(서양 교회와 축일이 다른 동방 교회의 축일도 별도로 표기되어 있다), 유대교라면 유월절, 하누카(그리스로부터 예루살렘 성전을 탈환한 기념일), 유대력 설날, 그리고 이슬람교에서는 단식월인 라마단의 시작일과 카둘의 밤(무함마드에게 첫 계시가 내려진 날), 단식월의 끝을 축하하는 축제(이드 알-피트르), 희생제,

이슬람력 설날 등이 있다.

　이 세 가지 신앙의 성지인 예루살렘에서 사람들은 서로 다른 신앙을 지키면서도 아랍어를 사용하며 이웃으로 역사적으로 공생해 왔다. 그것이 예루살렘 도시의 역사이고 팔레스타인의 역사이며 더 나아가 중동 이슬람 세계의 모습이었다. 이슬람은 유대교도와 기독교도를 같은 '계전(啓典)의 백성'으로 간주하고 그들을 피보호민(딤미)으로 보호해 왔다. 천 수백 년에 걸친 기나긴 역사의 과정에서 이교도에 대한 박해가 없었던 것은 아니다. 그러나 대체로 '공생'이 무슬림 사회의 원칙이었다.

　예를 들어 역사적으로 지중해 세계 최대의 유대인 인구를 포함하고 있는 모로코는 종주국 프랑스가 나치 독일에 점령된 후 친 나치 성향의 프랑스 비시 정부로부터 국내 유대교도를 색출하라는 명령을 받았다. 그러나 당시 술탄 무함마드 빈 유세프*는 술탄은 이슬람 율법에 따라 신민인 유대교도를 보호할 의무가 있다며 프랑스의 명령을 과감히 거부했다. 그 덕에 모로코의 유대교도는 홀로코스트를 피할 수 있었다.

　예루살렘은 아랍/이슬람 세계에서 이러한 역사적 공생의 상징이나 다름없다. 그러한 공생의 역사를 폭력적으로 파괴한 것이 바로 근대 시오니즘의 침략과 이스라엘 국가 건설이었다.

---

*　술탄 무함마드 빈 유세프(1909~1961)는 모로코를 보호령으로 거느렸던 프랑스와 스페인과의 협상 끝에 1956년 독립을 이룬 인물이기도 하다. 독립 후 초대국왕 무함마드 5세로 불린다.

2. 안달루시아

1990년 1월, 나는 스페인 안달루시아에 있었다.

이베리아 반도는 15세기 말 그라나다에 남아 있던 마지막 아랍 왕조가 멸망하면서 유럽-크리스트교도의 레콩키스타(재정복)*이 완료될 때까지 800년간에 걸쳐 아랍/이슬람 세계였다. 그라나다, 코르도바, 세비야…. 이들 안달루시아 도시들의 매력은 아랍/이슬람 시대의 역사와 문화가 농후한 색채로 남아 있다는 점이다.

그라나다. 알함브라 궁전 방문은 두 번째였다. 6년 전 여름, 이집트 유학 시절 그라나다를 방문한 적이 있었다. 겨울의 회색빛 하늘 아래에서 본 궁전은 왠지 쓸쓸해 보여서 알함브라는 단연코 여름이 더 어울린다고 생각했다. 이슬람 건축의 정수를 모은 궁전이라고는 하지만 이후 모로코에 살면서 페즈의 정교한 모자이크 장식이 눈에 익게 되니, 시대적으로 거슬러 올라간 알함브라의 그것이 아직은 충분히 세련되지 않은 것처럼 보였다. 그래도 천장의 돔에 빈틈없이 설치된 벌집 모양의 종유석 장식은 몇 번을 보아도 압권이었다.

코르도바 구시가지에 남아 있는 메스키타(모스크). 지금은 기독교 성당이 되었다. 그 주변은 중정(中庭, 파티오)이 있는 집들로 유명하다. 아랍 세계는 서아시아에서 북아프리카까지 두 대륙에 걸쳐 있는 실로 광

---

* 레콩키스타, 또는 재정복 운동은 그리스도 교도들이 8세기 초 이래 스페인 대부분을 차지하고 있었던 무슬림에게서 영토를 수복하기 위해 1492년 그라나다를 함락할 때까지 벌인 군사적 원정 및 이주 운동을 이른다. 이 과정에서 육체 노동보다는 군사 활동을 통한 부와 명예의 획득을 이상화하는 '이달고(hidalgo)'적 개념이 형성되었고, 이는 스페인 사회에 호전적인 종교성과 귀족적인 경향성을 초래했다. 서울대학교 역사연구소 편, 『역사용어사전』, 서울대학교출판문화원, 2015.

활한 세계이기에 그 생활양식과 문화는 지역마다 천차만별인데, 코르도바 구시가지의 파티오는 스페인에서 지중해를 사이에 두고 수천 킬로미터나 떨어져 있는 시리아의 다마스쿠스 구시가지의 중정이 있는 집들의 분위기와 몹시도 흡사했다. 그러고 보니 다마스쿠스를 수도로 삼은 우마이야 왕조가 아바스 왕조에 의해 멸망된 후, 그 생존자들이 안달루시아로 건너가서 왕조를 재흥시킨 것이 후(後) 우마이야 왕조다. 코르도바는 그 수도였다.

안달루시아가 아랍/이슬람 세계였다는 것은 유대교도와 기독교도가 아랍어를 사용하는 아랍인으로서 이슬람교도인 아랍인과 공생하는 사회였다는 뜻이다. 코르도바의 메스키타 근처에는 유대인 지구가 있고 그곳에 이븐 마이브문(1135~1204)의 생가가 있다.

라틴어 이름인 마이모니데스로도 알려진 그는 같은 코르도바 동향인 이븐 루시드(아베로에스, 1126~1198)*와 함께 중세 아랍/이슬람 세계를 대표하는 철학자다. 유대교도인 이븐 마이브문과 무슬림인 이븐 루시드 모두 아리스토텔레스를 읽고 아랍어로 저술했다. 이븐 마이브문은 훗날 페즈로, 그리고 팔레스타인으로, 그 후 카이로로 건너갔지만, 세계사적인-또는 인류사적인-지성의 거인 두 사람이 젊은 시절 이 코르도바에서 아리스토텔레스 철학을 이야기하며 신의 본질에 대해 논했던 모습을 상상해 보면 당시 이곳이 얼마나 호화로운 도시였고 또 풍요로운 시대를 누렸는지 경탄하게 된다.

---

*   이븐 루시드(아베로에스)는 12세기에 활동한 안달루시아 출신의 철학자로 아리스토텔레스의 저작에 대한 주석으로 유명하며 철학과 신학이 적대적이지 않음을 주장했다.

12세기 중반, 북아프리카 일대를 지배한 알무와히드 왕조가 이곳 안달루시아도 지배하게 된다. '칼리프 국가'를 표방한 베르베르인의 왕조는 엄격하고 불관용적인 종교 정책으로 유명하다. 그들은 이교도를 비호하는 이슬람 전통을 폐기하고 개종을 강요했다. 이븐 마이브문이 코르도바를 떠날 수밖에 없었던 것도 그 때문이다. 계전(啓典)의 백성*으로서 비호를 받고 신앙의 자유가 보장되는 다른 아랍/이슬람 지역으로 이주한 것이다.

철학과 문학이 찬란한 꽃을 피운 안달루시아는 1400여 년에 걸친 아랍/이슬람 역사 속에서도 아바스 왕조와 어깨를 나란히 하는 황금시대 중 하나다. 이를 가능케 한 것은 다양한 사상과 가치관을 허용하는 관용의 정신이다. 비록 알무와히드 왕조의 박해는 있었지만-'계전의 백성'에 대한 개종 강요를, 당시나 지금이나 이 세상의 무슬림 대다수는 ('이슬람 국가**'를 표방하는 자들과 마찬가지로) 이슬람 전통을 짓밟는 반이슬람적 행위로 간주할 것이다-이교도에 대한 관용이라는 전통이 코르도바에서 철학자 이븐 마이브문을 낳았고 팔레스타인과 카이로에서 그의 사상을 키웠다.

그러나 안달루시아에서 유럽인 기독교도의 레콩키스타가 완료되었을 때, 그 땅에 살고 있던 유대교도와 이슬람교도들을 기다리고 있던 것은

---

* 계전의 백성이란 이슬람에서 신이 계시한 성서 신앙을 공유하는 백성들, 즉 유대교도와 그리스도교도를 포함한다.

** 이슬람 국가(Islamic State, IS), 또는 이라크 레반트 이슬람 국가(Islamic State of Iraq and the Levant, ISIL)는 2003년 조직된 수니파 계열의 급진적 이슬람 무장세력으로 이라크 및 시리아 일대를 거점으로 테러 활동을 벌이고 있다.

기독교로 개종하거나 추방당하는 양자택일이었다. 신앙을 유지한 채로 고향에 머무는 것은 허용되지 않았다.

기독교 이외의 신앙을 가진 자들과 함께 살아가는 것을 허용하지 않는 이 같은 폭력-인종청소의 폭력-이 500년 후, 다시 유럽에서 반복된다. 나치가 정권을 잡은 독일과 나치 독일에 정복당한 동유럽 국가들에서 유대인은 먼저 사회의 주변부로 쫓겨났고 그다음에는 조국에서 추방당했고 마지막으로 이 지구상에서 말살될 위기에 놓였다. 500년 전에는 '신앙'을 이유로 고향에서 살 권리를 부정당했다면, 근대에 들어서는 '인종'의 차이가 그 이유였다. 신앙의 인종화로, '신앙'이 '피'의 문제로 치환되면서 개종하여 생존하는 것도 더 이상은 불가능해졌다. 그리고 유대인들이 나치의 절멸수용소에서 해방된 지 3년 후, 또다시 같은 종류의 폭력이 이번에는 팔레스타인 땅에서 반복된다. 기독교도와 이슬람교도인 팔레스타인 사람들은 '아랍인'으로 인종화되어 팔레스타인에 거주할 권리를 박탈당했을 뿐만 아니라 나치 지배 하의 유럽에서 '유대인'으로 분류된 사람들과 마찬가지로 비인간화되고 인간으로서의 권리를 박탈당했다.14) 팔레스타인 문제가 '팔레스타인에 이식된 유대인 문제'로 여겨지는 이유 중 하나다.

3. 끊이지 않는 집단학살

앞서 얘기했던 팔레스타인 연대를 주제로 한 달력에는 세 가지 신앙의 축일 사이를 메우기 위해, 팔레스타인 문제와 관련된 다양한 기념일이 표시되어 있다. 5월 15일 '나크바(1948년)'[15]—당시 75만 명의 팔레스타인 사람들이 고향에서 쫓겨나 난민이 되었다—에 이어서, 6월 2일 '팔레스타인 해방기구(PLO) 창설(1964년)', 6월 5일 '나크사, 6일 전쟁(1967년)'[16], 9월 28일 '알-아크사 인티파다 시작(2000년)', 유대인에게 팔레스타인에 홈랜드(home-land)를 약속한 11월 2일 '벨푸어 선언(1917년)', 11월 15일 '팔레스타인 국가 독립 선언(1988년)', 11월 29일 '팔레스타인 민중과의 국제 연대의 날(1947년, 유엔)', 12월 9일 '제1차 인티파다 시작(1987년)' 등등.

이들 대부분은 고교 교과서에도 실려 있는 세계사적 사건들이다. 하지만 이 달력에 표시된 팔레스타인의 기념일은 그뿐만이 아니다. 3월 30일은 '토지의 날(1976년)'. 1976년 이날 이스라엘 정부의 대규모 토지수용 계획에 항의하여 이스라엘의 팔레스타인계 시민들이 전국적으로 총파업과 항의 시위를 조직했고, 이스라엘 정부가 군대를 투입해 시위를 진압한 결과 비무장 시민 6명이 사망했고 수백 명이 부상을 입었다. 4월 9일은 '데이르 야신 집단학살(1948년)', 8월 12일은 '탈 자아타르 집단학살(1976년)', 9월 15일과 16일은 '사브라-샤틸라 집단학살(1982년)', 10월 29일은 '카프르-카심 집단학살(1956년)'을 기념하는 날이다.

데이르 야신, 카프르-카심, 탈 자아타르, 사브라-샤틸라…. 앞의 두 개는 팔레스타인의 마을 이름이고 뒤의 두 개는 레바논의 팔레스타인 난민 캠프 이름이다. 팔레스타인 사람들의 집단기억에 깊게 새겨진 이들 고유명사 뒤에 반복되는 '집단학살(Massacre)'이라는 말이 나크바 이후 70

년 동안 그들의 역사가 어떠했는지를 증명하고 있다. 그러나 나크바의 한복판에서, 혹은 1948년 점령된 후 '유대인 국가'가 된 팔레스타인에서, 혹은 고향에서 쫓겨나 난민이 되어 살아가게 된 이국 땅의 난민캠프에서, 팔레스타인 사람들을 덮친 학살은 이것으로 끝나지 않는다.

4. 데이르 야신

데이르 야신. 이 말은 오랫동안 '나크바'의 대명사였다. 이스라엘 건국 전야인 1948년 4월, 예루살렘 근교에 있는 팔레스타인 마을에서 극우 유대인 민병대가 저지른 학살 사건은 나크바의 비극을 상징하는 사건으로 팔레스타인 사람들에게 기억되고 이야기되어 왔다. 그런데 팔레스타인 땅에 '유대인 국가'를 건설한다는 명목으로 그곳에 사는 사람들을 모조리 쓸어버리는 인종청소가 실제로는 데이르 야신과 비슷하거나 혹은 훨씬 상회하는 규모로 팔레스타인 각지에서 수차례 일어났다는 사실이 서서히 밝혀지고 있다. 소규모 학살까지 포함하면 그 수는 수십 건에 달한다.

미국에 '평화를 위한 유대인의 목소리(JVP: Jewish Voice for Peace)' 라는 NGO가 있다. 이스라엘의 예루살렘 및 서안 지구 그리고 가자 지구에 대한 점령에 반대하며 1967년 설립된 이래 점령 종식과 난민 문제의 국제법에 따른 해결을 촉구하는 다양한 활동을 펼치는 유대인 단체다. 나크바의 실체를 파헤치기 위해, 다시 말해, '유대인 국가'가 어떻게 팔레스타인 사람들에 대한 폭력 위에 세워졌는지를 국제 사회에 알리기 위해

JVP가 작성한 「나크바 팩트시트」에는 이스라엘 건국 당시 발생한 집단학살에 대해 다음과 같이 기록되어 있다.

1948년 4월 9일, 데이르 야신 마을은 이르군(Irgun)과 슈테른 갱(레히)—둘 다 극우파 유대인 민병대(저자 주)—으로 구성된 유대군에 의해 점령당했다. 그 과정에서 최소 93명의 마을 주민이 참살당했다. 시신은 훼손되었고 여성들은 강간당한 후 살해당했다. 사망자 중 30명은 아기였다.
1948년 5월 22일, 알렉산드리아 여단 소속 유대인 병사들이 탄투라 마을을 점령하여 110~230명의 남자들을 사살했다. (역사가인) 일란 파페는 다음과 같이 기술했다. "유대인들은 여자들과 아이들을 한곳에 모았다. 그들이 (죽인 남자들의) 시체를 버린 곳이었다. 이 여인들과 아이들에게 죽은 자신의 남편, 아버지, 형제의 모습을 보여줌으로써 공포에 빠지도록 하기 위해서였다."
1948년 10월 28일, 헤브론 인근 다와이메 마을에서 약 145명이 살해당하고 450명 이상이 실종되었다. 그중 170명은 여성과 어린이였다.
1948년 10월 29일, 유대인과 드루즈 군인들이 사프사프 마을을 공격해 점령했다. 이튿날 아침에는 70명의 남성이 무자비하게 총살당했다.
데이르 야신, 탄투라, 다와이메, 사프사프 학살 사건은 (나크바 때 팔레스타인에서 발생한) 수많은 유사한 학살 사건 중 일부에 불과하다. 이 학살 사건들은 추방, 난민화, 집단학살, 강간, 마을의 철저한 파괴를 비롯한 폭력 행위에 얽혀 있는 팔레스타인 사람들의 기억 속에 생생하게 남아 있다.[17]

데이르 야신이라는 이름은 기억되는 반면 그보다 희생자 수가 아득히 상회하는 다와이메와 탄투라의 이름이 오랫동안 망각된 데에는 몇 가지 이유가 있다. 하나는 팔레스타인 사람들에 대한 인종청소의 기억이 전반적으로 부정되고 억압되고 있는 이스라엘에서조차 데이르 야신 학살만은 예외적으로 사건 발생 초기부터 시오니스트 지도부 및 학살 실행자들 스스로가 적극적으로 이야기해 왔기 때문이다.

학살 실행자들은 사건의 밤에 외국 특파원들을 인근 정착촌*으로 초대해 자신들의 '전과'를 자랑하며 희생자 수를 실제보다 두 배로 늘려 254명으로 발표했다. 이 사건은 『뉴욕 타임스』에 보도되었고 국제적십자사도 사실임을 인정했다. 시오니스트 지도부는 극우 군사조직이 저지른 전쟁범죄를 비난하는 동시에 이 충격적인 사건을 최대한 대대적으로 보도했다. 학살을 전과로 자랑하든 비난하든, 데이르 야신은 가해자 스스로가 '사실'로 인정했고 그 희생자 수는 1987년 비르제이트 대학(요르단강 서안 지구에 있는 팔레스타인의 대학)의 조사에 따르면 아무리 많아도 120명을 넘지 않는다고 밝혀지기 전까지 오랫동안 254명으로 여겨져 왔다[18].

보통 학살을 저지른 측은 학살이 있었다는 사실 자체를 부정하거나, 부정하기 힘든 경우라면 희생자 수를 가능한 한 적게 추산하려 한다. 하수인들이 스스로 사망자 수를 두 배로 부풀려 자신들의 범죄 행위를 과장

---

* 정착촌이란 이스라엘이 유대인들을 거주하게 할 목적으로 팔레스타인 내부에 건설한 거주 지역을 의미한다. 이스라엘은 정착촌 건설 및 보호를 구실로 팔레스타인 사람들의 토지를 수탈하고 이에 저항하는 이들을 탄압하는 방식으로 점령지에서의 갈등을 조장했다. 한편, 이스라엘은 정착촌 건설의 역사적 정당성을 내세우거나 안보상 필요한 행위라 주장했다.

하여 전 세계에 선전하는 것은 보통 있을 수 없는 일이다. 학살을 실행한 이르군의 지도자이자 훗날 이스라엘 총리가 된 메나헴 베긴*은 데이르 야신 학살에 대해 다음과 같이 회고했다.

(팔레스타인) 전역의 아랍인들은 "이르군에 도살당할 것"이라는 터무니없는 이야기를 믿게 되었고, 엄청난 공포에 휩싸여 목숨을 부지하려 도망치기 시작했다. 그들이 두려움에 휩싸여 통제 불능 상태로 무작정 도망치면서 피난은 곧 대탈출로 이어졌다. 당시 이스라엘 국가 영내에 살고 있었던 약 80만 명의 팔레스타인 사람들 중 지금까지도 이 땅에 남아 있는 이들은 16만 명에 불과하다. (이 사건의) 정치 경제적 중요성은 그다지 과장할 만한 것이 아니다.[19]

데이르 야신에서 일어난 일은 팔레스타인에 남아 있으려던 아랍인들의 운명이 어떤 것인지 본보기를 보여주려는 것이었다. 일란 파페**가 자신의 저서 『팔레스타인 종족 청소[20]』에서 말한 바에 따르면, 팔레스타인 땅에 유대인 국가를 건설한 이상, 그곳에 사는 팔레스타인 사람들을 인종청소하는 것은 시오니즘의 프로젝트에 필연적으로 내포되어 있었다. 따라서 인종청소는 시오니스트 지도부에 의한 조직적인 계획이었다. 데이르 야

---

* 메나헴 베긴(1913~1992)은 이스라엘의 정치가로 영국령이었던 팔레스타인에서의 반영 운동 및 이스라엘 건국을 전후하여 시오니스트 민병대인 이르군을 지도했고 이후 리쿠드당을 결성하여 활동했다. 나중에 제6대 이스라엘 총리로 취임했다.

** 일란 파페(1954~)는 이스라엘의 역사가로 1948년의 나크바를 인종청소라는 관점에서 해석하면서 이스라엘의 팔레스타인 점령을 비판했으나, 그 후 시오니스트의 위협으로 인해 이스라엘을 떠났다.

신은 팔레스타인 사람들을 공포에 떨게 하고 그들의 '자발적' 집단 피난을 부추겨 인종청소를 용이하게 하려는 전략의 일환이었다. 이르군 등의 범죄 행위를 비난하는 체하면서 시오니즘 지도부가 이 사건을 적극적으로 보도하고 선전한 것도 그 때문이다. 파페에 따르면 "팔레스타인 마을들을 공격할 당시 그들(시오니즈 지도부)은 (데이르 야신) 학살로 인해 주민들이 도망치기를 기대했는데, 일이 그렇게 순순히 흘러가지는 않았다. 그들은 1948년 4월 한 달 동안 여러 마을의 주민들을 학살하고 강제 추방해야 했다."라고 서술했다.[21]

또한 데이르 야신만이 기억되는 또 다른 배경에는 이 학살이 이스라엘 건국 이전에 유대인 정규군이 아닌 민병대에 의해 실행된 사건이라는 점을 들 수 있다. 실행자가 극우 군사조직이었기 때문에 시오니스트 지도부는 사건을 비난할 수 있었다. 그러나 이스라엘 건국 후 이들 민병대 조직은 정규군인 하가나와 통합되어 이스라엘 방위군이 된다. 탄투라, 다와이메, 사프사프 집단학살은 건국 후에 방위군이 저지른 범죄다. 데이르 야신 마을 사건으로 이르군이나 슈테른의 전쟁범죄를 비난하면서 팔레스타인 주민들의 공포를 부추기기 위해 그 뉴스를 대대적으로 보도한 시오니스트 지도부는 이스라엘 국가에 책임이 있는 건국 후의 범죄 행위에 대해서는 태도가 일변한다.

탄투라와 다와이메에서 벌어진 원주민에 대한 계획적인 집단학살은 '유대인 국가'의 창설이라는 시오니즘의 영광스러운 역사가 사실은 피로 얼룩진 역사라는 사실을 이야기해준다. 그래서 수십 개나 되는 마을에서 벌어진 유사한 잔학 행위의 기억과 함께 탄투라와 다와이메의 진실은 이

스라엘의 내셔널 히스토리에서 철저하게 은폐되고 억압되었다.[22]

5. 탄투라

탄투라는 팔레스타인 북부에 있으며 지중해에 면한 바닷가 마을이다. 이스라엘의 '독립 선언'이 있은 지 일주일 후인 1948년 5월 22일, 이 마을은 이스라엘 방위군에 의해 점령당했다. 마을의 집단묘지로 끌려간 남자들은 몇 줄로 줄지어 세워져 발밑에 구덩이를 파도록 지시받았다. 그리고 나서 구덩이를 파는 작업이 끝난 줄부터 차례로 총탄 세례를 받고, 자신들이 파놓은 구덩이로 떨어져 갔다.[23] 팔레스타인 주민들이 추방되어 모조리 쓸려 간 마을에는 그 후 이스라엘의 집단 농장이 만들어졌고 경치 좋은 해변은 비치 리조트로 변모했다. 70년 전 100명이 넘는 희생자들의 시신이 버려졌던 현장은 그 폭력의 기억을 땅 속 깊숙이 묻어서 국민들의 집단적 기억에서 지워버리려는 듯이 콘크리트로 덮여 거대한 주차장이 되었다.

팔레스타인의 나크바와 같은 해인 1948년 봄, 한국의 제주도에서는 한국의 나크바라고도 불릴 만한 4·3사건이 일어났다. 남한의 단독선거에 반대하여 제주도에서 좌파 도민들이 무장봉기를 일으켰고 이를 진압하기 위해 본토 육지에서 파견된 국군 등에 의해 섬의 마을들은 불타고 3만 명으로 추정되는 도민들이 살해당했다. 나이 아흔을 넘긴 제주도 출신의 한 작가는 비행장에 항공기의 바퀴가 착륙할 때, 도색된 활주로의 콘크리트 아래에서 70년 전 '빨갱이'로 처형당해 거기에 묻힌 이들의 뼈가 부숴지는 소리가 귀에 들린다고 말한다.[24] 마찬가지로 70년 전 그날, 남편, 아버지, 오빠, 남동생이 집단묘지로 끌려가 시체로 변해 버린 모습을 눈에 새겨가며 트럭에 실려 마을에서 추방당한 탄투라의 여인들과 아이들은 만약 지금 고향 마을에 갈 수 있다면 어떤 심경일까. 해수욕을 즐기기 위해 해변을 찾는 유대인 가족이나 커플의 차가 주차장에 들어설 때마다, 그 타이어 아래에서 70년 전에 사살당해 그곳에 묻힌 무수한 남자들의 뼈가 빠드득빠드득하며 바스라지는 소리가 선연히 들리지 않을까.

마을에서 쫓겨난 여인들과 아이들은 일부는 레바논으로, 일부는 요르단강 서안 지구나 시리아, 요르단으로 뿔뿔이 흩어질 수밖에 없었다. 이방의 난민캠프에서 살아가는 그들은 그 후에도 수도 없이 전쟁과 학살, 추방을 반복해서 겪게 된다. 나크바로 아버지와 형제를 잃은 그녀들은 탈 자아타르에서, 사브라-샤틸라에서, 혹은 가자 지구에서 남편을, 아들을, 손자를 되풀이하여 빼앗기고 있다.

이산(離散) 상태 속에서 아직 과거의 폭력의 상처가 아물지도 않았는데 새로운 폭력이 덧입혀지고 있다. 1948년 나크바, 그때 마을에서 무슨 일이 일어났는지, 그 폭력의 기억을 파헤쳐 공동체의 집단적 기억으로 담론화할 여유 따위는 오늘 하루를 살아가기에도 필사적인 그들에게는 있을 리 없다. 최근 몇 년 동안, 역사가와 저널리스트, NGO의 꾸준한 노력으로 진실이 기록되어 공적인 담론으로 공유될 때까지, 이들 사건은 오랜 시간 동안 희생자 가족 한 사람 한 사람에게 지극히 사적인 기억으로만 남아 있을 수밖에 없었다. 오히려 오늘을 살아가기 위해서는 그들은 아픈 기억들을 또다시 기억 저편에 묻고 적극적으로 망각해 왔는지도 모른다. 슬픈 기억을 떠올려 봤자 무엇할까 하는 심정일지도 모른다. 오늘의 슬픔을 견디는 것만으로도 이미 벅차니까 말이다.

6. 헤테로토피아

지난 70년 동안 팔레스타인 안팎에서 반복적으로 일어난 학살은 나크바, 즉 인종청소가 먼 과거에 일어난 옛이야기가 아니라 여전히 현재 진행 중에 있는 사건임을 보여준다. 일란 파페는 이를 "점진적 제노사이드(Incremental Genocide)"라고 부른다. 오랜 세월에 걸쳐 서서히 진행되는 제노사이드라는 뜻이다. 팔레스타인 문제란 이처럼 점진적 제노사이드, 끝나지 않는 나크바의 문제이다.

팔레스타인 문제에 대해 이야기할 때마다 어김없이 이런 질문을 받는다. "홀로코스트를 경험했던 유대인이 왜 비슷한 짓을 팔레스타인 사람들에게 할까?" 데이르 야신 학살에 대해 언급한 일란 파페의 다음 문장은 이 질문에 대한 하나의 답으로 읽혀질 수 있다. 팔레스타인 마을을 인종청소하라는 지령을 받은 시오니스트 군대는 1948년 4월 1일, 하가나로부터 "모든 마을을 적의 기지로 간주하고 10세 이상의 모든 사람을 전투원으로 간주하라"는 명령을 받았다. 파페는 이렇게 썼다.

데이르 야신에서는 여자도 아기도 결코 봐주지 않았다. 이 지령의 중요성은 팔레스타인 사람들을 비인간화했다는 점에 있다. 이러한 비인간화는 이윽고 부대에 대한 명령으로 수렴되었고 이후 열 달여 동안 마을과 도시를 파괴하면서 수천 명을 학살하고 백만 명을 추방하고야 말았다(이는 당시 팔레스타인 전체 인구의 절반에 해당한다). (…) 유대인이라고 할지라도 이 행성에서 살아가는 그 밖의 사람들과 다르지 아니하다. 거의 모든 인간 집단에 대해 또 다른 인간 집단을 비인간화하도록 가르칠 수 있다. 이렇게 해서 지극히 평범한 독일인들이 나치의 살인 기계를, 아프리카 사람들이 르완다의 제노사이드를, 농민들이 캄보디아의 킬링필드를 받아들였다. 스스로 비인간화의 희생자라고 주장하는 사람들조차도 그렇다. 1948년 시오니스트 부대는 팔레스타인에서 남녀노소를 가리지 않고 살해하는 데 열렬히 힘을 썼다.[25]

아감벤은 인간이 수용소에서 왜 이리도 잔인한 짓을 저지를 수 있었는지에 대한 질문을 위선적이라고 보았다. 차라리 어떠한 정치적 장치가 그런 짓을 가능하게 했는지를 물어야 한다고 말했다.

수용소에서 자행된 잔학 행위를 마주하면서 던져야 할 올바른 물음은 어떻게 인간에 대해 이토록 잔인한 범죄를 수행할 수 있었느냐는 위선적인 물음이 아니라, 그보다 더 진지하고, 특히 유용한 물음을 던져야 한다. 어떻게 인간이 이토록 전면적으로 무슨 짓을 당하더라도 그것이 범죄로서 표면에 드러나지 않을 정도로 (…) 자신의 권리와 특권을 빼앗기는 것이 가능했는지, 또한 어떤 법적 절차 및 정치적 장치를 수단으로 동원했는지를 주

의 깊게 탐구해야 한다.[26]

그렇다면 "홀로코스트의 피해자인 유태인들이 왜?"라는 질문 자체가 위선적일 것이다. 홀로코스트와 같은 폭력의 피해자라면 그것이 윤리적으로 옳지 않은 행위임을 자기 경험을 통해 잘 알고 있을 것이고 그렇다면 같은 폭력을 타자에게 휘두르지 않을 것이라는 생각이 이 물음의 전제다. 자신이 피해자임에도 불구하고 그러한 폭력을 타자에게 휘두르는 자들은 역사에서-자신이 겪은 폭력적 체험에서-아무것도 배우지 못한 것처럼 보인다. 그러나 역사에서 아무것도 배우지 못한 이들은 사실 이런 물음을 순진하게 던지는 사람들일지도 모른다. 역사의 사실이 우리에게 알려 주는 것은, 파페의 말처럼, 한 개인은 '비인간화'라는 폭력의 피해자이든 아니든, "타인을 비인간화하도록 가르칠 수 있"기 때문이다.

1923년 9월 대지진 이후 간토 지방에서 '조선인'으로 명명된 자들, 1948년 제주도에서 '빨갱이'로 명명된 자들, 2011년 아프가니스탄에서 '알-카에다'로 또는 2003년 이라크에서 '테러리스트'로 명명된 자들. 그리고 1948년 팔레스타인에서 시오니스트들에 의해 '아랍인'으로 명명된 자들. 이들은 그렇게 명명됨으로써 "이토록 전면적으로 무슨 짓을 당하더라도 그것이 범죄로서 표면에 드러나지 않을 정도로 (…) 자신의 권리와 특권을 빼앗기는 것이 가능"하게 되었다. 그것은 도대체 "어떤 법적 절차, 정치적 장치를 수단으로 한 것이었는가(아감벤, 위의 책)." 수용소는 그러한 모든 것이 가능한 토포스라고 할 수 있다. '빨갱이', '알-카에다', '테러리스트', '아랍인', 또는 1923년 도쿄, 사이타마, 지바, 가나가와에서 '조선인'으로 명명된 자들. 그렇게 명명되었을 때, 그곳은 모든 것이 가능한 '수용소/노 맨스 랜드'로 변모했으며, 그들은 그렇게 헤테로토피아(Heterotopia)*의 포로이자 노 맨이 되어 죽임을 당했다.

지금도 들리지 않는가? 우리가 걸을 때마다 발밑에서 굳어진 콘크리트 층 아래에서 무수히 많은 노 맨들의 뼈가 부서지는 소리가.

---

* Heterotopia: 미셸 푸코가 제안한 개념. 인간의 욕망과 충동을 상상 속에서 채워주던 유토피아가 현실의 중력에 의해 끌어당겨졌을 때 드러나는 균열과 틈새. 한 사회의 '정상적인 것'으로 규정한 한계의 바깥에 위치하는 이질화된 공간을 뜻한다.

제4장

참을 수 없는
존재의 가벼움

1. 가자 지구

2009년 1월 10일 토요일.

"이스라엘은 가자 학살을 중단하라!", "점령을 중단하라!", "팔레스타인에서 나가라!"… 시민들 500여 명이 구호를 외치며 오사카 시내에서 시위 행진을 했다. 이스라엘이 가자 지구 전역에 대해 돌연 대규모 군사 공격을 개시한 때는 그 2주 전인 2008년 12월 27일이었다. 가자 지구는 1년 전부터 완전 봉쇄되어 있었다. 탈출할 곳 없는 작은 가자 지구에 (당시) 150만이나 되는 주민들을 가두어 놓고 밤낮으로 일방적으로 파괴하고 살육한다. 사람이라면 상상할 수 없는 사건이었다. 공격은 언제 끝날지조차 알 수 없었다. 해가 바뀌고 1월 5일, 지상군이 가자 지구를 침공했다. 매일 아침 인터넷을 확인할 때마다 희생자 수는 100명 단위로 경신되었고 이제 1,000명에 육박하고 있었다. 공격이 시작된 지 2주째 되던 주말, 세계 각지에서 이스라엘의 가자 학살에 대한 항의 시위가 벌어졌다.

토요일의 오사카시 우메다(梅田)의 업무지구는 한산했다. 잔설이 계속 흩날리고 있다. 플래카드를 든 맨손이 추위에 얼어붙었다. 그럼에도 불구하고 그날 시위에 참여한 사람들은 하나같이 하늘에 닿을 듯이 소리 높여 "학살을 중단하라!"고 외쳤다. 그렇게 하지 않을 수 없었다.

거의 1시간 즈음하여 시위는 종착지점에 도착했고 자연스레 해산했다. 눈발이 흩날리는 회색빛 하늘 아래 회색빛 업무지구에서 지하로 내려가자, 갑자기 아무도 없는 흑백의 거리 대신 수천 명의 형형색색의 사람들이 눈앞에 흘러넘쳤다. 세상의 갑작스러운 변화에 잠시 무슨 일이 일어났는지 알 수 없었다. 지하상가는 새해맞이 세일 쇼핑을 즐기려는 가족 단위의 수많은 사람들로 북적거리며 뒤죽박죽되어 있었다. 한가롭고 평화롭고 행복한 새해의 풍경. 지금 가자 지구에서 팔레스타인 사람들에게 닥친 일과는 너무도 동떨어진 풍경이었다.

설날의 여운 속에서 쇼핑에 열중하는 이들은 아마도 '가자'라는 이름을 들어본 적도 없다면 그곳에서 지금 팔레스타인 사람들이 탈출할 곳도 없이 갇혀 미사일과 포탄으로 일방적으로 죽임을 당하고 있다는 사실도 모를 것이라고 생각했다. 당시 일본의 매스미디어는 이스라엘의 가자 지구 공격에 대해 보도하고 있었지만 그 보도는 질적으로는 물론 양적으로도 사건의 심각성에 전혀 걸맞지 않는 수준이었다. 신문이나 텔레비전으로만 해외 뉴스를 접하는 일반 시민들이 가자 지구의 살육에 대해 모르는 것은 당연했다.

하지만 나는 생각하지 않을 수 없었다. 만약 지금 여기에, 가자 지구의 팔레스타인 사람들이 있어서 이 광경을 보게 된다면…? 같은 지구상에서 가자 지구에 갇힌 팔레스타인 사람들이 필사적으로 세계에 구원을 요청하면서 밤낮없이 질질 끌려다니며 죽임을 당하고 있을 때, 그런 일은 자신들과는 전혀 상관없는 별다른 데서 일어난 사건이라도 되는 듯이 새해 맞이 바겐세일에 열광하는 사람들의 모습을 보게 된다면…? 그러면 그는 과연 이 세상을 용서할 수 있을까? 그리고 깨달았다. 이 물음은 레이첼 코리가 가자 지구에서 던진 질문과 마찬가지라는 것을.

2. 이슬람 보도(Covering Islam)

친구 여러분, 그리고 가족 여러분,
팔레스타인에 온 지 2주일 하고도 1시간이 지났어요. 하지만 제가 이 두 눈으로 보고 있는 걸 어떤 말로 표현할 수 있을지 아직도 잘 모르겠어요.[27)]

—레이첼 코리, 『가자에서 온 편지』*

워싱턴 주의 미국인 여대생 레이첼 코리 씨가 가자 지구로 건너간 것은 제2차 인티파다가 한창이던 2003년 1월, 이라크 전쟁이 발발하기 두 달 전이었다.
당시 서안 지구와 가자 지구-1967년 이스라엘에 의해 점령되어 1993년 오슬로 협정**에 따라 '팔레스타인 자치구'로 명명된 지역-는 2000년

---

* 레이첼 코리(Rachel Aliene Corrie)가 쓴 편지는 〈해리 포터〉 시리즈의 스네이프 교수 역을 맡았던 故 알란 릭맨과 언론인 캐서린 비너가 극본을 써 연극으로도 상연되었으며, 그 대본은 국내에도 번역 출간되었다(이영노 역, 『내 이름은 레이첼 코리』, 산눈, 2011).
** 오슬로 협정이란 제1차 인티파다의 장기화 및 걸프 전쟁의 영향으로 빌 클린턴 미국 전 대통령의

9월 말 제2차 인티파다가 발발한 이래 이스라엘 점령군의 재침공에 시달리고 있었다. 팔레스타인 사람들의 삶은 하루하루 이스라엘 점령군의 폭력적인 파괴에 무참히 짓밟히고 있었다. '인티파다(intifada)'는 '봉기'를 의미하는 아랍어 보통명사이지만 대문자 I로 시작할 때는 이스라엘 점령 하에서 팔레스타인 민중의 저항 운동을 의미한다. 점령이란 기본적으로 구조적 폭력이지만(그 구조적 폭력 아래 서안 지구와 가자 지구 주민들이 반세기가 넘도록 놓여 있다), 인티파다에서는 특히나 점령이 무시무시한 물리적 폭력으로 나타난다.

오슬로 협정으로 PLO(팔레스타인 해방기구)*는 무장 투쟁을 포기했으나, 제2차 인티파다가 시작되자 자치정부를 맡은 파타**를 비롯해 이슬람주의를 표방하는 하마스***나 마르크스주의를 표방하는 PFLP(팔레스타인

　　중재로 1993년 노르웨이 오슬로에서 PLO의 팔레스타인 해방기구(PLO)의 야세르 아라파트와 이스라엘 노동당 정부의 이츠하크 라빈 총리 사이에 맺어진 평화 협정이다. 협정 결과 팔레스타인 자치 정부가 수립되었으나 이스라엘의 팔레스타인 점령은 사실상 지속되었으며, 이스라엘의 라빈 총리 암살 및 베냐민 네타냐후 총리 취임 등을 계기로 갈등이 격화되어 제2차 인티파다로 이어진다.

* 팔레스타인 해방기구(Palestine Liberation Organization, PLO)는 팔레스타인의 독립을 목표로 1964년 아랍 정상회의에서 결성된 민족해방운동 조직이다. 1969년부터 야세르 아라파트가 의장이 되어 이끌었고 제3차 중동전쟁 후 근거지였던 요르단에서 정부군과의 '검은 9월' 전쟁에서 패배한 뒤 축출되었다. 이후 '검은 9월단'을 조직하여 1972년 뮌헨 올림픽 테러를 일으켰다. PLO는 1974년부터 유엔 참관국(옵서버 국가)이 되었고 1988년에는 팔레스타인 국가 수립을 선포했다. 1993년에 이스라엘과 오슬로 협정을 맺고 요르단강 서안 지구와 가자 지구에 자치 정부를 수립했다.

** 파타는 1959년 정치운동으로 시작되어 1965년에 정당으로 창당된 팔레스타인의 정당이다. 팔레스타인 해방기구(PLO) 지도자였던 야세르 아라파트는 파타의 창립자 중 한 명이자 지도자로 오랫동안 집권했으며 이스라엘을 상대로 치열한 무장 투쟁을 펼쳤다. 1993년 오슬로 협정 후 자치정부를 장악하고 이스라엘과 공존을 모색했으나, 이후 이스라엘의 강경 노선에 분노한 팔레스타인 사람들이 2006년 총선거에서 하마스를 지지하면서 세력이 약화되었다. 현재 요르단강 서안 지구에서 집권하고 있으며, 가자 지구에서 집권하는 하마스와는 경쟁관계에 있다.

*** 하마스는 제1차 인티파다 직후인 1987년에 창설되었으며 제2차 인티파다를 주도하며 2006년 총선거에서 승리했다. 현재 가자 지구에서 집권하고 있으며 2023년 10월 알-아크사 홍수 작전 이후 이스라엘과의 전쟁에서도 주도적 역할을 하고 있다. 휘하에 군사 조직인 이즈 앗딘 알-카삼 여단이 있다. 그러나 이스라엘 방위군(IDF) 못지 않은 잔혹성으로 인해 거센 비난을 받고 있다.

인민해방전선)도 좌·우익을 가리지 않고 모든 세력이 이스라엘 영내에 침입하여 무장 투쟁을 전개했다. 이 무렵 아랍어로 군사 작전은 곧 '아말리야 이스티샤디야', 즉 자폭에 의한 순교 작전을 의미했다. 팔레스타인의 자폭 공격은 실행자의 출신 도시와 캠프에 대한 이스라엘군의 더욱 파괴적인 침공을 불러일으켰다.

'테러와 보복의 연쇄', '폭력의 악순환'이라는 문구가 팔레스타인과 이스라엘을 이야기할 때 수식어처럼 일본 매스미디어에서도 반복되었다. 그러나 10대, 20대의 젊은이들이 다이너마이트로 자신의 육체를 산산조각내면서까지 주위 사람들을 살상하는 폭력과, 최신식 무기로 중무장한 점령군이 전투기나 탱크, 군용 불도저로 시가지를 공격해 주민들을 살상하고 난민캠프를 잔해 더미로 만드는 압도적인 폭력은 모두 '폭력'이란 점은 마찬가지이지만 과연 둘 다 같은 폭력으로 봐야 할까? 양자 간의 압도적인 비대칭성을 무시한 채 '폭력'으로 평준화하고 사태를 '폭력의 악순환'으로 환원시켜버리는 것이 과연 그 땅에서 벌어지고 있는 사건을 적절하게 표상할 수 있을까? 이스라엘 영내에 침입한 팔레스타인 사람들이 벌이는 자폭 공격을 '테러'라고 부른다면, 그 '테러'는 어떤 상황에서 비롯된 것일까? 미래가 있어야 할 젊은이들을 자폭 공격까지 몰고 갈 수밖에 없는 상황이란 도대체 어떤 종류의 상황일까? 그런 상황을 만들어 내는 문제의 근원은 또 무엇일까?

여러 물음을 하지 않은 채 '테러와 보복의 연쇄', '폭력의 악순환'이라는 수식어를 써붙인 기사는 그곳에서 벌어지고 있는 사건을 중립적으로 보도하는 것처럼 보이지만, 실제로는 점령자와 피점령자가 마치 대등한 존재라도 되는 듯이 양자 간의 압도적인 비대칭성을 덮어버리고, 더 나아가 팔레스타인 사람들의 테러가 당시로도 이미 30여 년 동안 위법하게 지속되고 있는 점령의 폭력에 의해 만들어지고 있다는 근원적인 사실을 은폐하게 된다.

  본래 펜의 힘으로 전달해야 할 것은 자폭까지 하게 된 젊은이들을 절망의 늪으로 몰아넣은 '점령'이 도대체 어떤 폭력인가 하는 것부터 다뤄야 한다. 그런데 수십 년에 걸쳐 일상화된 점령하에서 팔레스타인 사람들이 구체적으로 어떤 삶을 강요당하고 있는지는 TV나 신문 등 매스미디어에서는 침묵할 뿐더러, 심지어 '점령'이라는 단어조차 등장하지 않는다. 그 대신, 예를 들어 전국 신문에 "지하드(성전)로 인한 사망자는 순교자로서 칭송받고 순교자는 천국에서 처녀들에게 둘러싸여 달콤한 생활을 할 수 있다는 믿음도 자폭 테러를 조장하는 원인이라고 합니다."과 같은 「해설」이 게재된다(2003년 3월 7일 요미우리 신문). 여기서 단적으로 나타나듯이, 팔레스타인 사람의 '테러'는 이슬람의 '성전'과 결부되어 마치 우리가 이해할 수 없는 광신적인 신앙 때문에 '자폭 테러'를 벌이고 있는 듯한 이미지를 사회에 유포한다. 중동에서 일어나는 일이 모두 이슬람이라는 신앙과 문화—우리의 문화와는 본질적으로 이질적인—로 환원될 경우, 사이드*가 『이슬람 보도[28]』에서 비판한, 그야말로 '이슬람 보도(Covering

---

*   에드워드 사이드(1935~2003)는 팔레스타인 출신의 미국 학자로 널리 알려진 저서 『오리엔탈리즘』(1978)을 통해 서구 중심주의를 비판하는 한편, 팔레스타인 해방 운동을 지원했다. 이스라엘 지휘자인 다니엘 바렌보임과 함께 팔레스타인-이스라엘 젊은이들로 '서동시집 오케스트라'를 구성했다. 다큐멘터리 영화 〈다니엘 바렌보임과 서동시집 오케스트라〉(2005)에는 개봉 2년 전에 사망한 에드워드 사이드를 위한 헌사가 포함되어 있다.

Islam)"의 일례이다.

'테러와 보복의 연쇄', '폭력의 악순환' 따위라고 하면 인간의 이성이 통제할 수 없게 된 폭력이 마치 상승 작용을 일으켜 폭주하는 듯한 인상을 받지만 실상은 그렇지 않다. 이스라엘은 가자 지구에 대한 대규모 군사 공격을 저지르기 위해, 그 구실로 하마스의 공격을 유발하려고 일상적으로 가자 지구를 공습하며 도발하고 있다. 제2차 인티파다 때도 현지에서 일어나는 사건 하나하나를 지켜보면, 팔레스타인의 저항세력 말살을 꾀하는 이스라엘은 점령 중인 도시와 캠프를 침공해 살상하는 등 대규모 공격을 저지를 빌미를 만들며 팔레스타인 측의 자폭 공격을 부추기는 경우가 적지 않았다. 거기에는 점령자들의 명확한 정치적, 전략적 의도가 있고 줄거리가 있다. 미디어에서 반복되는 클리셰는 팔레스타인에서 실제로 일어나고 있는 사건의 진정한 의미-점령의 폭력-을 은폐하는 '커버링 이슬람'이나 다름없다.

'팔레스타인 자치구'라는 말도 마찬가지다. 1993년 오슬로 협정 이후 현재까지 매스컴에서 팔레스타인 지도가 등장할 때마다 요르단강 서안 지구와 가자 지구는 1948년 점령된 다른 지역(현재 이스라엘로 불리는 땅)과 구별되도록 검은색으로 칠해져 팔레스타인 자치구로 표기되고 있다. 그러나 그 실태는 우리가 '자치구'라는 단어에서 연상하는 것과는 전혀 다르다. 애초에 서안 지구의 60퍼센트가 여전히 이스라엘군의 직접적인 관할 하에 있으며, 완전한 자치구로 간주되는 A지역은 고작 18퍼

---

* 책의 제목 'Covering Islam'은 서방 언론이 이슬람을 보도(cover)했으나 동시에 이슬람의 진실을 가리는(cover up) 기능을 수행한다고 비판하는 의미를 담고 있다.

센트에 불과하다. '자치구'라는 명칭도, 서안 지구와 가자 지구 전체를 '자치구'처럼 검게 칠해 놓은 지도도, 그야말로 계속되는 점령을 호도하고 우리의 눈을 가리기 위한 담론 장치에 불과하다. 조지 오웰이 말하는 더블 스피크*다.

레이첼 코리 씨가 국제연대운동(ISM)의 일원으로 가자 지구에 갔던 2003년 1월 당시, 제2차 인티파다가 시작된 지 벌써 2년 반이 지났는데도 이스라엘 점령군의 물리적 폭력은 상습화되어 점령 치하의 일상이 되어 있었다. 당시 세계의 관심은 온통 개전이 불가피한 이라크에 쏠려 있었다. 인티파다가 시작된 초기에는 대대적으로 보도했던 세계의 매스미디어도 팔레스타인 사람들의 자폭 공격이 발생하면 컬러 사진과 함께 1면으로 크게 다룰 테지만 점령군의 공격과 살상은 그 땅의 일상으로 여기고 별 관심을 쏟지 않았다.

3. 가자 지구에서 온 편지

아무리 많은 책을 읽고 집회에 참석하고 다큐멘터리를 보고 입소문으로 정보를 접했어도 팔레스타인의 현실에 대한 마음의 준비는 할 수 없었을 거에요. 지금 저는 너무나도 그걸 절실히 깨닫고 있어요. 직접 눈으로 보지 않는 한, 이 상황은 결코 상상할 수 없는 일일 거에요. 그리고 제 눈으로 보

---

* doublespeak: 조지 오웰이 『1984』에서 제시한 조어로, 이중의 의미를 통해 가치체계의 전도를 일으키는, 사실상 속임수에 해당하는 언어유희를 뜻한다.

더라도 이번에 제가 한 체험은 이 땅의 현실 자체와는 결코 다르다는 것을 지겨울 만큼 인식하게 되었죠.

레이첼 코리 씨가 회원으로 활동했던 ISM은 이스라엘 점령군의 폭력과 인권 침해로부터 팔레스타인 사람들을 지키기 위해 2001년 점령지 팔레스타인 사람들의 요청으로 결성된 비폭력 국제 NGO이다. 서구의 뜻 있는 젊은이들이 점령지에 들어가 이스라엘 점령군 병사들이 팔레스타인 사람들의 생명과 생활에 직접적으로 위해를 가하지 못하도록 '인간 방패'가 되어 다양한 활동을 하고 있다.

ISM의 청년들은 점령 상태에서 살아가는 사람들과 함께 생활하면서 그들의 인권을 수호하는 활동을 한다. 팔레스타인 가정에서 그들의 가족(어머니, 아버지, 할아버지, 할머니, 자신과 같은 또래의 아들딸들, 남동생, 여동생과 같은 어린 아이들)과 함께 식탁에 둘러앉고 한 침대를 쓰며 그들이 어떤 마음으로 생활하고 있는지, 가족을 얼마나 소중히 여기고 있는지, 아이들은 어떤 꿈을 꾸며 살아가고 있는지, 그런 교류를 하면서 그들이 살아가는 점령의 폭력을 경험한다.

우리 가족 중 누구도 자동차를 타고 가다가 올림피아 시 대로변에 있는 탑에서 쏜 로켓포의 습격을 받는 일은 없어요. 저는 집이 있고 제 나라가 있죠. 바다를 보러 가려면 허가받아야 할 일도 없어요. 사실상 재판 없이 몇 달, 몇 년 동안 구금될 가능성은 거의 없어요(이건 제가 여기 사람들과는 달리 백인이고 미국 시민이기 때문이죠). 학교나 직장에 갈 때, 매트베이와 올림피아 다운타운의 중간에 있는 검문소에 중무장한 군인이 서서 내가 출근해도 되는지, 퇴근 후 다시 집으로 돌아가도 되는지 쥐락펴락 결정할 일은 없을 거라고 꽤나 확신하면서 하루하루를 보낼 수 있어요.

레이첼이 미국에서는 일어날 수 없다고 했던 일들 전부가 가자 지구에서는 일상적인 일이다. (바다에 관해서는, 가자 지구 해안선의 대부분을 차지하고 있던 거대한 이스라엘 정착촌이 2005년 가자 지구에서 전면 철수한 이후로는 팔레스타인 사람들도 그동안 빼앗겼던 바다에 마음껏 갈 수 있게 되었다.) 그것은 이중의 부조리다. 불합리한 폭력으로 가득 찬 일상을 살아가야만 한다는 부조리. 하지만 그보다 더 부조리한 것은 자신들이 이런 폭력을 강요당하고 있는데, 같은 세상에서 폭력과는 전혀 무관하게 안온한 삶을 누리는 사람들이 있다는 사실이다. ISM의 젊은이들은 팔레스타인에서 점령의 폭력을 가까이에서 몸소 체험할 뿐만 아니라 우리가 살고 있는 '이 세상' 자체의 부조리를 몸소 체험하게 된다.

그래서 이 아이들이 있는 세상에 와서 짧은 시간 동안 불완전한 형태로 그 사회에 들어갔을 때 내가 분노를 느낀다면, 반대로 이 아이들이 내 세상에 오면 도대체 어떻게 될까 하는 생각을 했어요.
미국 아이들에게는 보통 부모님이 총에 맞거나 하는 일은 일어나지 않을 거라고 팔레스타인 아이들도 알고 있어요. 미국 아이들이 가끔 바다를 보러 간다는 것도 알고 있어요. 하지만 한 번이라도 실제로 바다를 보고 물은 당연히 얼마든지 있고 한밤중에 불도저로 깔리지 않아도 되는 그런 고요한 곳에서 생활해 본다면…. 한밤중에 갑자기 집 담벼락이 무너져서 깨어나게 되는 것은 아닐까 하는 불안에 시달리지 않는 밤을 보낸다면…. 지금까지 가족이나 친구를 한 명도 잃은 적이 없다는 사람을 만난다면…. 사람을 죽이는 탑과 탱크와 무장한 '정착촌'이나 거대한 금속 벽에 둘러싸여 있지 않은 세상의 현실을 경험하게 된다면….

그러면 이 아이들은 과연 세상을 용서할 수 있을까요?

4. 참을 수 없는 존재의 가벼움

보편적 인권, 인간의 존엄성, 자유, 평등, 평화. 21세기의 지구상에서 어느 한쪽에서는 이 모든 것을 공기처럼 누리는 이들이 있는 반면, 다른 한쪽에서는 인권도 자유도 존엄성도 없이 매일매일 죽임을 당해도 눈길 한 번조차 받지 못하는 이들이 있다. 인간이 파리 목숨처럼 죽임을 당하는 부조리의 극치이다. 그런데 그런 물리적 폭력보다도 세계가 그 부조리를 견딜 수 없는 일로 느끼지 않는다는 사실, 그 참을 수 없는 존재의 가벼움이야말로 더더욱 치명적인 폭력이 아닐까.

세계는 팔레스타인 점령을 방관하고 거기에 사는 사람들을 반세기에 걸쳐 점령의 폭력 한가운데에 유기함으로써, 또한 가자 지구를 10년 이상에 걸쳐 완전 봉쇄하여 그들을 "살아 있는 채로 당하는 죽음"에 방치함으로써 팔레스타인 전역에 일종의 메타 메시지를 보내는지도 모른다. 너희들의 존엄성이 훼손되든 말든 우리와는 상관없는 일이다, 너희들은 우리와 평등한 인간이 아니다, 너희들이 어떻게 되든 이 세상에 하등 문제가 되지 않는다….

저는 정말로 걱정스럽게도 인간이 본성은 선하다는 나의 근원적인 믿음을 다시 한 번 의심하지 않을 수 없어요. 이런 일을 이제 끝내지 않는다면요. (…) 불신과 공포, 그것이 지금 제가 느끼는 것들입니다. 그리고 배신감. 네, 저는 배신감을 느껴요. 이것이 우리 세계의 근본적인 현실이라는 사실, 그리고 우리가 실제로 이에 가담하고 있다는 사실에 대해서요.
이건 제가 이 세상에 태어났을 때 원했던 게 아니에요. 가자 지구 사람들이 이 세상에 태어났을 때 원했던 것도 아니에요. 엄마 아빠가 제게 생명을 주기로 마음먹었을 때, 제가 태어나길 바랐던 세상은 이런 게 아니었어요.

'이 아이들'은 이런 세상을 용서할 수 있을까? 또 우리는 용서할 수 있을까? 아니, 그럴 리가 없다. 사실 이런 부조리를 용서해서도 안 된다. 우리가 용서할 수 없다면 어떻게 할 것인가? 답은 분명하다. 우리는 바꾸지 않으면 안 된다. 이 세상을 우리의 손으로, 비폭력적인 수단으로.
"이 아이들은 과연 세상을 용서할 수 있을까요?"라고 레이첼이 물었을 때, 그녀가 우려했던 것은 이런 게 아닐까? 세상을 용서할 수 없는 노 맨이(또는 다른 누군가)이 비폭력적인 수단으로 이 세상을 바꾸려고 하기보다는 온몸을 던져 부조리한 세상 자체를 파괴하려 하지 않을까 하는 두려움. 2001년 9월 뉴욕과 워싱턴에서 일어난 동시다발 테러로부터 아직 1년 몇 개월밖에 지나지 않았을 때의 일이었다. 9·11이라는 사건의 이미지가 그녀의 의식 저변에 깔려 있었을 것이다.

2009년 1월의 그날, 시위가 끝난 후 우메다의 지하상가에서 내가 떠올린 생각도 비슷했다. 지금 여기서 이 광경을 지켜본 가자 지구의 팔레스타인 사람들이 이 세상에 대한 분노와 절망을 '자폭'이라는 형태로 표현했다고 해도, 그것은 인간적으로 충분히 이해할 수 있는 일이라고 말이다. 물론 그것은 테러임에 틀림없다. 가증스러운 범죄임에 틀림없다. 자신들이 피해자라고 해도 아무런 죄도 없고 무관한 우리를 죽여도 되는 것은 아니다. 아니, 정말 그럴까? 우리는 무관한 것일까? 진실로 죄가 없는 것일까? 미사일이나 백린탄으로 죽이는 대신, 우리는 가자 지구를 관심 밖에 내버려둠으로써 매일매일 죽이고 있는 것은 아닐까?

백린탄으로 산 채로 불태워 죽이는 물리적 폭력. 그리고 무관심으로 그들이 우리와 동등한 인간임을 부정하는 폭력. 둘을 비교한다면, 나로서는 무관심으로 타자의 인간성을 부정하는 것이 더 큰 죄악으로 여겨진다.

5. 가자 지구에 살다

작은 고무보트에 콩나물시루처럼 실려 튀르키예에서 그리스를 향해 지중해를 건너는 난민들. 헝가리의 국경 펜스를 넘기 위해 국경지대 초원을 질주하는 사람의 무리. 독일행 열차를 기다리는 수천 명의 사람들로 난민 캠프가 된 역…. 2015년 여름, TV 뉴스는 매일 밤마다 유럽으로 몰려드는 중동 난민들(대부분 내전을 피해 온 시리아 난민들)의 영상으로 넘쳐났다. 지금은 몇 년 전 그때 연일 계속되었던 보도가 마치 거짓말처럼 사라졌고, 시리아 난민에 관한 보도는 찾아보기 힘들다.

그렇다고 시리아 내전이 종식된 것은 아니다. 정부군과 반정부군의 전투는 여전히 계속되고 있다. 시리아를 벗어나 국외로 피난을 떠나는 사람들은 지금도 끊이지 않는다. 이 기간에 시리아 전체 인구 2,200만 명 중 절반 이상이 고향에서 쫓겨나 국내외를 떠도는 난민이 되었다. 유엔에 등록된 국외 난민의 수만 해도 550만 명 이상(2018년 8월 현재)에 달한다. 2015년 가을 이후 유럽 국가들이 속속 난민들에게 문호를 좁히고 EU는 난민들이 유럽으로 몰려드는 것을 막기 위해 튀르키예에 거액의 융자금을 주는 대가로 그리스의 시리아 난민을 튀르키예로 강제 송환하는 것에 동의하게 했다. 유엔난민고등판무관(UNHCR)의 통계에 따르면, 2018년 8월 현재 360만 명 이상의 난민이 튀르키예에 거주하고 있다. 튀르키예는 더 많은 난민의 유입을 막기 위해 국경을 넘어 자국으로 입국하려는 난민들을 시리아-튀르키예 국경에서 돌려보내고 있다. 세계는 중동 난민들을 중동에 가두는 데에, 혹은 시리아 난민들을 시리아에 가두는 데에 거의 성공했다. 중동의 난민 문제가 '유럽의 난민 문제'가 되고 나서야, 매스미디어는 비로소 이를 대대적으로 보도했지만 시리아 난민들이 중동의 난민으로 존재하는 한 그럴 일은 없었다. 그들이 전해야만 하는 것, 우리가 알아야만 하는 것이 있기는 하냐는 듯이 모른 척했다.

망각 속에 버려진 난민들. 만약 난민이 테러를 일으킨다면 그것은 세계의 망각에 저항하는 노 맨의 절규로밖에 여겨지지 않는다. 이 아이들이 그런 식으로 자신들의 절망과 분노를 세상에 표출하는 그런 미래를 레이첼 코리 씨는 가자 지구 아이들과의 만남을 통해 우려했다. 하지만 테러리스트가 된다는 것은 스스로 인간성을 포기하는 것이다. 거기에 누가 어떤 대의를 불어넣든 폭력에 대의란 없다. 적이 우리의 인간성을 부정한다고 해서 우리 또한 '적'의 인간성을 부정한다면, 그것은 적의 모습을 닮아간다는 것이며, 한 인간으로서 진정한 패배일 것이다.

세상의 무지·무관심·망각이라는 폭력 속에서 인간성을 부정당하고 세상으로부터 노 맨으로 취급받으면서도 아직 인간으로 남는 것. 이 용서할 수 없는 세상을 온몸을 던져 파괴하여 종지부를 찍는 것이 아니라, 자신의 인간성을 결코 포기하지 않고 비폭력적인 수단으로 세상을 변화시키는 것. 그것은 올림픽에서 금메달을 따는 것보다, 다이너마이트로 자신의 육체를 날려버리는 것보다 훨씬 더 어렵고 훨씬 더 용기가 필요한 일이다. '가자'에 산다는 것은 인간이 그런 투쟁을 해야 한다는 것이다.

제가 살아 있는 동안 팔레스타인 국가, 다시 말해 이스라엘-팔레스타인 두 민족이 공생하는 민주국가의 수립을 반드시 두 눈으로 볼 수 있을 것이라고 믿어요. 팔레스타인이 해방된다면 그것은 억압과 싸우는 전 세계 사람들에게 믿기 어려울 만큼 희망의 원천이 될 것이라고 생각해요. 아무리 힘들어도 저항하며 나아가고자 하는 사람들의 능력을 저는 이제 막 배우기 시작했어요. 이 땅, 이 상황은 앞으로도 더할 나위 없이 깊고 강렬한 가르침을 계속 주겠지요.

그런 말을 남기고 레이첼 코리는 2003년 3월 16일 세상을 떠났다. 라파의 거리에서 팔레스타인 사람들의 주택을 파괴하려는 이스라엘군의 불도저를 제지하려고 그 앞에 나섰다가 그대로 깔려 죽었다. 23세였다.

6. 레이첼의 아이들

그로부터 15년. 2007년 시작된 가자 지구의 전면 봉쇄는 벌써 10년이 넘었다. 현재 200만 명의 주민들이 자유로운 이동이 금지된 채 가자 지구에 갇혀 있다. 이집트와의 국경지대에 위치한 라파의 거리-레이첼이 죽은 거리-에 있는 통로가 가자 지구 사람들이 세계로 통하는 유일한 문이다. 그 문이 열리는 것은 3~4개월에 한 번, 단 며칠뿐이다. 그때 가자 지구를 빠져나갈 수 있는 사람은 3,000명 정도에 불과하다.

2016년 봄, 봉쇄된 가자 지구에서 다섯 명의 학생이 교토 도시샤대학 대학원에 유학했다. 그들은 라파의 검문소 문이 열리기를 몇 달 동안 참을성 있게 기다렸다가 일본에 왔다. 새 학기를 맞춰 오진 못했지만 대학 측은 그들의 입국을 기다렸다. 해외 유학은 가자 지구에 갇혀 있는 젊은이들의 꿈이지만, 장학금을 받고 해외 대학에 입학 허가를 받아도 정해진 날짜까지 가자 지구를 떠나지 못해 입학이 취소되어 버린 이들도 많다.

점령하에서 태어나고 자라서 점령밖에 모르는 젊은이들. 초등학교 시절은 제2차 인티파다로 점령군의 일상적인 공격 속에서 자랐다. 그 후 봉쇄가 시작되어 지난 몇 년간 이스라엘의 대규모 군사 공격을 세 차례 겪었지만, 다행히 모두 살아남았다. 15년 전 레이첼이 가자 지구에서 만난 아이들이 세 번의 전쟁에서 살아남았다면 그들과 같은 나이일 것이다. 레이첼의 아이들….

간사이 공항에서 특급열차를 타고 교토역에 도착해 승강장에 내린 그들은 수천 명의 여행자들이 캐리어를 들고 이리저리 왔다갔다 하는 것을 보고 말문이 막혔다고 한다. '그래, 교토로 가자.'라고 생각하자마자 바로 교토에 갈 수 있는 그런 자유가 너무나 당연해서 특별하다고 의식하지 않고 누릴 수 있는 세상이 있다는 것. 머리로는 이해하더라도 실제로 눈으로 보고 나서야 비로소 그들은 이해하게 된다. 우리가 살고 있는 세상이 어떤 곳인지를.

이 세상 자체가 끊임없이 노 맨을 양산하는 거대한 구조적 폭력 장치다. 그 거대한 맷돌은 지구의 자전처럼 멈추지 않고 계속 회전하면서 인간을 갈아낸다. 가자 지구의 유학생들(레이첼의 아이들)은 지금 틈틈이 시간을 쪼개어 공부하고 있다. 학위를 받고 자신들이 이 세상에서 어떤 존재가 된다는 것이 곧 이 거대한 맷돌을 파괴하고 세계 최대의 감옥에 갇혀 있는 동포들을 해방하는 길로 이어진다고 믿으면서.

제5장

게르니카

1. 사브라-샤틸라

데포르메된 인간의 머리, 손바닥, 팔…, 그리고 의자, 도끼, 칼, 미사일, 그외 불규칙한 형태의 도안이 검은 배경에 잔뜩 쏟아부어진 듯이 빽빽하게 그려져 있다. 런던에 거주하는 이라크인 아티스트 디아 알 아자위 (1935~)가 1982년부터 1983년에 걸쳐 제작한, 패널 네 장을 조합한 벽화 〈사브라-샤틸라〉이다. 2012년 런던의 테이트 미술관이 구입하여 상설 전시하고 있다.

레바논 내전* 중인 1982년 이스라엘이 점령하고 있는 서베이루트에서 이스라엘과 동맹을 맺고 있던 레바논의 팔랑지스트(기독교 마론파** 우파 정당 팔랑헤당) 민병대가 서베이루트 교외에 있는 사브라와 샤틸라 두 난

---

*   1975년에서 1990년까지 레바논 전역에서 벌어진 내전을 의미한다. 레바논 사회의 기독교계 주민과 이슬람계 주민 간의 갈등에서 촉발된 레바논 내전은 초기에 정부군 및 기독교 우파인 마론파의 민병대와 이슬람 교도 민병대 간 내전으로 시작되었으며, 그 후 시리아, 이스라엘, 이란, 유엔평화유지군(UNIFIL) 등이 개입한 국제전으로 비화되었다. 이 내전을 배경으로 한 영화로 〈그을린 사랑(Incendies)〉(2010, 드니 빌뇌브 감독)이 있다.

** 마론파는 레바논 등 동지중해 일대에 분포하는 기독교 일파로 안티오키아 총대주교를 수장으로 한다. 레바논 내에는 마론파 외에도 이슬람 시아파, 수니파, 그리스 정교 등 여러 종파가 다수 인구를 구성하고 있었으나 1943년 레바논 분리 독립 이후 내전 시기까지 마론파의 우위가 유지되었다.

민캠프에 침입하여, 9월 16일부터 18일까지 캠프 주민 2,000명 이상을 살해했다. 이른바 '사브라-샤틸라 학살'이다. 이에 충격을 받은 아자위는 피카소의 〈게르니카〉의 이미지를 차용해 피카소가 게르니카를 무차별적으로 폭격한 학살자와 그 동맹국에게 품었던 것과 같은 분노를 담아 이 벽화를 그렸다. 현대의 게르니카이다.

2. 베이루트, 베이루트

2002년 9월의 베이루트.

서베이루트를 도심에서 해안까지 동서로 뻗어 있는 메인 거리인 함라 거리. 그 카페의 테라스에서 시커먼 옷을 입은 무슬림 여성 두 명이 빨대로 주스를 마시며 이마를 맞대고 무언가 열띤 대화를 나누고 있다. 옆에서는 미니스커트를 입은 기독교인 여성이 와인 잔을 기울이고 있다. 걸프만과 북아프리카의 아랍 국가들에서는 국민의 압도적 다수가 무슬림인 반면, 7세기에 아랍/이슬람에 정복되기 이전에 비잔티움 제국에 속했던 마쉬릭(동아랍 세계)의 지중해 연안 국가(시리아, 레바논, 팔레스타인 등)에는 기독교도가 많다. 그중에서도 레바논은 유독 무슬림과 기독교도의 숫자가 팽팽히 맞서고 있다. 제1차 세계대전 후 프랑스는 영국과 함께 오스만 제국의 영토였던 역사적 시리아 지역을 분할하여 식민지로 통치했는데, 당시 오로지 자신들의 편의를 위해 가톨릭의 한 종파인 마론파 기독교도가 많은 연안부를 무슬림 인구가 많은 다른 시리아 지역에서 분리하여 레바논으로 삼았다.

　베이루트의 기독교도 여성들은 겉모습만 봐도 금방 알 수 있다. 히잡을 쓰지 않는 것은 그렇다 치더라도(무슬림 여성 중에도 히잡을 쓰지 않는 사람이 많다), 일상적으로 음주를 즐길뿐더러 같은 여성이 봐도 눈을 어디 둬야 할지 모를 정도로 노출이 심한 섹시한 복장을 입고 있기도 하기 때문이다. 탱크톱에 무릎 위까지 슬릿이 들어간 롱스커트, 하이힐을 신고 거리를 활보하는 그녀들과 비교해 보면, 일본 여성들의 옷차림은 히잡을 쓰지 않았다 뿐이지 무슬림 여성과 다를 바 없는 조신한 차림새를 하고 있다.

　십여 년 전까지만 해도 베이루트는 레바논 내전의 전장이었다. 거리는 동서로 양분되었고 중심 번화가는 서로 대립 중인 두 세력을 가르는 완충지대인 그린 라인이 되어 있다. 이를 사이에 두고 기독교도 세력과 무슬림 세력이 대치하며 15년에 걸쳐 서로 죽여 왔다. 이 내전으로 약 25만 명이 사망한 것으로 추정되며, 아직도 2만 명은 행방조차 알 수 없다.

　내전 중에 그린 라인을 경계로 동베이루트는 기독교도 지구, 서베이루트는 무슬림 지구로 구분되었다. 하지만 내전 발발 전에는 베이루트의 거리가 그렇게 종파별로 나뉘어져 있던 것은 아니었다. 동베이루트에는 무슬림도 살고 있었고 그 반대의 경우도 마찬가지였다. 그러나 내전이 전개되고 상호 대립과 증오가 깊어지면서 신앙을 달리하는 사람들은 거주지에서 쫓겨나 그린 라인 반대편으로, 혹은 내전을 피해 해외로 이주할 수밖에 없었다. 이 내전으로 100만 명 이상이 나라를 떠났다.

　표면적으로는 기독교도와 무슬림이 적대했던 내전이지만 종교전쟁은 아니었다. 양 진영 모두 내부에서 여러 세력이 난립한 데다가 서로 반대 세력에 가세하는 경우도 있어서 세력 간 동맹·적대관계는 어지러울 만큼 수시로 변했다. 내전의 근원은 식민지 시기로 거슬러 올라가는 레바논의 정치경제 구조에 있었다. 프랑스가 오스만 제국* 하의 가톨릭과 마론파 기독교인들을 보호한다는 명목으로 이 지역에 진출했고 제1차 세계대전 후 프랑스의 위임통치 시대에 접어들면서 마론파 기독교도들이 식민 지배의 대리인이 되었고 독립 이후에도 변함없이 레바논의 정치경제를 지배하게 되었다. 이러한 사회 구조하에 빈곤층을 점하는 무슬림들이 체제 변혁을 요구했고, 여기에 범아랍주의를 표방하는 사회주의자 등 비종교적 세력과 팔레스타인 해방을 호소하는 PLO(팔레스타인 해방기구) 등 여러 세력들이 합류하여 레바논 혁명을 목표로 체제와 대립하며 내전으로 이어졌다. 게다가 15년에 걸친 내전 사이에도 몇 차례의 전쟁이 있어서 시리아, 이스라엘 등 특정 세력을 등에 업은 주변국들이 군사적으로 침공해 베이루트를 점령하기도 했다. 국외로 달아날 돈도 없이 포화 속에 머무를 수밖에 없었던 사람들은 생계가 무너졌고 생활비를 벌기 위해 용병이 되었다. 이념이나 종파와 관계없이 조금이라도 보수를 많이 주는 세력의 편에서 섰기 때문에, 어제 함께 싸웠던 이들이 오늘 서로 총부리를 겨누는 일도 드물지 않았다. 각 세력들은 가는 곳마다 검문소를 설치하여, 통행하는 시민들을 가리지 않고 검문했다.

---

* 오스만 제국은 1299년 아나톨리아 반도에서 오스만 가지가 세운 소왕국에서 비롯되어 이후 콘스탄티노폴리스 함락(1453) 등 정복 전쟁을 통해 팔레스타인을 포함하는 동지중해 일대를 장악하는 제국으로 성장했다. 그러나 제1차 세계대전에서 패배한 후 제국은 해체되었다. 이때 제국의 일부였던 팔레스타인은 영국의 위임통치령이 되었다가 1948년의 나크바를 통해 이스라엘이 장악하게 되었다.

3. 졸음과 잠 사이에 노려지는 틈

2012년 6월부터 10월까지 롯폰기의 모리 미술관에서 『아랍-익스프레스 전시회』가 개최되었다. 동아랍 세계를 중심으로 걸프만 지역에서 이집트에 이르는 모던아트 작품을 모은 일본 최초의 대규모 아랍 현대미술전이었다. 영상, 사진 설치미술 등 다양한 작품이 전시되었는데, 그중 '아트팔 아흐다스'라는 이름의 레바논 3인조 아티스트 유닛의 작품이 있었다. 아랍어로 '아트팔'은 '아이들', '아흐다스'는 '사건'을 뜻한다. 직역하면 '사건의 아이들'이 된다. 무슨 일로든 소란을 피우는 악동들, 그런 이미지다.

이 악동 3인조의 작품은 일본의 관광지에서 흔히 볼 수 있는 등신대 패널에 그려진, 그 지역의 역사적 유명인의 인물상에서 얼굴 부분만 뗄 수 있도록 만들어진 것으로, 관광객이 그 뒤에서 자신의 얼굴을 끼워넣어 기념촬영을 하는, 이른바 '얼굴 내밀기 패널'의 아랍판이라고 할 수 있다. 〈나를 이곳으로 데려가서 추억을 만들고 싶어서〉라는 제목의 이 작품에는 흰 스카프를 두르고 아래까지 치렁치렁한 흰옷을 입은 걸프만 산유국 아랍인처럼 보이는 인물, 검은색 정장을 딱 맞춰 입은 멋쟁이, 이슬람 성직자, 기독교 성직자, 시골 농민, 그 외 다양한 모습의 인물 패널이 얼굴 부분만 도려내어 구멍을 뚫어놓은 채로 늘어서 있었다. 재미있긴 하지만 무슨 의미의 작품인지 알 수 없었다. 그때는 예술을 조롱하는 '악동'다운 익살이라고 생각했다.

그러나 레바논 내전 당시 베이루트 검문소에서 당시 주민들이 겪었던 일들을 알게 되면 이 작품이 경박한 듯이 보이는 제목과는 달리 내전의 폭력과 깊이 연관된 작품이라는 것을 깨닫게 된다. 마론파 기독교인, 수니파 무슬림, 시아파 무슬림, 드루즈 교도 레바논인들, 팔레스타인 사람들이 동맹과 적대 관계를 날마다 고양이 눈처럼 바꿔가며 대치하고 서로 죽이던 시대였다. 총이 겨눠지고 무장 세력이 "너는 누구냐"고 묻는 것은 그 대답의 향방에 따라 자신의 운명이 치명적으로 좌우되는 사건이었다. 단순히 검문소를 통과할 수 있느냐 없느냐가 아니다. 자신의 신앙이 질문자가 '적'으로 간주하는 자들의 신앙일 경우, 구속되거나 죽임을 당할지도 모르는 것이었다. "너는 누구냐"고 묻는 이 사람이 누구인가, 기독교도인가, 무슬림인가(시아파인가, 수니파인가), 레바논 사람인가, 팔레스타인 사람인가, 시리아 사람인가, 또 여기가 어디인가(팔랑지스트가 지배하는 동베이루트인가, 무슬림 지구인 서베이루트인가), 이곳을 무사히 지나가려면 나는 누구여야만 하는가…? 그 답을 순간적으로 판단하지 않으면 안 된다. 내전 중에 레바논 태생의 팔레스타인 난민 2세이자 기독교인인 한 남성은 무장 세력의 취조를 받고 세 번이나 구류당한 적이 있다고 한다. 어떤 때는 기독교인이었기 때문에, 또 어떤 때는 신분증명서가 발견되어 팔레스타인 사람이라는 사실이 알려졌기 때문에, 그리고 또 다른 때는 신분증명서를 찾지 못해 팔레스타인 사람임을 증명할 수 없었기 때문에.

레바논 내전 당시 사람들은 "너는 누구냐"라는 치명적인 물음에서 살아남기 위해 그때그때 자신이 누구인가에 관한 정체성을 위장해야 했다. 이 세상의 대부분 나라에서 자신이 아닌 다른 누군가로 변신하는 것은 여행지에서의 추억을 만드는 것이지만, 레바논에서 그것은 내전이라는 악

몽의 기억이다.[29)]

4. 쉽볼렛

레바논 내전에서는 팔레스타인 사람들의 존재도 중요한 요인이 되었다. 1948년 나크바, 즉 이스라엘 건국에 따른 팔레스타인 사람들에 대한 인종청소로 난민이 되어 국외로 탈출한 사람은 75만 명, 그중 10만 명은 팔레스타인의 북쪽에 있는 레바논으로 달아났다. 사반세기 후, 그들은 국제 사회의 온정을 받는 난민을 거부하고 스스로 총을 들고 조국의 해방을 목표로 삼게 된다. 1970년 요르단 왕정에 의해 쫓겨난 팔레스타인 해방세력(PLO)이 레바논으로 건너가면서 베이루트는 PLO의 거점이 되었다. 팔레스타인 사람들은 조국 해방을 위해 스스로 투쟁하는 정치적 주체가 되고 난민캠프는 해방전사를 길러내는 혁명의 거점이 되어 간다. 거기에 레바논 사회의 체제 변혁을 요구하는 레바논인들이 합류했고, 팔레스타인 사람들도 레바논의 식민주의 잔재인 정권의 타도를 목표로 하는 혁명 세력의 일부가 된다. 동베이루트에 있던 탈 자아타르 난민캠프는 그 혁명의 거점이었다. 마찬가지로 식민주의의 잔재인 요르단 왕정이 팔레스타인 해방세력을 내전 끝에 국내에서 추방한 것처럼, 무슬림 레바논인과 함께 혁명을 요구하는 팔레스타인 사람들이 레바논 체제를 옹호하는 마론파 기독교 우파 및 레바논에서 PLO의 영향력을 배제하려는 이들로부터 깊은 증오를 받게 된 것은 당연한 귀결이었다. 그리하여 난민캠프는 내전 중에 몇 차례나 공격을 받았고, 난민들은 팔레스타인 사람이라는(혹은 팔레스타인을 지지했다는) 이유로 적들의 증오 대상이 되어 살해당했다.

기독교 우파 민병대는 레바논인들 사이에서 팔레스타인 사람들을 선별하여 살해했다. 그런데 팔레스타인 사람들도, 레바논인들도 겉모습으로는 구별할 수 없다. 기독교도인 유럽인과 유대교도인 유럽인을 구별할 수 없듯이(피부색 차이로 구별할 수 있다면 유대인에게 구태여 다윗의 별 표식을 의무적으로 착용하게 할 필요도 없었을 것이다), 혹은 일본인과 조선인을 구별할 수 없듯이 말이다. 이때 외견상 구별이 불가능한 팔레스타인 사람을 선별하기 위해 사용된 것이 바로 '토마토'였다. 팔레스타인 사람임이 밝혀지면 죽임을 당할 것이 뻔한 상황에서 마론파 민병대에게 솔직히 털어놓을 리는 없다. 그래서 너는 누구냐 묻는 대신, 토마토를 보여주며 "이게 뭐냐"라고 심문하는 것이다.

토마토는 아랍 세계의 각 지역마다 다양한 이름으로 불린다. 정식 아랍어로는 '타마팀'이라고 하지만 모로코에서는 '마티샤', 이집트에서는 '우타', 레바논 및 팔레스타인 지방에서는 '반두라'라고 부른다. 그런데 '반두라'의 발음이 레바논인과 팔레스타인 사람 사이에 미묘하게 다르다. 예전에 시리아 출신 팔레스타인 사람에게 레바논식 '반두라'와 팔레스타인식 '반두라'를 구분해서 발음해 달라고 부탁한 적이 있다. 그녀들의 귀가 뚜렷하게 구별하는 그 차이를 나는 몇 번이고 들어도 전혀 알아듣지 못했다. 나를 위해 몇 번이고 '반두라'라고 발음해 준 그녀는 교토의 대학에서 동물고고학을 전공하는 난민 3세인 팔레스타인 사람으로, 나라(奈良)를 오가며 고대 동물의 뼈를 발굴하는 일을 하고 있었다. "현대로부터 될 수 있는 만큼 멀리 떨어져 있는 일을 하고 싶어서"라고 전공을 선택한 이유를 설명했다. 박사학위를 받고 그녀는 시리아로 귀국했다. 아마 야르무크 난민캠프 출신이었을 것이다. 다마스쿠스 외곽에 있는 야르무크 난민캠프는 디아스포라 팔레스타인 사람들의 문화 중심지였다. 하지만 계속되는 내전으로 정부군과 반정부군 간의 전투 무대가 되어 이슬람 국가(IS)에게도 점령당해 수만 명의 주민이 봉쇄된 캠프에 갇혔으며 식량도 바닥이 나고 말았다. 과연 그녀는 내전에서 살아남았을까? 지금 어디서 어떻게 지내고 있을까?

'반두라'라고 순진하게 대답하고 건너편으로 건너가지 못한 이들. 그 물음 속에 똬리를 튼 살육자의 간계를 간파하고 무심코 입을 다물어 버린 이들. 인간의 역사, 그중에서도 특정 집단에 대한 학살의 역사 속에서 몇 번이고 반복되어 온 '쉽볼렛(Shibolleth)', 적을 색출하는 지표가 되는 말이다.30) 한때 내 나라(일본)에도 그런 일이 있었다는 것을 우리는 알고 있다. 나/우리의 혀에 새겨진, 나/우리의 출신, 나/우리의 이름, 나/우리가 누구인가에 대한 증표….

5. 하늘의 왕국

내전 전 베이루트는 '중동의 파리', '지중해의 진주'로 칭송되었다. 그 아름다운 도시를 파괴하고 사람들의 삶을 파괴하며 생명을 파괴하고 인간의 존엄성을 유린하는 것이 내전 중인 사내들의 일상이 된 가운데, 파괴된 도시, 광기가 지배하는 도시에 무모하리만큼 머물러 있으면서 광기에 휩싸이지 않고 일상을 이어가며 생존하는 것이 여자들의 싸움이 되었다.

레바논 내전뿐만 아니라 어떠한 전쟁에서도 진정한 투쟁이란 어쩌면 그런 것일지도 모른다. 적과 싸우고 적을 섬멸하고 군사적 또는 정치적 승리를 거두는 것이 아니라, 세계를 지배하는 광기에 맞서고 인간의 삶을 파괴하는 데 맞서며 어떻게든 "삶을 지키는" 실천. 육체적 생명을 지킨다는 의미만이 아니라 인간다운 삶, 인간다운 모습을 지키는 것도 포함해서 말이다.[31] 인간다운 삶이란 단순히 물질적인 것만을 의미하는 것은 아니다. 모든 것이 파괴된 와중에도 인간으로서 사는 것이다. 인간다움을 잃을 때, 비록 육체적으로는 살아 있더라도 인간으로는 죽은 것이나 다름없기 때문이다.

2002년 9월, 내전이 끝난 지 12년째인 베이루트. 거리 곳곳에는 카페에서 휴식을 취하는 시민들의 모습이 보였다. 마치 당연하다는 듯이 무슬림과 기독교인이 나란히 앉아 있었다.[32]

6. 수크 사브라

호텔은 함라 거리를 따라 북쪽으로 들어가 두 번째 골목길로 접어든 곳에 있었다. 내전 당시 이곳을 숙소로 삼았던 포토 저널리스트 히로카와 류이치(広河隆一) 씨가 소개한 호텔이었다. 함라 거리로 침공한 탱크가 포격을 해도 안쪽 구석에 있기 때문에 피해가 없다는 것이 이 호텔을 숙소로 정한 이유 중 하나다.

내가 레바논을 방문한 것은 2002년 이때가 처음이었다. 20년 전쯤, 이집트에서 유학하던 1983년 초여름에 한 달 동안 튀르키예, 시리아, 요르단 등 동지중해 국가들을 여행했지만 레바논에는 가지 못했었다. 당시 레바논은 내전 중이었고 그 전해인 1982년 6월 이스라엘이 레바논 전역을 공습(이로 인해 2만 명의 시민이 살해됨)하고 서베이루트를 점령했기 때문이었다.

함라 거리로 나서 택시를 잡아타고 운전기사에게 '수크 사브라(사브라 시장)'라고 말한다. 탑승한 차의 내부는 무엇 하나 너덜너덜하지 않은 게 없었다. 대시보드는 부서졌고 피복이 벗겨진 배선들이 엉킨 채로 늘어져 있었다. 1970년대에 제조된 일본산 자동차였다. 일본에서는 절대 볼 수 없는, 달리는 것 자체가 기적 같은 차다. 운전사는 내가 일본인이라는 것을 알게 되자, 이런 상황에서도 제법 잘 달린다며 일본 차는 우수하다고 추켜세웠다. 지금 생각해보면 그 차도 내전의 생존자다.

1990년 내전 종결로부터 12년째를 맞이한 베이루트는 지중해를 따라 이어지는 해안길에 외국계의 새로운 고급 호텔과 레스토랑이 들어서 있었고, 해 질 무렵이면 바다가 내려다보이는 산책로는 저녁을 즐기러 나온 가족 단위로 북적거렸다. 그러나 전장이었던 시내 중심부에는 여전히 총탄에 맞아 반파된 건물들이 곳곳에 깊은 흉터를 드러낸 채 폐허로 방치되어 있었다. 파괴되지 않은 함라 거리의 주택가조차 잠시 멈춰 서서 자세히 들여다보면 도로에 면한 외벽 곳곳에 총탄 자국이 뚫려 있었다. 그로부터 몇 년 후였던가. 베이루트를 몇 차례 방문할 기회가 있었다. 재개발이 빠른 속도로 진행되었고 거리는 방문할 때마다 점점 밝아졌다. 겨울에는 걸프만 산유국 아랍인들이 스키 관광을 하러 레바논을 찾았다. 겨울의 레바논 산맥에는 적설량이 수 미터나 되어 간선도로가 막힐 만큼 눈이 많이 내린다. 한때 '중동의 파리'의 면모와는 동떨어지긴 했지만 베이루트는 서구적인 거리 풍경과 문화로 인해 '중동의 유럽'으로서 걸프만 지역의 아랍인들을 끌어들이고 있었다. 재개발이 진행된 몇 년 후의 깔끔한 모습을 생각하면, 2002년 처음 방문했을 때 베이루트는 거리나 시민들이나 십수 년 전까지 이어져 온 내전의 기억을 여전히 짙게 풍기고 있음을 새삼 느꼈다.

허름한 택시(혹은 전쟁에서 살아남은 노병)는 축구장 앞을 지나 사브라 거리 입구에 도착했다. 서베이루트 외곽에 있는 사브라 거리는 시장이 되어 있었다. 신선한 색색의 야채와 과일을 늘어놓은 식료품점, 제과점, 정육점이나 옷 가게, 생닭을 파는 가게와 통닭을 구워주는 식당 등이 무질서하게 늘어서 있어 활기가 넘쳤다. 베이루트 시내에 비해 물가도 저렴해, 일부러 자가용 차량을 타고 시내에서 이곳으로 쇼핑을 하러 오는 사람들도 있다.

어느 나라든 대부분의 도시에서 시장(수크)은 '~의 부엌'으로 불리며 가이드북에 소개되는 관광명소다. 실제로 내가 가져 간 일본어 관광 가이드북에도 베이루트 시내에 있는 수크가 실려 있어 찾아갔는데, 아메요코

(アメ横)*의 한 귀퉁이를 작게 잘라낸 것 같은 이곳이 왜 굳이 가이드북에 실려 있는지 이해하기 어려웠다. 그에 비하면 수크 사브라가 훨씬 더 활기차고 시장답고 재미있다. 하지만 이 시장은 가이드북에 소개되어 있지 않다. 사브라 거리의 동쪽에는 팔레스타인 난민캠프가 자리 잡고 있고, 그 가장자리에 자리한 사브라 시장은 캠프의 일부이기 때문이다. 바로 1982년 9월, 집단학살이 일어난 사브라-샤틸라 난민캠프다.

7. 게르니카

게르니카. 스페인 내전 중이던 1937년 4월 26일, 프랑코가 이끄는 반란군과 동맹을 맺은 나치 독일의 공군이 스페인 바스크 지방의 도시 게르니카를 폭격해 수백 명의 시민을 무차별적으로 살육했다. 피카소가 이를 벽화로 그린 이후 게르니카는 무고한 시민/비전투원에 대한 일방적인 무차별 살육과 그러한 폭압에 시달리는 인간의 고통을 상징하는 이미지가 되었다.

게르니카 이후에도 이 세상에는 무수히 많은 게르니카가 생겨났고 지금도 계속 생겨나고 있다. 2001년 이후 아프가니스탄에서, 혹은 2003년 이후 이라크-일본은 이들에 모두에 대한 공격에 찬동하여, 지원 명목하에 자위대를 파견했다-에서 벌어진 참상들이 그런 예이다. 우리는 그 사

---

* 전후 일본의 대표적인 암시장 거리 중 하나.

태를 '게르니카'라고 부르지도 의식하지도 않은 채로 단순히 오폭이나 '부수적 희생(콜래트럴 데미지)'으로 정당화하곤 한다. 서두에서 소개했던 이라크인 아티스트 알 아자위는 2003년 이라크 전쟁 이후의 조국의 모습을 게르니카보다도 더욱 추상화된 이미지로 〈포위된 우리 도시에 대한 엘레지〉라는 제목의 벽화에 그려냈다.

1982년 사브라-샤틸라 학살, 그것은 틀림없이 현대의 게르니카다. 동시에 그것은 팔레스타인의 유일한 게르니카는 아니다.

나크바의 비극 이후 오늘에 이르기까지 팔레스타인의 70년 역사가 집단학살의 역사였다는 것은 이미 쓴 바 있다. 연이은 집단학살. 팔레스타인 민족의 70년 역사 자체가 수차례의 게르니카의 연속이다. 1948년, 1956년, 1976년, 1982년, 2002년, 2008년, 그리고 2014년의 게르니카, 난민캠프에서의 게르니카, '유대인 국가' 영내에서의 게르니카, 점령지에서의 게르니카, 정사(正史)에 새겨진 게르니카, 기억되지 않는 게르니카, 수의에 싸여 땅속 깊이 묻혀버려 이야기되지 않는 게르니카….

팔레스타인 학살을 게르니카로 표현한 것은 아자위뿐만이 아니다. 2014년 여름 가자 지구에 대한 이스라엘의 맹폭 이후, 베네수엘라의 아티스트이자 풍자 만화가인 에네코는 게르니카를 모티브로 한 작품을 여러 차례 발표했다. 오리지널 게르니카의 왼쪽 끝에 그려진 피에타를 방불케 하는 모자상에서 아이에게 쿠피예*를 입히기도 하고, 가자 지도 속에 피카소의 〈게르니카〉에 그려진 말과 사람의 모티브를 그려 넣기도 한다.

---

* 팔레스타인 사람들이 입는 흑백 격자무늬 스카프.

이렇게 가자 지구를 게르니카에 겹쳐 그려냄으로써 이스라엘의 가자 지구 공격을 팔레스타인에 대한 무차별 살육으로 표현했다(후자의 작품에서는 동물도 인간도 '가자'라는 우리 안에 갇혀 있는 것처럼 표현하여 가자 지구 봉쇄 자체에 대한 비판을 의도했다).

수많은 게르니카로 가득 찬 역사를 살아가는 것은 팔레스타인 사람들만이 아니다. 쿠르드족도 그러하다. 주권국가를 갖지 못한 자들, 혹은 주권국가에 살면서도 그곳에 온전한 국민으로서 귀속되지 않은 자들, 국민 아닌 자들. 그들을 대상으로 반복적으로 학살이 일어나는 것은, 단지 그들이 국민이 아니기에 인권 따위는 고려할 필요가 없는 '노 맨'이기 때문일 것이다. 내전 중인 시리아에서는 정부군이 반체제 세력의 구역에 '통 폭탄'*을 투하하여 시민들을 무차별적으로 살상하고 있다. 1982년 시리아의 하마 거리에서 반체제파가 봉기했을 때 2만 명의 시민이 정부군에 의해 학살당했다. 국민이 주권을 갖지 못한 독재국가에서는 국민도 노 맨인 것이다.

8. 일요일의 피크닉

팔레스타인의 게르니카는 해를 거듭할수록 파괴의 규모도 살육의 규모

---

* barrel bomb: 드럼통 등 금속 용기에 화약을 채우고 그 안에 못이나 볼트 등 파편을 채워 넣은 폭탄. 제조원가에 비해 화력이 엄청나며, 명중률은 매우 떨어져 민간인 거주 지역에 미치는 피해가 크다.

도 스케일이 점점 더 커지고 있다. 사건이 처음 일어났을 때는 인간의 상상을 초월하는 것으로 여겨졌다가 몇 년 뒤에는 그것을 아득히 상회하는 사건이 일어난다. 과거의 그것이 '평온함'으로 느껴질 정도랄까. 그 사이에 살상 무기의 성능이 향상되었다는 점도 있지만 그것만이 이유는 아니라고 생각한다. 거기에는 살육자들의 계산된 의도가 있는 것이 아닐까. 살육을 할 때마다 그렇게 폭력의 패러미터를 조금씩 끌어올려 비인도적인 사건에 대한 우리의 인간적 감성에 내성을 만들어 역치를 높이고 감각을 무뎌지게 하려는 의도가 숨어 있지는 않을까. 2014년 여름, 가자 지구는 51일 동안에 걸쳐 이스라엘군의 제노사이드 공격을 받아 2,200명 이상이 사망했다. 이러한 터무니없이 파괴적인 공격이 발생하자, 2018년 현재 12년째에 접어든 가자 지구의 완전 봉쇄와 이미 반세기가 넘은 요르단강 서안 지구 점령이라는 사태가 오히려 대량학살에 비하면 하찮은 일로 느껴져 관심이 뜸해지게 되었다.

그렇지 않았다면 지난 2014년 가자 지구 공격이 한창 전개되던 때, 당시 제노사이드의 한복판에 있었던 가자 지구 시민사회 대표들이, 하마스를 비난하는 국제 사회를 향해 '봉쇄 해제 없이 정전 따위 필요 없다'라는 제목으로 호소문을 발표하지도 않았을 것이다. 우리를 생각해 정전을 호소하는 것이라면 즉각적인 정전뿐만 아니라 봉쇄 해제와 점령의 종결을 동시에 호소해 달라고 그들이 국제 사회에 요구한 것이다. 개전 전의 기정 사실, 즉 완전 봉쇄 하에서의 생활("생죽음과 다름없는 상황")로 되돌아가는 정전이라면 필요 없다며 자신들은 폭격으로 죽더라도 계속 싸우는 쪽을 선택하겠다고 말했다. 눈을 의심케 할 만한 대량 파괴와 살육이 현재 일어나고 있다는 사실 때문에 오히려 봉쇄와 점령과 같은 구조적 폭력이 마치 인간이 용인할 수 있는 범위 내의 사태인 듯이 착각하게 만들고 또 그것을 유지하는 결과로 이어지는 게 아닐까.

거의 40여 년 전, 내가 팔레스타인 문제에 관여하기 시작한 1980년대 전반 당시에는 팔레스타인 점령과 아파르트헤이트는 국제 사회가 용서할 수 없는 문제로 여겼던 분위기에서 이제는 점령지의 당연한 현실로 아예 일상화되고 말았다. 점령의 일상화(normalization)이다. 국제 사회는 안보리 결의와 국제법에 반하여 반세기 이상 지속되는 이스라엘의 점령을 비판하거나 그 종결을 위해 노력하는 대신, 점령으로 인해 삶이 계속 파괴되고 있는 팔레스타인 사람들이 점령하에서도 삶을 유지할 수 있도록 개발 원조를 하는 데 초점을 맞춤으로써, 오히려 점령 지속의 공범자가 되고 있다. 우리의 세금은 점령이라는 구조적 폭력과 불의를 없애기 위해서가 아니라 오히려 우리의 바람과는 달리 그 폭력과 불의를 유지하고 항구화하는 데 쓰이고 있는 것이다. 2006년 시작된 일본 정부의 요르단 계곡에서의 '평화와 번영의 회랑'* 구상은 점령을 비판하지 않고 오히려 기정사실화하는 데 가담하는 개발 원조의 한 사례이다[33].

2016년 5월, 이스라엘 점령 하에서 서안 지구의 라말라 광장에는, 남아프리카의 고(故) 만델라 대통령의 동상이 세워지고 만델라 광장이라는

---

* '평화와 번영의 회랑(平和と繁榮の回廊)' 구상이란 2006년 당시 고이즈미 준이치로(小泉純一郎) 일본 총리대신이 일본, 팔레스타인, 이스라엘, 요르단 4개국이 공동으로 요르단 계곡 개발을 통해 팔레스타인의 경제적 자립을 도모하자고 제안한 중장기적 구상이다. 예리코 농산 가공 단지(JAIP)와 관광 회랑을 양대 축으로 하는 이 구상에 관해 일본 외무성 홈페이지에는 아베 신조(安倍 晋三) 총리대신 시기인 2018년 제6회 각료급 회의를 끝으로 추가 업데이트가 이뤄지지 않고 있다. https://www.mofa.go.jp/mofaj/me_a/me1/page25_001067.html

이름이 붙여졌다. 만델라* 대통령이 "우리의 자유는 팔레스타인 사람들이 자유로워지지 않는 한 완전한 것이 아니란 것을 우리는 잘 알고 있다." 라고 말했듯이, 남아공의 반(反)아파르트헤이트 운동가들은 이스라엘의 과거 백인 국가와 같은 인종차별주의를 간파하고 이스라엘의 점령에 맞서 싸우는 팔레스타인 사람들과의 연대를 표명하고 있다(이스라엘의 인종차별주의를 아파르트헤이트와 동일시하고 이를 공개적으로 비판하는 만델라나 데즈먼드 투투** 대주교도 시오니스트들로부터 '반유대주의자'로 매도당했다).

이스라엘이 점령한 팔레스타인을 방문한 남아프리카공화국의 전직 활동가들이 이구동성으로 이야기하는 것은 아파르트헤이트 폭력이 절정에 달했을 때조차도 이스라엘의 팔레스타인 점령만큼 가혹한 시기는 없었다는 것이다. '일요일의 피크닉(Sunday Picnic)' 같은 것이라고 표현한 이도 있었다.34) 그 '일요일의 피크닉' 같은 남아공의 아파르트헤이트를 멈추게 하기 위해, 국제 사회는 여러 해에 걸쳐 남아프리카에 경제 제재를 가하고 국제적으로 보이콧을 벌여왔다. 아파르트헤이트가 철폐될 때까지 남아프리카공화국은 올림픽과 월드컵에 출전할 수 없었다. 그러나 백인 정권에 의해 탄압과 박해를 받았던 반 아파르트헤이트 투사들이 과거 남아프리카 공화국을 뛰어넘었다고 증언하는 이스라엘의 아파르트헤이트

---

*   넬슨 만델라(1918~2013)는 남아프리카 공화국의 정치인으로 종래 백인의 우위 아래 흑인과 백인을 철저하게 차별했던 남아프리카 공화국의 아파르트헤이트 체제에 맞서 장기간 투쟁을 이끌었다. 이후 최초의 흑인 대통령으로 선출되었다.
** 데즈먼드 투투(1931~2018)는 남아프리카 공화국의 성공회 사제로 교회의 반(反)아파르트헤이트 투쟁을 주도했으며 이후 공화국 최초의 흑인 성공회 주교에 이어서 대주교가 되었다.

에 대해서는-한편으로는 풀뿌리 수준에서 국경을 초월한 BDS(이스라엘에 대한 보이콧, 투자 철회, 경제 제재) 운동이 확산되고 있을지라도-유엔과 국제 사회 모두 현재 아무런 실효성 있는 조치를 취하려 들지 않을 뿐만 아니라 비판조차 하지 않는다. 2016년 10월, 오바마 대통령과 케리 국무장관이 이스라엘을 공개적으로 비판한 사실이 언론에 보도되었다. 대통령 임기가 3개월도 채 남지 않은 '레임덕'이 아니었다면 이스라엘을 비판할 수 없다는 것인데, 그 지난달에 오바마 정권은 이스라엘에 대해 공군력 강화를 위해 380억 달러라는 미합중국 역사상 최대 규모의 군사 원조를 결정한 것도 잊어서는 안 될 것이다. 일본은 2014년 이스라엘 네타냐후* 총리 방일 시 이스라엘과의「포괄적 파트너십 구축을 위한 공동 선언」을 발표한 데 이어, 2015년 무기 금수 3원칙**을 철회하고 현재 이스라엘과 무인기 공동 개발 계획을 추진하려 하고 있다.[35]

---

*　베냐민 네타냐후(1949~)는 이스라엘의 정치인으로 우익 연합 정당인 리쿠드당을 창당했으며 오슬로 협정 이후 암살된 노동당 라빈 총리의 뒤를 이어 총리를 역임하며 팔레스타인에 대한 강경 노선을 주도했다. 이후 리쿠드당의 거듭되는 총선 승리에 따라 다시 총리를 역임하며 역대 최장수 총리 기록을 경신하는 한편, 가자 지구 및 요르단강 서안 지구의 유대인 정착촌 확대 등으로 팔레스타인 사람들의 반발을 불러일으켰다. 2023년 10월, 하마스 주도의 알-아크사 홍수 작전 이래, 가자 지구 등에 대한 대규모 공격 및 민간인 학살의 책임을 물어 국제형사재판소에 전범으로 기소되었다.

**　무기 금수 3원칙은 1967년 사토 에이사쿠(佐藤榮作) 일본 총리대신이 1) 공산권 국가로의 수출 금지, 2) 유엔 결의에 의한 무기 수출이 금지된 국가로의 수출 금지, 3) 국제분쟁 당사국 및 우려 국가로의 수출 금지이다. 초기에는 명확한 규정이 없는 상태로 이후 내각에서 보완되었다. 2014년 4월 1일에 방위장비 이전 3원칙(防衛裝備移轉三原則)으로 대체했다.
https://www.mofa.go.jp/mofaj/gaiko/arms/mine/sanngen.html
https://www.mofa.go.jp/mofaj/fp/nsp/page1w_000097.html

9. 콜래트럴 데미지

난민을 배척하자는 주장이 노골적으로 나오거나, 살상·파괴 무기의 개발 및 수출로 강대국이 막대한 이익을 얻으며, '유일한 피폭국'을 표방해 온 일본도 정부 주도로 군사적 기술 개발을 장려하고 있다. 일본의 도덕도, 세계의 도덕도 수십 년 전에 비해 분명히 퇴행적이다. 인간 사회의 진화 과정은 기울어진 나선형이라고 한다. 나선이 기울어지지 않았다면 개선될 수 있지만, 기울어졌기 때문에 장기적으로는 나아지더라도 단기적으로는 과거보다 후퇴하는 시기가 있다. 지금은 그 나선형의 고리가 밑바닥에 닿은 시기일지도 모른다.

수십 년에 걸쳐, 어떤 범죄를 저질러도 책임을 추궁받지도 않고 처벌을 받지도 않는 그런 '무법' 국가의 존재에, 그런 불의에 눈을 감고 허용하다니, 이 세계가 윤리적으로 좀먹는 것은 당연하다. 국제법도 인권도 아랑곳하지 않고 중동의 '유대인 국가'를 자처하는 이스라엘, 그리고 미국의 관타나모 수용소*와 같은 '터무니없는 존재'가 팔레스타인 사람들과 무슬림에 대한 터무니없는 폭력을 아무렇지도 않게 행사하고 있다. 그런데도 처벌받지 않는 세상이니, 중동의 이슬람 국가(IS)가 이스라엘이나 미국처럼 국제법도 인권도 아랑곳하지 않고 터무니없는 폭력을 휘두르고 있지 않는가.

---

* 관타나모 수용소는 쿠바 관타나모 만에 위치한 미국 해군 기지 내 수용 시설이다. 2001년 9·11 테러 이후, 테러 용의자에 대한 고문, 부적절한 수감 환경 등 법적 절차를 무시한 인권 침해 문제가 지속적으로 제기되어 국제 사회의 비난을 받고 있다.

이라크와 시리아에서 IS라는 적을 섬멸하기 위해 공습이 이루어지고 있다. '콜래트럴 데미지(Collateral Damage)*'의 이름으로 공습으로 죽어가는 시민들. 그것 또한 현대의 게르니카가 아닌가.

---

* 부수적 희생. 미국의 군사용어로 대규모 군사 공격에 따르는 민간인의 물적·인적 피해를 뜻한다.

제6장

파리 떼에 뒤덮인 날의 기억

우리가 견뎌냈던 것을 떠올려 봤자 무엇이 되겠는가.
그것을 끄집어내어 말로 표현하면 무엇이 되겠는가.
(…) 미치지 않고서야 사랑하는 사람의 무덤을 파헤치는
사람이 어디 있겠는가.

—라드와 아슈르, 『탄투라의 여인』 중에서

1. 샤틸라

2002년 9월의 베이루트. 시차 때문에 아침 여섯 시쯤이면 저절로 잠에서 깬다. 서머 타임이라 실제로는 다섯 시다. 객실의 베란다로 나간다. 지중해의 여름날 아침. 모든 것이 상쾌하고 청량하다.

그해 9월 내가 베이루트를 찾은 데는 특별한 이유가 있었다. 1982년 9월 사브라와 샤틸라의 두 난민캠프에서 일어난 집단학살 20주년을 계기로 학살의 현장을 방문해 희생자 유가족과 목격자들의 증언을 듣기 위해서였다.

1948년의 나크바로 인해 팔레스타인에서 레바논으로 쫓겨 온 십만 명의 난민들을 위해 유엔과 국제적십자사는 레바논 각지에 수많은 난민캠프를 조성했다. 이후 내전으로 파괴되어버린 캠프도 몇 군데 있지만 현재 레바논에는 탈 자아타르를 비롯하여 12개의 공식 캠프가 있으며 45만 명에 달하는 레바논 팔레스타인 난민의 절반 이상이 여전히 그들 캠프에서 생활하고 있다. 샤틸라도 그런 공식 캠프 중 하나다.

처음에는 모두 텐트였다. 하지만 세월이 흐르면서 텐트는 바라크로 바

꿰었고 마침내 벽돌로 된 '집'이 되었다. 캠프 설립 초기에는 3,000명이 었던 샤틸라 주민은 50년 후인* 1992년 당시 1만 수천 명으로 불어났다. 인구 증가에 따라 옥상에 벽돌을 쌓아 2층, 3층, 4층으로 증축되었다(10층이 넘는 건물도 드물지 않다. 하지만 엘리베이터가 있는 건 아니다). 내가 처음 방문한 샤틸라 난민캠프는 1㎢도 안 되는 좁은 공간에 몇 층 높이의 삐풀빼뚤한 건물들이 빈틈없이 들어서 있다. 사람이 겨우 지나갈 수 있는 골목길은 건물 2층 부분에 벽체가 밀려나와 있는 탓에 햇볕이 들지 않아 늘 어두침침하고 눅눅하고 질퍽질퍽했다. 머리 위에는 수십 개나 되는 전선들이 거미줄처럼 얽히고설킨 채 매달려 있다. 송전 서비스가 없기 때문에 주민들은 저마다 어딘가로부터 전기를 끌어다 쓰고 있기 때문이다. 아이들의 놀이터 같은 건 당연히 없다.

샤틸라의 북쪽에는 작은 길을 끼고서 사브라 캠프가 인접해 있고 두 캠프의 서쪽 끝에 테를 두르듯 중심가인 사브라 거리가 남북으로 뻗어 있다. 그날 아침 수크 사브라 입구에서 택시를 내리자 사브라 거리는 진흙탕 투성이였다. 수도관이 파열한 줄 알았다. 지나가는 사람에게 물어보니 비 때문이라고 한다. "비? 비가 왔어요?" 놀라서 되물었다. "새벽에 조금요." 몇 시간 전만 해도 호텔 베란다에서 바라본 도시는 상쾌하고 맑게 개어서 비가 내린 흔적은 전혀 없었다. 하지만 사브라 거리는 진흙탕으로 홍수가 난 상태였다. 바짓단을 무릎까지 걷어 올린 남성이 발목까지 진흙탕에 담근 채 삽으로 물을 퍼내고 있다. 카메라를 향하자 남자는 낮은 목

---

* 샤틸라 캠프는 1949년 베이루트 시 스포츠 경기장 동쪽에 설립되었다. 출처: 유엔 난민구호기구 (UNRWA, https://www.unrwa.org/where-we-work/lebanon/shatila-camp)

소리로 아랍어로 중얼거렸는데, 그 말은 지금도 잊혀지지 않는다. "수우리, 수우리(찍어라, 찍어라), 이게 샤틸라다…."

　난민캠프는 모든 행정 서비스에서 배제되어 있다. 캠프 밖이라면 당연하게 여겨지는 쓰레기 수거도 거리 청소도 없다. 포장되지 않은 거리에는 빗물이 빠지는 배수 시설도 설치되어 있지 않다. 베이루트 시내라면 아침 햇볕을 받으면 금방 흔적도 없이 말라버리는 정도의 강우량도 캠프에서는 매번 홍수를 이룬다. 지중해성 기후인 레바논은 여름에는 맑은 날씨가 이어지지만 우기인 겨울에는 비가 매일매일 부슬부슬 내린다(그래서 지중해권 아랍 국가들에서는 '겨울'을 뜻하는 단어 '쉬타'가 동시에 '비'라는 뜻으로 사용되기도 한다). 겨울이 되면 거리에 면한 건물의 반지하 층은 비가 올 때마다 무릎 아래까지 침수된다고 한다.

　학창 시절 읽었던 가산 카나파니의 단편소설이 생각났다. 카나파니의 작품집 『하이파에 돌아와서/태양의 사내들』에는 1950년대 초의 난민캠프를 배경으로 한 작품이 실려 있었다. 「도둑맞은 셔츠」라는 단편에는 비가 내리는 가운데 텐트에서 진흙탕물을 필사적으로 퍼내는 난민 아버지의 모습이 그려져 있었다. 50년 후, 텐트에서 콘크리트 블록을 쌓아 올린 몇 층짜리 건물로 바뀌었지만 비가 오면 진흙탕물을 퍼내는 생활은 반세기가 지났어도 그대로였다. 그것이 바로 노 맨, 국민 아닌 자의 삶이었다. 교토의 우지(宇治) 시에 있는 재일조선인 집단거주지역 우토로(ウトロ)에 사는 할머니들의 집도 전후 60년이 지났지만 폭우가 내릴 때마다 마루 위까지 물에 잠겨버려 다다미를 걷어내야 했던 기억을 떠올린다.

2. 우리들의 것이 아닌 세계

난민 어린이들을 위한 지원 활동을 하고 있는 현지의 NGO '소무드의 아이들의 집(이하 소무드의 집)'의 샤틸라 센터는 사브라 거리 중간쯤의 좁은 골목길에 자리 잡고 있다.

'소무드'는 아랍어로 그곳에 머물러서 싸우는 '불퇴전의 결의'를 의미한다. 1976년에 일어난 탈-자아타르 학살로 부모를 잃은 고아들을 돌보는 시설로 발족한 소무드의 집은 각지의 캠프를 거점으로 레바논 전역으로 활동 영역을 넓히며 경제적으로 곤궁한 난민 어린이들을 다양한 형태로 지원하고 있다.

센터 1층 회의실에서 초등학생 정도의 아이들이 둥글게 모여 팔레스타인의 민속춤인 다브케를 연습하고 있었다. "오늘은 특별해요. 평소에는 옥상에 있는 넓은 홀에서 연습을 하는데, 오늘 밤 그곳에서 증언 집회를 개최하거든요. 그걸 준비하느라 지금은 사용할 수 없어서 좁지만 이곳에서 연습하고 있어요." 샤틸라 센터장 자밀라 셰하데 씨가 알려주었다.

난민 어린이 교육에 관해서는 유엔 팔레스타인 난민구호기구(UNRWA) 학교가 운영되어 초등교육을 무상으로 제공하고 있다. 하지만 교실과 교사가 만성적으로 부족해 학교는 2부제이고 가르치는 것은 기본 교과에만 한정된다. 음악, 미술, 체육 등 아이들의 정서와 심신의 건강을 키워주는 교육은 이루어지지 않는다. 그래서 소무드의 집에서는 경제적 지원뿐만 아니라 아이들이 춤, 공작미술, 음악 등의 활동에 열중할 수 있는 기회를 제공하고 있다. 일본의 중학교와 고등학교에서 미술을 가르치는 선생님들이 여름방학에 캠프를 방문해 그림 지도 워크숍을 진행하는 등 교류도 이루어지고 있다.

좁은 회의실에서 힘차게 다브케를 추는 아이들은 모두 싱글벙글 미소 띤 얼굴로 걱정 없이 보였다. 초등학교 1학년 정도 되는 남자아이에게 나이를 물었다가 깜짝 놀랐다. 열 살이라고 했다. 아홉 살 정도일 줄 알았던 여자아이는 열두 살이었다. 아이들은 거의 나이에 비해 끔찍할 정도로 작은 체구였다. 영양실조로 인한 발육부진임이 분명했다.

높은 실업률, 빈곤, 열악한 주거 환경, 햇빛 부족, 만성적인 습기…. 캠프의 아이들도 어른도 모두 병에 걸리기 쉽다. 학생 시절, '소무드의 집' 아이들을 경제적으로 지원하고 있는 일본의 후원자로부터 "레바논 아이에게서 편지가 왔는데, 형제가 류머티즘을 앓고 있다고 적혀 있었어. 아이인데 왜 류머티즘에 걸린 걸까?"라는 질문을 받은 적이 있다. 캠프를 직접 방문하여 내 눈으로 환경을 본 지금, 그때는 대답할 수 없었던 질문에 대답할 수 있다. 가난으로 인한 영양 부족이 근본 원인이지만 애초에 아기가 엄마 뱃속에 있을 때부터 산모가 충분한 영양을 섭취하지 못했기 때문이다. 그래서 아이들 대부분이 선천적으로 면역력이 약한 듯하다.

그러고 보니 베이루트의 다른 캠프에서 만난 소년도 열세 살이라고 하기에는 너무나도 작았다. 내가 일본인이라는 것을 알자 그 소년은 눈을 반짝이며 오카모토 고조*를 아느냐고 물었다. "고조가 헬기에서 낙하산

---

* 오카모토 고조(岡本公三, 1947~)는 일본 적군파(赤軍派) 조직원으로 팔레스타인 인민해방전선(PFLP)과 연계하여 1972년 5월 30일, 동료 2명과 함께 이스라엘 텔아비브 공항에서 총기를 난사했다. 텔아비브 공항 난사 사건으로 인한 사망자 26명 중 캐나다인 1명을 제외한 대부분은 미국인과 이스라엘인이었다. 이후 체포되어 종신형을 선고받고 복역 중 풀려나 레바논으로 망명했다.

으로 이스라엘 공항에 내려와 단 한 명으로 이스라엘 부대를 모두 쓰러 뜨렸어요. 그렇죠?" 그 아이는 열띤 이야기를 하며 내 동의를 구했다. 소년에게 있어 고조는 007 같은 영웅이었다. 소년에게는 아버지가 없었다. 학업을 중단한 소년은 소무드의 집에서 제공하는 이발사 직업훈련을 받고 있었다.

1948년 나크바로 고향 마을과 도시에서 쫓겨난 75만 명이나 되는 팔레스타인 사람들은 서안 지구, 가자 지구 등 점령에서 벗어난 팔레스타인과 요르단, 시리아, 레바논 등 주변 아랍 국가들로 흩어져 난민이 되었고 그 중 10만 명이 레바논으로 왔다. 현재 레바논의 팔레스타인 난민 수는 약 45만 명으로 레바논 전체 인구의 1할을 차지한다. 그리고 그 절반이 넘는 53퍼센트의 난민들이 앞서 언급한 바와 같이 주거 환경이 열악한 캠프에서 생활하고 있다. 이 수치는 주변 아랍 국가 중에서도 가장 높다. 요르단에는 유엔에 난민으로 등록된 팔레스타인 난민이 200만 명에 달하며 그 중 18퍼센트인 37만 명이 캠프에 거주하고 있다. 이 수치만 봐도 이 나라에서 팔레스타인 사람들이 처한 상황이 얼마나 가혹한지를 보여준다.[36]

팔레스타인 사람들의 사회적 지위는 수용국에 따라 크게 달라진다. 요르단의 경우 난민을 포함한 팔레스타인 사람들에게 요르단 국적을 부여해 선거권도 피선거권도 준다. 국적이 있든 선거권이 있든 수십 년이 지나도 난민캠프에서 살아야만 하는 가난한 난민들이 있는 반면, 총리나 장관이 된 팔레스타인 사람들도 있다는 점은 앞서 언급했다. 요르단에서 '난민'이란 가난하고 생존을 위해 지원을 필요로 하며 유엔에 난민으로 등록된 사람들을 말한다. 그러나 레바논에서는 유엔에 등록된 난민뿐만 아니라 국제기구의 지원을 필요로 하지 않고 자활하고 있는 팔레스타인 사람들도 한 묶음으로 '난민'으로 간주되어 시민권이 없다. 레바논의 팔레스타인 사람들은 일체의 시민적 권리에서 배제되어 있는 것이다.

팔레스타인 사람들은 참정권 따위는 물론 없고 오히려 법적이나 사회제도적으로 온갖 차별을 받고 있다. 예를 들어 레바논의 팔레스타인 사람들은 최근 법률 개정으로 부동산을 소유할 수 없게 되었다. 설령 소유한 부동산이 있어도 자녀에게 상속할 수 없다. 또한 이런 차별을 단적으로 보여주는 사례로 자주 언급되는 것이, 70여 개 이상의 직종에 관해서는 팔레스타인 사람들의 취업이 법적으로 금지되어 있다. 몇 년 전 쯤에 그 수가 20개로 줄었지만 실상은 변하지 않았다. 이전까지 금지되었던 것이 허가제로 바뀌었을 뿐, 신청해도 취업 허가가 나지 않기 때문이다. 팔레스타인 사람들이 취업이 금지된 분야는 의사, 변호사, 회계사, 건축가 등 소위 전문직이나 화이트칼라 직종이다. 어렵게 대학을 졸업하고 전문적 기술이나 자격증을 취득해도 레바논에 있는 한 정규직으로 취업할 수 없다. 팔레스타인 사람들에게 허용되는 것은 농장의 계절 노동을 비롯한 육체노동이다.

오카모토 고조를 영웅으로 숭배하는 그 소년처럼 구조적 빈곤 속에서 학업을 중단하는 아이들도 많다. 어렵게 대학에 입학해도 경제적 곤란으로 인해 학업을 지속하지 못하고 퇴학할 수밖에 없게 된 이들도 있다. 게다가 어렵게 졸업해도 전문직에 종사하는 것은 법적으로 금지되어 있기 때문에 비정규직으로 계속 착취당할 수밖에 없다. 소무드의 집 사무실에서 회계 담당 팔레스타인 청년은 이전에 레바논의 한 기업에서 회계

사로 일했지만 서류상으로는 문지기였다고 한다. 급료도 문지기와 같은 액수였다.

　어려서부터 난민으로 차별받고 가족과 동포의 아픔을 보며 자란 아이들은 이 세상의 부조리와 불의를 몸소 겪으며 이해하게 되자 세상을 자신의 손으로 바꾸고 싶어 한다. 상처받은 동포를 위해 도움이 되고 싶다면서 언론인이나 의사가 되려는 이들도 많다. 레바논 남부, 이스라엘 국경 근처 라시디에 캠프에 사는 난민 3세인 호다는 스무 살로 국립대학교 1학년생이다. 어릴 적에 아버지를 잃자 어머니가 간호사로 일하며 홀로 여섯 자녀를 키워 왔다. 호다는 일하는 어머니를 대신해 집안일을 도맡고 동생들을 돌보면서 열심히 공부해 대학에 합격했다. 본래는 언론학을 전공하고 저널리스트가 되고 싶었지만 앞서 언급했듯이 레바논에서는 팔레스타인 사람들이 정식으로 저널리스트의 직업을 가질 수 없다. 어머니의 반대에 부딪쳐, 그는 저널리스트를 포기하고 문과에 입학해 아랍 문학을 전공하고 있다. 그러면 졸업하고 유엔 학교에서 교사가 되어 동포 아이들을 가르칠 수 있을지도 모른다는 생각 때문이었다. 하지만 학비를 감당하지 못해 결국 퇴학을 당하고 말았다. 같은 라시디에 캠프에서 '소무드의 집'의 사회복지사로 일하는 이브디삼 씨도 대학에서 정치학을 전공했지만 역시 경제적 어려움으로 졸업을 하지 못했다고 한다. "왜, 정치학을?"이라고 묻자, 그녀는 "왜 우리 팔레스타인 사람들만 이렇게 부조리한 일을 겪어야 하는지, 그 이유를 알고 싶어서"라고 대답했다.

　레바논 중부의 도시, 사이다 근교 아인엘 힐웨 난민캠프는 레바논 최대 규모의 캠프다. 2001년 당시에는 5만 명이 살고 있다고 한다(2018년 현재 시리아 내전으로 인한 난민 유입으로 12만 명으로 불어났다). 아인엘 힐웨를 배경으로 난민 3세 젊은이들의 모습을 그린 〈우리 것이 아닌 세상〉이라는 다큐멘터리가 있다.* 일자리도 없고 미래에 아무런 희망이 없는 삶. 죽을 때까지 사육당하는 삶. 주인공은 의지와 상관없이 유럽으로 밀항을 시도한다. 하지만 그리스에서 불법 입국 혐의로 체포되어 레바논으로 강제 송환된다. 유럽에서 '난민'이 될 수조차 없는 주인공. 영화의 제목은 카나파니의 단편소설집 제목에서 따왔다.

2009년 다시 샤틸라를 찾았을 때, 내가 방문했던 어느 집에서 젊은 부인이 사진을 보여주면서 가족에 대한 이야기를 들려주었다. 여동생은 결혼해서 아랍에미리트에 있고, 두 오빠는 캠프에서 이발사로 일하고 있었는데 지금은 남동생과 함께 모두 덴마크로 갔다고 한다. 둘째 오빠의 첫 번째 밀항은 실패했다. 하지만 포기하지 않고 큰오빠와 함께 다시 도전해 성공했고, 결국 캠프에 있는 막내오빠를 정착지인 덴마크로 불러들였다.

"남편은 정말 운이 좋았죠."라고 말하며 그녀는 UNRWA의 학교 통학버스 운전기사로 일하고 있는 남편의 사진을 보여주었다. 잘생기고 상냥해 보이는 청년이었다. 난민이 아니라면, 레바논이 아니었다면, 고등교육을 받고 다양한 삶의 가능성을 가질 수 있었을 것이다. 하지만 이곳 레바논에서 그는 팔레스타인 난민이었다. UNRWA에 취직하여 고정수입을 얻을 수 있다는 것은 캠프살이를 하는 팔레스타인 사람에게는 뜻밖에 얻은 행운이었다. 그런 행운을 누리지 못한 젊은이들은 캠프에서 죽을 때

---

*   마디 플레이펠 감독의 2012년 작품. 국내에서는 〈어 월드 낫 아워스〉로 소개되었다.

까지 사육되는 듯한 인생을 보내지만 그게 싫으면 목숨을 걸고 밀항하는 수밖에 없다. 그녀의 오빠들처럼. 영화 〈우리 것이 아닌 세상〉의 마지막은 "성공할 때까지 밀항에 도전할거야"는 주인공의 말로 끝을 맺는다.

2009년, 7년 만에 찾은 샤틸라는 황폐해져 있었다. 대낮부터 젊은이들이 길거리에서 마약을 피우고 있었다. 소무드 센터를 방문하니 계단 벽면에는 아이들이 그림 그리기 시간에 만든 포스터가 빼곡히 붙어 있었다. 하나는 '치아를 소중히 하자', 또 하나는 '마약에 손대지 말자'를 주제로 한 계몽 포스터였다. 그만큼 마약이 젊은이들 사이에 퍼져 있다는 뜻이다. 하지만 마약에 빠지는 젊은이들의 심정도 알 것 같은 기분이 든다. 미래에 희망이 없기 때문이다. 노력해도 보상을 받지 못하니까. 그리고 팔레스타인 사람이라는 것만으로도 레바논 인들에게 '난민'이라고 멸시를 받기 때문이다. 캠프에서는 신체적 질병뿐만 아니라 마음의 병을 앓고 있는 사람들도 많이 있다. 그것도 사람이라면 당연한 감정인 것 같았다.

3. 타우틴

레바논의 팔레스타인 사람들은 왜 이렇게 차별을 받는 것일까? 단적으로 이야기하면, 그 이유는 팔레스타인 사람들을 국민으로서 타우틴(정착)시키지 않기 위해서다.

레바논에서는 프랑스 식민지 시절인 1932년 실시된 인구 조사를 바탕으로 대통령은 마론파 기독교인, 총리는 수니파 무슬림, 국회의장은 시아파 무슬림 등으로 종파별로 주요 직책이 정해져 있다. 국회의원도 각 종파의 인구에 비례해 의석을 배분하고 있다. 레바논의 팔레스타인 사람들은 전체 인구의 10퍼센트를 차지한다. 대부분이 수니파 무슬림이다. 그들이 레바논 국민이 되어 참정권을 얻게 되면 기존 종파 체제의 역학관계가 크게 달라진다. 팔레스타인 난민 중에서도 기독교도는 국적을 부여받고 레바논 국민으로 받아들여지지만, 무슬림인 팔레스타인 난민들은 시민권에서 배제되어 정착하기 어려운 환경이 조성되고 있다.

같은 사회에 사는 이웃을 법적, 사회적으로 차별하고 자신과 동등한 인간으로 여기지 않는 것. 이는 이스라엘 국가와 그곳에 사는 많은 유대계 시민들이 자국 내부 또는 점령지의 팔레스타인 사람들에 대해 취하는 태도와 같은 것이다. 유럽의 유대인에 대한 절멸 정책도 우선 유대계 사람들에 대한 시민권 박탈에서 시작되었음을 잊지 말아야 한다. 사회 전체가 타자를 자신과 동등한 존재로 여기지 않고 경멸하고 차별적으로 대하는 것을 법이 보증할 때, 타자에 대한 비인간화는 이미 시작된 것이다. 그리고 그 끝에는 제노사이드가 있다.

4. 무함마드

소무드의 집 샤틸라 센터의 한 방에서 어느 청년의 이야기를 들어보았다. 무함마드 씨, 25세. 20년 전 그가 다섯 살 때 아버지를 포함한 남성 친족 10여 명이 눈앞에서 살해당했다.

1975년에 시작된 레바논 내전이 한창인 1982년 6월, 이스라엘이 레바논을 침공한다. 당시 베이루트는 PLO의 거점이 있어서 팔레스타인 해방 투쟁의 중추였다. 베이루트를 점령한 이스라엘군은 PLO 본부를 맹폭한다. 8월 하순 정전 협정이 체결됨으로써 팔레스타인 출신 전투원은 베이루트에서 철수하고 남은 난민들의 안전은 유엔의 다국적군이 보장한다는 데에 합의가 이루어졌다. 8월 30일, PLO 전사들은 베이루트에서 철수한다. 난민캠프에 있는 가족을 남겨두고서. 그러나 9월 11일, 그들의 안전을 보장해야 할 다국적군이 갑자기 베이루트를 떠난다. 9월 14일, 이스라엘과 동맹관계에 있던 레바논의 기독교 우파 팔랑헤당 당수이자, 8월에 실시된 선거에서 차기 대통령으로 예정되었던 바시르 제마엘[*]이 누군가에 의해 암살당한다. 이로써 이튿날인 15일, 이스라엘군은 정전협정을 깨고 서베이루트를 침공해 사브라-샤틸라 두 난민캠프를 봉쇄한다. 그리고 16일, 팔랑지스트(팔랑헤당 민병대)가 테러리스트 토벌을 명분으로 캠프에 침입해, 3일간 40여 시간 동안 캠프 내에서 무차별 살육을 자행한다. 이스라엘군은 밤이 되면 조명탄을 쏘아대며 학살을 방조했다.

　무함마드 씨는 가족과 함께 집 안에 숨어 있었다. 가족이라고는 하지만 일본과 같은 핵가족은 아니다. 아이들이 많은 데다, 난민캠프에서는 주로 3세대가 함께 살고 있다. 조부모, 부모, 형제뿐만 아니라 삼촌들과 사촌들까지 한 집에서 함께 살기도 한다. 열 명, 스무 명, 때로는 서른 명 이상

---

[*]　바시르 제마엘(1947~1982)은 레바논 내전 시기에 이스라엘과 같은 편에서 PLO 및 시리아 군과 싸웠다. 1982년 레바논 대통령에 선출되었으나 취임 직전 폭탄 테러로 사망했으며 그가 속한 팔랑헤당 민병대는 바시르 암살에 대한 보복을 구실로 9월에 사브라-샤틸라 학살을 자행했다.

의 대가족이다. 그곳에 레바논 군인들이 와서 남자들은 밖으로 나오라고 명령했다. 밖으로 나온 남자들-아버지, 삼촌들, 그리고 나이 많은 사촌들-은 벽 앞에 세워져서는 그 자리에서 살해당했다.

　이와 같은 집단학살이 20년 전 캠프 곳곳에서 일어났다. 남자들의 시신이 좁은 골목길 벽 아래 겹겹이 쌓여 있는 사진들이 많이 남아 있다. 무함마드 씨의 친척 중 희생자는 남성들뿐만이 아니다. 당시 이미 시집간 누나는 임신 중이던 배가 갈기갈기 찢겨서 태아와 함께 살해당했다고 한다. 인터뷰 내내 무함마드 씨는 우리와 눈을 마주치려 하지 않았다. 대답도 최소한으로만 했다. 무엇인가 자기 안으로 침입하는 것을 온몸으로 거부하는 것처럼 느껴졌다. 무함마드 씨가 방을 나가자, 아버지를 잃은 그를 어릴 때부터 돌봤던 센터장 자밀라 씨가 말했다. "무함마드는 원래는 똑똑한 아이인데, 어떤 것에도 흥미를 느끼지 못해서 노력을 이어가지 못해요. 컴퓨터 공부를 하고 있었지만 그마저도 그만두었어요."

　하지만 그것도 당연하지 않을까. 우리가 무언가에 관심을 갖고 노력하려면 그 전제로서 우선 이 세상이 한결같다는 사실을 받아들여야만 한다. 야구를 한다면 야구 규칙을 받아들이듯이 세상은 그런 것이라는 사실을 인정해야만 한다. 그런데 무함마드 씨에게 그가 살고 있는 이 세상은 다섯 살짜리 소년의 눈앞에서 아버지와 삼촌, 사촌, 그리고 임신한 누나와 아직 태어나지도 않은 아기가 팔레스타인 사람이라는 이유로 학살당하는, 그런 부조리한 폭력으로 가득 찬 세상이다. 어떻게 그런 세상을 받아들일 수 있을까.

5. 가자 병원

센터를 뒤로하고서 소무드의 집의 사회복지사 중 한 명인 즈후르 아카위의 안내로 사브라 거리에 면해 있는 건물을 방문했다. 한때 가자 병원이었던 건물이다. 1980년대 중반, 시리아의 지원을 받는 레바논 시아파 군사조직에 캠프가 포위, 봉쇄되고 포격을 당하면서 가자 병원도 잔해더미가 되었다. 그것을 주민들이 재건하여 지금은 주거지로 사용하고 있다. 즈후르 씨를 따라 좁은 계단을 올라갔다. 도중에 계단 옆 바닥에 앉아 야채를 다듬는 여성의 모습이 보였다. 그 뒤로 싱크대가 보였다. 취사장과 화장실은 공용인 것 같았다.

그 방이 몇 층에 있었는지 지금은 기억이 나지 않는다. 6층이었던가 8층이었던가, 꽤 위층이었던 것은 확실하다. 다다미 여덟 장 남짓한 크기의 방이 움 사브린 씨의 집이었다. 거기에서 스무 살이 된 딸과 단둘이 살고 있었다. 문은 없고 입구에 걸린 커튼이 복도와 방을 나누고 있었다. 작은 방은 깔끔하게 정리되어 있었다. 가구라고 할 수 있는 것은 소파와 찬장, 냉장고 그리고 가스레인지 정도밖에 없었고, 밤에는 소파가 모녀의 침대로 될 것이다. 벽에는 이미 결혼한 쌍둥이 딸 중 한 명인 다린 씨의 화려한 웨딩드레스 사진과 죽은 남편의 초상화 사진이 각각 액자에 걸려 있었다. 소파에 앉으니 움 사브린 씨는 옆에 있는 냉장고에서 차가운 물을 꺼내 분말을 녹여 오렌지 주스를 만들어서는 우리들에게 내어주었다. 4개월 전 방문했던 점령지 팔레스타인에서 방문하는 곳마다 레몬주스나 오렌지 주스를 유리컵에 넘실넘실 따라 주었던 기억이 떠올랐다.

움 사브린은 '사브린의 어머니'라는 뜻이다. 팔레스타인에서는 장남의 이름을 따서 여성은 '움 ○○(~의 어머니)', 남성은 '아부 ○○(~의 아버지)'라고 부르는 것이 기혼자에 대한 경칭으로 통용된다. 아들이 없는 경우 장녀의 이름을 사용한다.

난민 2세인 움 사브린은 어린 나이에 결혼해 샤틸라 캠프에 왔다. 아들을 원했는데 여자아이가 태어났고 그것도 한꺼번에 두 명이나 태어났다는 사실에 실망해 남편에게 말했더니, 여자아이도 신께서 주신 소중한 선물이라고 다독여 주었다고 한다. 아주 자상한 남편이었다고 한다.

남편과의 첫 만남 등 무난한 질문을 하며 좀처럼 사건의 핵심을 파고들지 못하고 있던 나에게 즈후르 씨가 외쳤다. "물어봐요! 당신들은 그걸 물어 보려고 일부러 일본에서 온 거잖아요? 우리에겐 그 질문에 대답할 의무가 있는 거에요! 주저하지 말고 물어봐요!"

즈후르 씨에게 억지로 등을 떠밀리듯, 나는 묻지 않을 수 없었다. "20년 전, 무슨 일이 있었나요?" 그때까지 화기애애했던 분위기가 일변했다. 움 사브린은 나지막이 이야기를 시작했다.

그 목요일, 팔랑지스트 민병대가 캠프에 침입하여 곳곳에서 살육이 시작되었다(여기서 목요일이란 9월 16일을 가리킨다. 증언자들은 모두 날짜가 아닌 요일로 사건을 기억하고 있었다). 한 살이 된 딸, 다린을 데리고 외출한 남편은 아직 돌아오지 않고 있었다. 남편의 안위를 걱정하며 다른 딸과 함께 피난처로 피신해 있을 때, 아기를 안고 있던 한 여성이 다가와서는 알려 주었다. 남편이 목이 잘려 살해당했다고 말했다. 그리고 아버지의 피를 뒤집어쓰고 피투성이가 된 다린을 그녀에게 건네주었다(사브라-샤틸라 학살에는 도끼, 낫 등 날붙이가 많이 사용되었다).

학살이 끝난 후에도 주민들은 두려움에 한동안 밖으로 나갈 수 없었다. 돌아오지 않는 가족을 찾기 위해 비로소 사람들이 밖으로 나온 것은 며칠이나 지난 후였다. 9월의 뜨거운 햇볕 아래 방치된 시신은 신원을 확인할 수 없을 정도로 부패가 진행되었다. 움 사브린의 남편도 입고 있던 셔츠로 간신히 신원을 알아본 것이라 한다.

담담하게 일련의 사건들을 이야기하던 움 사브린 씨가 갑자기 목소리를 높였다. "이런 이야기를 해서 무슨 소용이 있겠어요? 얼마 전에도 프랑스 기자가 와서 같은 이야기를 했어요. 같은 이야기를 몇 번이나 반복해야 되는 거에요. 도대체 그렇게 해서 뭐가 달라진다는 거야. 수십 년이 지나도 우리는 팔레스타인으로 돌아갈 수 없는 거 아닌가요…?"

6. 실종

즈후르 씨의 안내로 사브라 거리를 남쪽으로 걸어갔다. 20년 전 9월, 이 거리에는 무참히 살해당한 사람들의 시체가 여기저기 뒹굴고 있었다. 시체가 내뿜는 썩은 냄새와 파리 떼. 수많은 까마귀들이 시체들을 쪼아먹고 있었다. 그 광경을 어린 여동생에게 보여주지 않으려고 즈후르 씨는 여동생의 눈을 손으로 가리고 이 거리를 걸었다고 알려 주었다.

샤틸라 캠프의 남쪽 끝자락에 인접한 부르-하산 지구에 사는 움 무함마드 씨의 집을 방문한다. 움 무함마드 씨도 난민 2세다. 전사(戰士)였던 남편은 다섯 아들을 남기고 70년대 남부 레바논에서 전사했다. 두 칸짜리 집에 20대의 미혼인 막내아들과 단둘이 살고 있다. 손님방에서 20년 전의 이야기를 물어본다.

토요일 아침, 레바논 군인이 집에 찾아와 주민등록을 할 테니 신분증을 가지고 가족 전부 경기장으로 모이라고 명령했다. 명령받은 대로 움 무함마드 씨가 장남 무함마드 등 다섯 아들을 데리고 경기장으로 갔을 때, 주민들은 남자 줄과 여자 줄로 나누어 섰고 당시 열여덟 살이었던 무함마드 씨와 열네 살이었던 차남 아흐메드 씨는 남자 줄로 분류되었다. 그리고 트럭에 실려 그대로 어디론가 끌려갔다. 그들의 행방은 20년이 지난 지금도 묘연하다. 살아 있는지, 죽었는지, 죽었다면 언제 어디서 죽었는지, 아무것도 모른다. 그런 행방불명자는 수백 명에 이른다.

손님방에는 작은 액자에 들어 있는 젊은 남성의 사진 두 장이 놓여 있었다. 장남과 차남의 사진인 줄 알았는데, 물어보니 모두 장남인 무함마드 씨의 사진이라고 한다. 아직 중학생이었던 아흐메드 씨는 영정으로 장식할 사진조차 남아 있지 않았던 것이다. 카메라 기능이 있는 휴대폰이 보급되기 수십 년 전의 일이다. 당시 캠프에 사는 난민들에게 사진이란 결혼식 등 가족의 경사스러운 날을 기록하기 위한 특별한 것이지, 스냅사진 같은 것은 존재하지 않았다.

작별인사를 할 즈음 혹시나 하는 마음에, 끌려간 두 아들의 당시 이름과 나이를 확인했을 때였다. 그때까지 차분하게 이야기하던 움 무함마드 씨는 "장남 무함마드, 열여덟 살. 차남 아흐메드…"라고 말한 그 순간, 갑자기 목소리가 떨리더니 울음을 터뜨리기 시작했다.

7. 탄투라의 여인

상처에 딱지가 졌어도 상처는 아직 아물지 않은 것이다. 아물지 않았을 뿐 아니라 상처는 처음 생겼을 때와 다름없이 심한 아픔을 품고 있고 아주 조금만 잡아당겨도 선혈이 솟구쳐 나온다. 하지만 그래도 살아야 하기에 -남겨진 아이들을 위해서라도-상처에 닿지 않게 딱지가 져 있을 뿐이다.

이집트의 여성 작가 라드와 아슈르의 작품 중에 팔레스타인 난민 여성을 주인공으로 한 『탄투라의 여인』[37](2010년)이라는 장편소설이 있다. 주인공은 팔레스타인의 탄투라 마을 출신인

여성 루카야. 배경은 나크바 때 집단학살이 있었던 그 탄투라다. 그때의 학살로 아버지와 두 오빠가 살해당하고 주민들과 함께 마을에서 쫓겨난 루카야는 열세 살에 난민이 되어 레바논으로 건너간다. 루카야는 결혼을 하고 아들을 둘이나 낳았지만, 1982년 샤틸라에서 학살이 일어나고 의사였던 남편은 행방불명이 된다.

훗날 아들로부터 지난 인생을 떠올려 글로 남겨달라는 부탁을 받은 루카야는 기억을 더듬으며 노트에 적기 시작한다. 평화롭던 탄투라 마을의 기억, 그곳에 어떻게 이스라엘군이 침공했고 마을에서 추방당해 난민이 되었는지, 그리고 그 후 어떻게 살아왔는지 기억을 더듬는다. 시간이 1982년 9월에 이르렀을 때 그녀는 말한다.

어떻게 하여 내가 견뎌냈을까. 어떻게 하여 우리는 견뎌내고 또 계속 살아갈 수 있었을까. 어떻게 하여 우리가 삼킨 물은 목에 걸려 질식시키지도 않

고 목구멍을 타고 흘러내려간 것일까? 우리가 견뎌냈던 것을 떠올려 봤자 무엇하랴. 그것을 끄집어내어 말로 표현하면 무엇하랴. 사랑하는 사람이 죽으면 수의로 부드럽게 감싸서 땅속 깊이 묻는다. 그리고 운다. 그를 묻어야만 하기 때문에, 우리가 계속 살아가려면 그래야만 한다는 것을 알기 때문이다. 미치지 않고서야 사랑하는 사람의 무덤을 파헤치는 사람이 어디 있겠는가? (…) 그것이 달아나도록 내버려 두자. 그것이 가버리도록 내버려 두자. 제발 다시는 돌아오지 않기를 빌자. 천을 펼쳐 덮어버리자. 사람들이 시신에 했던 것처럼, 몇 년 동안이나 자신이 보아왔던 것, 그리고 그 썩은 냄새와 파리 떼에 뒤덮인 날의 냄새를 덮어 그날의 기억을 덮어버리자. 페이지는 공백인 채로 남겨두자, 루카야.

그다음에는 아무것도 인쇄되지 않은 채 공백으로 남아 있는 빈 페이지가 하나 이어진다.

증언을 요구한다는 것은, 그리고 증언을 한다는 것은 땅속 깊이 묻혀 있어야 할 관을 파헤쳐서 그들을 "썩은 냄새와 파리떼에 뒤덮인 그날"로 억지로 되돌리는 것이다. 망설이는 나에게 던진 즈후르 씨의 말, "물어봐요!", "우리에겐 그 질문에 대답할 의무가 있는 거에요!"—그것은 나뿐만 아니라 이 고통을 강요당하는 동포를 향한 것이었으며 또한 그 고통을 강요하는 자기 자신을 향한 것이 아니었을까. 정신을 붙들고 앞으로도 계속 살아가기 위해, 루카야가 백지 그대로 남겨둔 그 페이지에, 그럼에도 써야만 하는 이야기를 고통을 견디며 쓰는 것이 팔레스타인 사람들의 의무라고 말하는 것 같다. 이번에 자신들이 그것을 이야기하지 않는다면, 세계가 어떻게 팔레스타인 사람들에게 일어난 그 사건을, 그 폭력을 알 수 있겠느냐고…

물어봐요! 그렇지만 그녀들은 몇 번이나 같은 이야기를 다시 이야기해야만 하는 것일까.

물어봐요! 그렇지만 우리들은 몇 번이나 희생자를 채찍질해야만 하는 것일까.

제7장

어둠의 심연

1. 독사의 자식

'게르니카'는 무차별 살육을 일컫는 말이다. 게르니카 폭격의 충격은 거기에 있었다. 공습은 노인, 여자, 아이, 동물, 생물, 사물을 구분하지 않는다. 피카소의 〈게르니카〉에서는 아기를 안고 있는 여인이나 압도적인 존재감으로 그려진 몸부림치는 소와 말의 모습에 무차별적인 폭력이 고스란히 표현되어 있다.

2002년 9월, 사건이 발발한 지 20년째인 베이루트에서 학살 희생자 유족들의 이야기를 직접 들으면서 알게 된 것은 팔레스타인의 1982년 게르니카, 즉 레바논 기독교 우파인 팔랑지스트가 자행한 사브라와 샤틸라 난민캠프의 학살 사건에는 두 가지 특징이 있었다는 것이다. 하나는 도끼와 낫 등 날붙이가 많이 사용되었다는 점이다. 디아 알 아자위의 〈사브라-샤틸라 학살〉에 칼이 그려져 있는 것은 바로 이 때문이다. 제6장에서 소개한 움 사브린의 남편은 목이 잘려 죽었고 무함마드의 누나는 임신한 배를 갈기갈기 찢겨 죽었다.

또 하나는 노인도 여성도 아이도 가차없이 죽임을 당했다는 것이다. 경기장으로 끌려간 여성들은 강간을 당한 뒤에 살해당했다. 여성과 어린이를 봐주지 않았다는 것은 다시 말해 남성뿐만 아니라 여성과 어린이도 적극적으로 살육의 표적이 되었다는 뜻이기도 하다. 학살에 휘말려 결과적으로 무차별 살육이 벌어진 것이 아니다. 여성과 아이들이 의도적으로 표적이 되어 살해당했다.

2014년 여름, 이스라엘이 점령하고 있는 가자 지구는 51일에 걸쳐 끔찍한 제노사이드 공격을 당해 2,000명 이상의 목숨을 빼앗겼다. 사망자 중 500명 이상이 어린이였다. 여성도 300명 가까이 살해당했다. 이 공격에 앞서 이스라엘의 여성 국회의원인 아일렛 샤케드(1976년생으로 2015년부터 법무부 장관을 역임)가 자신의 페이스북에, "팔레스타인 여성도 섬멸 대상이다. 왜냐하면 그녀들은 뱃속에서 독사의 자식, 즉 테러리스트를 키우기 때문이다."라는 글을 게재해 세계적으로 비난을 받았다.* 1982년 9월, 베이루트 난민캠프에 침입해 주민들을 학살한 팔랑헤당 민병대원들도 샤케드와 마찬가지로 '팔레스타인 사람이라는 존재' 자체에 대한 증오를 품고 있었다.

여자도 아이도 동정할 필요가 없다. 왜냐하면 그들은 팔레스타인 사람이라는 '독사'를 재생산하기 때문이다. 그래서 섬멸시켜야만 한다. 사브라-샤틸라 학살, 그것은 제노사이드였다.** 경기장으로 끌려간 여성들

---

* 아일렛 샤케드는 해당 글을 히브리어로 작성했으며 영어권 언론에서는 그녀가 팔레스타인 아이들을 'little snake'라 불렀다고 보도되었다. 오카 마리는 이 책의 원서에서 '살모사의 새끼(蝮の子)'라고 표기했다. 번역자는 아일렛 샤케드의 발언과 문화적 배경 등을 모두 고려할 때, 국내에서 사용되는 '독사의 자식'과 상당히 유사한 용법이라 보고 이와 같이 번역했다.

** 유엔은 '제노사이드적 행위(a genocidal act)'라고 표현했다.

은 살해당하기 전에 강간을 당했다. 그것은 남자들이 욕망을 채우기 위해서라기보다는 인종청소의 일환으로서 팔레스타인 사람을 낳는 자궁에 가해진 테러 공격인 것이다. 1990년대 중반 유고슬라비아 연방 해체 과정에서 발생한 내전 당시에 어제까지만 해도 유고를 조국으로 여겼던 민족끼리 적을 소탕하겠다면서 서로 죽고 죽이며 세르비아, 크로아티아, 보스니아의 여성들이 아이를 임신할 때까지 감금당하고 폭행했던 역사가 떠오른다.

2. 응답에 대한 책임

저녁 무렵, 나는 샤틸라 캠프를 방문했다. 그날 밤 소무드의 집에서 학살 희생자 유족들의 증언 집회가 열릴 예정이었다.

아침부터 진흙탕의 홍수가 범람한 사브라 거리는 해질녘이 되었는데도 여전히 질퍽거렸다. 그 진창을 피하기 위해 소무드의 집을 향해 일렬로 걸어가는 수십 명의 유럽인 남녀가 있었다. 학살 20주년 기념 행사에 참여하기 위해 베이루트를 방문한 이탈리아와 스페인 파견단들이었다. 연구자, 언론인, 의원들도 있지만 대부분은 일반 시민들이다. 모두들 놀라울 정도로 소탈한 옷차림을 하고 있다. 여성들은 샌들을 신고 마치 동네 카페에라도 갈 것 같은 차림새를 하고 있었다. 확실히 이탈리아나 스페인에게 레바논은 지중해 건너편에 있는 이웃 나라다. 아시아 대륙의 동쪽 끝에서 서쪽 끝까지 비행기를 갈아타고 가야 하는 일본과는 비교할 수 없을 정도로, 그들에게 레바논은 이웃인 것이다.

이탈리아 파견단과 나는 같은 호텔을 묵었다. 어느 날 저녁 호텔 바에 갔더니 파견단원들이 있었다. 중년 남성과 여성이었다. 함께 자리를 잡고 이야기를 들어보았다. 왜 파견단에 참여했느냐고 물었더니 여성은 이렇게 대답했다.

"유엔 주둔군에는 이탈리아군도 있었어요."

1982년 6월 이스라엘의 레바논 침공은 베이루트에 본부를 둔 PLO(팔레스타인 해방기구)를 축출하는 것이 목적이었다. 베이루트는 공습을 당했고 PLO 본부는 이스라엘의 맹공에 노출되었다. PLO의 베이루트 철수, 그것이 정전의 조건이었다. 유엔은 베이루트에 유엔군을 주둔시키고 캠프에 남아 있는 비전투원 난민들의 안전을 지키겠다고 약속했다. 8월 말, 전사들은 그 약속을 믿고 가족을 캠프에 남겨두고 베이루트 항에서 배를 타고 떠났다. 정전 후 난민들은 공격으로 파괴된 캠프에서 블록을 하나하나 주워 모아 쌓아 올리며 캠프를 재건하기 시작했다. 하지만 보름 후 베이루트에 주둔하던 유엔군이 갑자기 모두 철수한다. 이어 팔랑헤당의 당수이자 차기 대통령인 바시르 제마엘이 누군가에 의해 암살당하더니 이스라엘군의 공격이 재개되었고 학살이 일어난다. 그 이탈리아 여성이 말했다.

"난민들의 안전을 지키겠다고 약속했지만 유엔군은 베이루트에서 철수해 버렸습니다. 그래서 학살이 일어난 것입니다. 유엔군이 남아 있었다면…. 우리 이탈리아인들은 이 학살에 책임이 있습니다."

3. 증언

그날 밤 소무드의 집 옥상에는 연단이 마련되고 플라스틱 의자가 빼곡히 놓였다. 무함마드 청년의 모습도 보였다. 젊은 서양인 여성 기자 옆에 앉아 특기인 영어 실력을 발휘하여 통역을 하고 있었다. 학살에 대해 인터뷰할 때 세상의 모든 것을 거부하는 듯한 무표정과는 완전히 딴판으로, 그는 또래의 이성을 앞에 둔 스물다섯 살 청년답게 수줍음을 타고 있었다.

증언대회에서는 세 명의 주민이 차례로 올랐다. 가장 먼저 오른 남성은 손에 서류 한 장을 쥐고 연단에 오르자마자 그 종이를 높이 들어 청중에게 보여주며 둑을 터뜨리듯이 거침없이 이야기를 꺼냈다. 이것은 오스만 제국 시대에 발행된 자신의 토지 권리증서였다. 이 권리서가 증명하듯 팔레스타인에 남겨둔 땅은 분명 자신의 땅이며 1948년 이스라엘 건국으로 인해 빼앗겼고 부당하게 추방당해 난민이 되었다고 했다.

20년 전 학살을 증언하는 집회이니 모두들 학살에 대해 증언할 것이라고만 생각했던 나는 그 남성이 학살에 대해서는 언급하지 않은 채 50년 전 빼앗긴 팔레스타인 땅에 대한 권리를 끝없이 호소하자 의표를 찔렸다. 하지만 생각해보면 그럴 수밖에 없는 것이다.

20년 전, 이곳에서 살해당한 사람들은 누구였을까. 이 남성이 말한 것은 그만의 이야기가 아니다. 이곳 사브라와 샤틸라에 사는 난민들, 아니 레바논에 사는 팔레스타인 사람들 모두가 그렇다. 1948년의 나크바, 그것이 70년이 지난 오늘날까지 팔레스타인 사람들이 겪는 모든 비극의 기원이다. 집단학살이라는 폭력의 근원에는 나크바라는 기원의 폭력, 아직까지도 바로잡지 못한 역사적 부조리가 도사리고 있다. 그래서 1982년 학살에 대해 증언하려면 나크바의 기억에서 이야기를 꺼내야 하는 것이다.

다음으로 연단에 오른 여성의 자세한 증언 내용은 더 이상 기억이 나지 않는다. 다만 첫 번째 남성과는 대조적으로 억양 없는 낮은 목소리로 마치 테이프 레코더가 기계적으로 재생되는 것처럼, 20년 전 9월, 그녀의 가족에게 일어난 일을 담담하게 이야기했던 것만 기억한다. 낮에 이야기를 나눈 움 사브린 씨도 그렇고, 움 무함마드 씨도 그랬다. 그날의 기억을 이야기할 때, 사건과 자신을 잇는 감정의 스위치가 꺼지듯, 외운 문장을 읊조리는 듯한 말투가 되었다.

2002년 당시 변호사를 비롯한 팔레스타인의 뜻있는 사람들이 벨기에 법정에서 학살 사건 당시 이스라엘 국방부 장관이었던 아리엘 샤론*을 비롯한 이스라엘과 레바논의 책임자들을 기소할 준비를 하고 있었다. 왜 벨기에일까? 벨기에는 1993년에 제정된 「국제인도법 위반 처벌법」이라는 법률이 있었다. 제노사이드, 고문, 전쟁범죄 등 국제인도법상의 중범죄를 일으킨 개인은 국적에 관계없이 벨기에 국내 법정에서 재판할 수 있는 획기적인 법률이다. 사브라-샤틸라 학살의 실행범은 이스라엘과 동맹관계에 있던 레바논의 팔랑지스트들였다지만, 베이루트를 점령하고 있던 이

---

* 아리엘 샤론(1928~2014)은 이스라엘의 군인이자 정치가로 제1·3·4차 중동전쟁에 참전했으며 레바논 내전 시기 사브라-샤틸라 학살(1982)의 책임자였다. 국회의원, 장관 등을 역임하고 2001년부터 2006년까지 총리를 역임했다.

스라엘은 국제법상 점령지 주민의 안전을 보장할 의무가 있다. 그럼에도 불구하고 이스라엘군은 봉쇄된 난민캠프에 팔랑지스트의 침입을 허용했을 뿐만 아니라 일몰 후에는 조명탄을 쏘아 올리는 등 집단학살을 지원했다. 사건 직후 샤론은 책임을 지고 국방장관직에서 파면되었으나 2001년 총선에서 승리하여 총리가 되었다.

레바논에서 귀국 후 벨기에 법정에서 샤론을 기소한 건에 대해 조사하던 중, 나는 나와 이야기를 나누었던 움 사브린 씨와 움 무함마드 씨, 그리고 이날 밤에 연단에 오른 두 여성들의 증언도 기소를 위한 증거 자료로 채택되었다는 사실을 알게 되었다. 아니 그런 사람들이기 때문에 즈후르 씨는 나를 그녀들에게 데려갔을 것이다. 게다가 학살로부터 20년이라는 점을 계기로 해외에서 기자들과 다양한 방문자들이 찾아온다. 그런 과정에서 그녀들은 아마도 몇 번이고 같은 이야기를 반복해서 이야기할 수밖에 없었을 거라는 생각이 새삼 든다. 감정을 차단한 듯한 이야기는 그렇게 하지 않으면 정동(情動)의 격류에 휩쓸려버리기 때문일 것이다. 마지막으로 연단에 오른 움 제이나브 씨처럼 말이다.

움 제이나브 씨는 양손에 검은 액자에 담긴 커다란 초상화 사진을 한 장씩 들고 연단에 올랐다. 두 장의 사진을 청중들이 잘 볼 수 있도록 연단 양옆에 놓고 검은 머리 소녀의 사진을 가리키며 "제 딸 제이나브입니다. 열여섯 살이었어요…"라고 말하자마자 연단에 쓰러져 오열하기 시작했다.

귀국 후, 나는 기소를 위한 자료에 수록된 움 제이나브 씨의 증언을 읽었다. 딸 제이나브는 발견 당시 목이 잘려나간 채로 발견되었다고 한다. 제이나브 씨의 동갑내기 사촌이자 남편(움 제이나브 씨가 손에 들고 있던 나머지 한 장의 사진은 그의 사진이었다)은 몸통이 두 동강이 난 채로 발견됐다. 20년이라는 세월이 흘렀지만 딸과 조카가 당한 끔찍한 일을 말로 표현한다는 것은 어머니로서는 도저히 할 수 없는 일이었다.

움 제이나브의 오열은 언제까지나 끝까지 멈추지 않았다. 사회자가 "뭔가 한 마디를"이라며 발언을 촉구하자 그녀는 쥐어 짜내는 듯한 목소리로 말했다. "우리 딸이 살해당한 것과 똑같은 방식으로 샤론을 죽여 달라"고.

4. 안티고네

집단묘지는 사브라 거리에서 남쪽으로 내려간 캠프 끝자락에 있었다. 비르 하산 지구에 있는 움 무함마드 씨를 만나러 가던 도중, 즈후르 씨가 안내해 주었다.

학살 희생자들의 시신은 캠프 외곽의 공터로 모아져 거기에 묻혔고 그곳이 집단 묘지가 된 것이다. '샤틸라, 학살, 1982'라는 키워드로 이미지 검색을 하면 땅바닥에 뉘여 있는 엄청난 수의 시신과 코를 막은 채 그들을 둘러싸고 있는 사람들의 모습을 담은 기록 사진이 나온다. 라드와 아슈르의 소설 『탄투라의 여인』의 주인공 루카야가 이야기한 '그 썩은 냄새와 파리 떼에 뒤덮인 날'의 한 광경이다.

며칠 후 이곳에서 20주년 기념식이 열릴 예정이다. 그 기념식을 위해 만들어졌는지 묘지 입구에는 "시오니즘 침략으로 인한 학살 희생자를 위한 집단묘지"라고 아랍어로 크게 쓰여진 문이 새로 세워졌다. 거길 지나

안으로 들어간 나는 할 말을 잃었다. 그곳에는 아무것도 없었다. 묘비도, 위령비도, 꽃도, 죽은 자를 애도하거나 명복을 비는 징표가 될 만한 것은 아무것도 없었다. 그저 살풍경한 공간이 펼쳐져 있을 뿐이었다.

"이것도 정비돼서 상당히 묘지답게 변한 거에요." 너무 놀라서 말문이 막혀버린 내 마음을 알아챘는지 즈후르 씨가 말했다. "올해는 화단도 생겼어요…." 그러고 보니 한쪽 구석에 작은 화단이 있었다. 장미 몇 송이가 쓸쓸하게 바람에 흔들리고 있었다.

육친의 죽음, 사랑하는 사람의 죽음을 애도하고 명복을 비는 일. 그것은 인간에게 근원적인 감정인 동시에 지극히 정치적인 행위이기도 하다. 소포클레스가 연극 「안티고네」에서 묘사한 것처럼, 누구의 죽음을 애도할 것인가, 혹은 애도하지 말아야 할 것인가, 또 어떻게 애도할 것인가는 정치적인 행위이다.

샤브라-샤틸라 학살 희생자의 유족들은 오랫동안 육친의 죽음을 공개적으로 애도할 수 없었다. 학살을 실행한 팔랑지스트의 간부는 여전히 국회에 의석을 갖고 각료로서 정권 내부에 있었다. 팔랑지스트들에게 그 학살은 팔레스타인 사람들이 난민인 주제에 제 분수도 모르고 건방지게도 무장하고 군대까지 거느리며 레바논의 체제 전복을 노린 것에 대한 보복이자, 또다시 기어오르면 곧 이렇게 될 것임을 보여주기 위한 본보기였다. 팔레스타인 사람들이 학살 희생자를 공개적으로 추도하거나 기념하는 것, 즉 자신의 친척이 팔랑지스트에 의해 살해당했다고 공개적으로 이야기하는 것만으로도 학살자들의 범죄를 고발하는 행위이며 다시 체제에 반기를 들기 위한 도발이나 다름없었다.

그래서 유족들은 오랜 시간 동안 육친이 묻혀 있는 곳에 기념비를 세울 수 없었을뿐더러, 성묘를 갈 수도 없었고 사랑하는 이들이 잠들어 있는 묘지라고 공언할 수도 없었다. 그곳은 그저 공터인 채로 남아 있었고 예전에는 캠프의 아이들이 그럭저럭 놀이터로 삼아 천진난만하게 축구를 하며 놀았다고 한다.

며칠 전, 서베이루트에 있는 어느 고급 호텔의 세미나룸에서 이탈리아와 스페인의 파견단을 초청한 가운데 여성 정치학자 바얀 알-후트(Bayan Nuwayhed al-Hout)의 강연회가 개최되었다. 바얀 씨는 사브라-샤틸라 학살 사건 직후부터 유족들을 인터뷰하기 시작했고 그 성과는 2004년 『사브라-샤틸라, 1982년 9월』이라는 500페이지에 이르는 대작으로 출간되었다.38) 바얀 씨가 강연에서 가장 먼저 꺼낸 말은 이런 호텔에서 해외 대표단 앞에서 사브라와 샤틸라 학살 사건에 대해 공언할 수 있는 날이 올 줄은 꿈에도 생각지 못했다는 감회였다. 처음 인터뷰를 시작했을 때, 유족들-학살의 생존자이기도 하다-은 팔랑지스트의 보복이 두려워 좀처럼 입을 열지 않았다고 한다.

내전이 끝나고 십여 년의 세월이 더 흐른 후에야 비로소 묘지를 묘지라고 부르고 희생자들에 대해 공개적으로 이야기할 수 있게 되었다(그렇지만 그들은 '시오니즘 침략의 희생자'이지만 아직까지도 팔랑지스트의 희생자라고 공개적으로 천명할 수 없다). 내 눈에는 죽은 자를 애도하는 표식이 없는 집단 묘지는 살풍경한 공간으로 남아 있을 뿐, 죽은 자들이 잠들어 있는 묘지 위를 무심코 뛰어다니는 아이들의 환호성도, 공이 굴러다니는 소리도 지금은 들리지 않는다. 평탄하게 다듬어진 지면과 그 공간의 고요함은 샤틸라 사람들이 죽은 자의 존엄을 위해 20년 만에 겨우 획득한 '묘지다움'이었다.

5. 샤틸라의 4시간

프랑스 작가 장 주네는 학살 직후 샤틸라에 들어가서 시체가 여기저기 굴러다니는 캠프를 몇 시간 동안 방황한 끝에 그 체험을 르포르타주 『샤틸라의 4시간』[39]으로 정리했다. 주네는 그곳에서 참혹하게 뒹굴고 있는 죽은 자들-시체가 아닌-의 모습, 예를 들어 한 소녀의 동그랗게 뜬 눈동자나 그녀가 입고 있던 치마 무늬에 대해, 연인의 모습을 묘사하듯이 혹은 소중한 도자기를 손으로 받치고 있듯이, 애정을 담아 그 고유성을 섬세한 필치로 담아내면서 죽은 이들 한 명 한 명에게 친밀한 무언의 대화를 나누었다.

인터넷에 올라와 있는 희생자를 기록한 스냅사진의 대부분은 단지 시체의 집합 사진일 뿐이다. 인간성을 부정당하고 죽임을 당한 이들은 사후에도 그러한 표상에 의해 또다시 그 존엄이 훼손된다. 학살의 참혹함을 드러내기 위한 일련의 행위는 비록 사건의 폭력성을 고발하려는 것일지라도 주의하지 않으면 죽은 자의 존엄을 짓밟을 수 있다. 그래서 그 썩은 냄새와 파리 떼에 뒤덮인 날을 장 주네는 마치 연인에게 입맞춤하는 듯한 눈빛으로 바라보았으며, 또 그렇게 함으로써 죽은 자들이 박탈당한 개별 인간으로서의 존엄을 되찾아주려 했다.

2017년 3월, 마드리드를 방문해 피카소의 〈게르니카〉를 보았다. 폭격을 피해 허겁지겁 도망치다 무차별적으로 살해당하는 남자, 여자, 아이, 소, 말…. 죽은 아이를 가슴에 안고 울부짖는 여인의 통곡이 몸을 뒤트는 말의 울부짖음이 게르니카 마을 전체가 외치는 비명처럼 들린다. 디아 알 아자위의 〈사브라-샤틸라 학살〉과 다시 한 번 비교해 본다. 게르니카의 인물 모티브는 전신이 그려져 있지 않아도 모든 게 느껴지고 그려진 인원도 명확하게 세어볼 수 있다. 소나 말도 마찬가지다. 여백도 많다. 반면 아자위의 게르니카는 여백이 거의 없고 화면 전체가 인간의 신체 부위의 조각과 '잔해'나 '쓰레기'라고 밖에 표현할 수 없는 파괴된 물체로 가득 차 있다. 게르니카에서 인간과 동물들의 아비규환이 들린다면, 아자위의 작품에서는 그런 울부짖음이 들리지 않는다. 울부짖음이 울려 퍼지려면 공간, 즉 일정한 여백이 필요하다. 그런데 화면 가득 빈틈없이 그려진 데포르메된 인간과 사물의 이미지에는 인간과 사물의 구분이 있을 수 없다. 인간 역시 쓰레기 더미에 버려진 고물처럼 보인다. 하지만 그 이전에 아자위 작품에 그려진 인간의 눈은 모두 검은 색깔로 칠해져 있어 죽은 자를 의미한다. 그 얼굴에서 느껴지는 것은 울부짖음이 아니라 말로 표현할 수 없는 단말마의 신음 소리다. 캠프의 좁은 골목길로 몰려 목소리조차 내지 못한 채 세상의 끝자락에서 토막나서 잘려나가는 이들의….

피카소의 〈게르니카〉는 게르니카 마을에서 살아온 사람들과 가축들에게 인수 구별 없이 똑같이 닥친 폭력을 그린 것이다. 그 인물상이 아무리 데포르마시옹이라 할지라도 우리와 같은 인간의 고뇌를 표현하기 위한 데포르마시옹이다. 하지만 아자위의 작품에서 데포르마시옹된 인간의 형상은 그것이 사물과 구별되지 않는 존재임을 나타낸다. 『샤틸라의 4시간』에서 주네가 시체를 친밀하게 대화하는 '죽은 자'로 그려냄으로써, 부정당한 그들의 인간 존엄성을 되찾고자 했던 것과는 반대로, 아자위는 '1982년의 게르니카'에서 팔레스타인 난민이 사물과 등가의 존재로 멸시되어 살해당하는 현실을 그린 것이다.

6. 부당한 요구

샤틸라 캠프 외곽에 있는 집단묘지에서는 그때부터 매년 유족과 내외 관계자들이 참석한 가운데 학살 희생자의 추도식전이 열리고 있다. 과거에는 묘지를 묘지라고 공언할 수 없었고 학살에 대해 공개적으로 이야기할 수 없었던 것을 생각하면 큰 변화다. 그러나 학살의 책임자 중 누구도 아직 처벌받지 않았다.

내가 샤틸라를 방문한 것은 학살 20주년째를 맞이한 이듬해인데, 그다음 해인 2003년 2월, 벨기에 대법원은 팔레스타인의 뜻있는 사람들이 샤론 총리를 고소한 데 대해 벨기에의 사법관할권을 인정하고 샤론이 총리직에서 물러나 면책특권을 잃으면 기소가 가능하다는 획기적인 판결을 내렸다. 그러나 이스라엘과 미국이 격렬히 반발하며 벨기에에 외교적 압력을 가했고 국제인도법 위반 처벌법은 같은 해 폐지되고 말았다. 그리고 사브라와 샤틸라 학살의 책임자인 샤론은 2006년 총리 재임 중 뇌출혈로 쓰러져 혼수상태에 빠진 후 2014년 재판받지 않은 채 세상을 떠났다.

가자 지구에 본부를 둔 팔레스타인 인권센터의 설립자 라지 수라니* 변호사가 강조했던 것처럼, 이스라엘이 저지른 전쟁범죄가 지금까지 단 한 번도 제대로 처벌받지 않았다. 이처럼 국제 사회가 이스라엘을 처벌하지 않는 '전통' 때문에 이스라엘은 반복적으로 팔레스타인에 대해 전쟁범죄를 벌이고 있다. 사브라-샤틸라, 제닌, 가자 지구, 반복되는 학살…. 팔레스타인 사람들이 어떤 전쟁범죄나 불의를 당하든 간에, 국제 사회는 관대하게도 항상 그러한 범죄를 간과하고 책임자를 처벌하지 않음으로써 전 세계에 메타 메시지를 던져왔다. 팔레스타인 사람들 따위는 하찮은 존재라는 것을. 그들은 우리와 동등한 존재가 아니라 노 맨이라는 것을. 라지 수라니는 이야기한다. "우리는 인간으로서 존엄하게 살 수 있는 기회를 원한다. 이것이 부당한 요구인가?"[40]

1948년 나크바로부터 이미 70년의 세월이 흘렀다. 오랜 기간에 걸쳐 팔레스타인 사람들은 생존을 위한 투쟁, 무장 해방투쟁, 정치·외교에 의한 투쟁, 라지 수라니처럼 국제법에 의한 투쟁, 예술에 의한 투쟁 등 다양한 형태를 취해 왔다. 이 과정을 한마디로 표현한다면 노 맨이 인간이 되기 위한 투쟁, 이 세상에 동등한 인간으로서 존재를 기록하기 위한 투쟁이라고 할 수 있다.

---

* 라지 수라니(1953~)는 팔레스타인 가자 지구 출신의 인권 변호사로 팔레스타인 인권센터(The Palestinian Centre for Human Rights, PCHR)를 설립했으며 PLO의 구성원이었다.

7. 팔림프세스트*

레바논 내전이 발발한 이듬해인 1976년, 동베이루트에 위치한 탈 자아타르 난민캠프가 레바논 우파 민병대의 반년간에 걸친 포위 공격을 받은 끝에, 천 수백 명의 팔레스타인 사람들이 학살당했다. 캠프는 파괴되었고 학살에서 살아남은 사람들은 레바논의 다른 캠프로 뿔뿔이 흩어졌다. 그로부터 6년 후, 이번에는 사브라와 샤틸라에서 처참한 학살이 반복되었다. 학살의 상처가 아물 틈도 없이 그 3년 뒤인 1985년에는 시리아군이 베이루트를 점령했다. 결국 사브라-샤틸라, 그리고 마찬가지로 베이루트에 있는 부르즈 알 바라즈네 난민캠프가 시리아군의 지원을 받은 시아파 조직인 아말에 의해 봉쇄당한다. 그 후 수년간 주민들은 캠프에 갇힌 채 아말의 포격을 당했다. 그것이 바로 난민캠프 전쟁(War of the Camps, 1985~1988)이다.

사브라-샤틸라의 죽은 자들은 20년이라는 세월이 지나서야 겨우 매년 추모하게 되었는데, 그렇다면 역시 팔레스타인 사람들의 역사에 깊이 새겨진 탈 자아타르의 학살, 난민캠프 전쟁에서 벌어진 죽음들은 언제, 어디서, 어떻게 추모되고 있을까?

더 나아가 사브라-샤틸라의 학살은 팔레스타인 역사에 깊이 새겨진 사건이나 팔레스타인 사람 전체가 항상 기념하고 추모할 수 있는 것도 아니

---

* 팔림프세스트(Palimpsest)는 원래 있던 기록을 지운 뒤 그 위에 새로운 기록을 덧씌우는 것을 의미한다. 저자는 팔레스타인 사람들이 기억하는 학살의 역사에 또 다른 학살의 역사가 끊임없이 덧씌워지고 있음을 의도한 듯하다.

다. 사브라-샤틸라 학살 32년째인 2014년 9월, 샤틸라에서는 예년처럼 추모식이 열렸지만 그해 여름 봉쇄된 가자 지구는 51일 동안 이스라엘의 맹폭을 당해 이천 수백 명이 사망했다. 32년 전, 봉쇄된 캠프를 덮친 제노사이드의 악몽은 점령당한 동포들에게 반복되고 있었다. 이스라엘 점령지의 팔레스타인 사람들, 디아스포라 팔레스타인 사람들의 관심은 오로지 현재 살육당하고 있는 가자 지구의 동포들에게로 향하고 있다. 지금 가자 지구에서 또다시 2,200명의 남녀노소가 목숨을 빼앗겼고 거기서 살아남은 수십만 명이 잔해 속에서 고통받고 괴로워하며 봉쇄를 견디고 있을 때, 과거의 기억을 끄집어내고, 과거의 사건에 대해 이야기하고, 과거의 죽음에 다가서는 것에 전념하기란 쉽지 않은 일이다. 팔레스타인 사람들에게 추도가 어려운 것은 단순히 그것이 정치적으로 금지되어 있기 때문만은 아니다. 사브라-샤틸라 속에 탈 자아타르가 엮여 있고, 사브라-샤틸라 위에 난민캠프 전쟁이 덮어쓰여 있기 때문이다. 과거는 순수한 과거가 아니라 현재가 배태된 과거이며 또 현재 속에 과거가 반복되고 있기 때문이다. 그 일부만을 독립된 사건인 것처럼 잘라내어 이야기하거나 추모할 수는 없다. 일목요연하게 정리된 연표의 서술 이면에는 씨실과 날실로 엮여 복잡하게 짜여진 구조가 있는 것이다.

지금 이 글을 쓰면서 떠오르는 생각은 2002년 9월, 수많은 여성들이 계속 살아가기 위해 땅속 깊이 묻어두었던 "썩은 냄새와 파리 떼에 뒤덮인 그날"의 기억을 파헤치고 몇 번이고 이야기를 되풀이해야 하는 고통을 겪었다는 것이다. 범죄자를 고발하기 위해, 자신들에게 닥친 불의를 세상에 알리기 위해서, 혹은 불의를 바로잡기 위해. 그런데 그 증언들로 인해 세상의 무언가 바뀌긴 했을까? 그녀들은 어떠한 마음으로 그 책임을 떠안고 고통을 견뎌냈을까? 고통을 감내하며 증언한 그녀들의 노력은 보상을 받았을까? 그녀들이 고통스러운 증언을 들은 나는 그녀들의 마음에 보답할 수 있었을까?

그럼에도 불구하고 우리는 증언을 해야 한다고 즈후르는 말할 것이다. 그것이 우리가 인간으로서 이 세상에 존재하기 위한 투쟁이기 때문이라고.

제8장

팔레스타인 사람이라는 것

1. 안도

2002년 9월, 레바논을 처음 방문하여 1982년 학살 사건 20주년을 맞이한 베이루트의 사브라와 샤틸라 두 난민캠프에서 희생자 유족의 증언을 듣는 한편, 중부에 위치한 레바논 최대 난민캠프인 아인엘 힐웨, 그리고 이스라엘 국경에 가까운 남부의 라시디에 캠프 등을 방문했다. 귀국 후, 팔레스타인 문제에 관심을 가진 대학의 학생들이 그 보고회를 기획해 주었다.

금방이라도 무너져 내릴 것 같은 비뚤어진 건물들이 서로를 지탱하듯 빈틈없이 늘어선 샤틸라 난민캠프. 사람 한 명이 겨우 지나갈 수 있는 좁은 골목길, 햇볕이 들지 않아(일조량 부족으로 인한 구루병도 많다) 항상 눅눅하고 질퍽거리는 지면, 머리 위로 거미줄처럼 얽히고설킨 채 늘어뜨려진 무수한 전선들, 그런 곳에서 일체의 시민적 권리에서 배제된 채 살아가는 주민들. 그들은 '싫으면 꺼져라'는 욕설을 수시로 들으며 반복적으로 벌어지는 파괴와 살육(사브라-샤틸라 학살 6년 전인 1976년 8월, 동베이루트 탈 자아타르 난민캠프에서 수천 명이 살해당했다)에 노출되어 있었다. 20년이 지나도 살해당한 딸의 이름을 말하려 할 때마다 오열만 터지는 어머니들, 행방불명된 아들의 기억을 가슴 깊이 품은 채 살아가는 어머니들…. 9월의 레바논에서 듣고 만지고 본 것들을 나는 학생들에게 슬라이드 사진을 보여주며 모두 들려주었다.

보고회가 끝난 후, 참가한 학생들이 제출해 준 소감문 중에는 '캠프 난민들이 아파트 생활을 하고 있고 방에 가스레인지도 있다는 것을 알고 안도했다'라는 취지의 내용이 있었다. 마음씨 착한 학생들이었을 것이다. 꿈도 희망도 없는 이야기를 듣고는 도저히 견딜 수 없자 무언가 기댈 것이 필요했다고 생각했던 것 같다. 난민들이 텐트에서 비를 피하고 비상식량을 타기 위해 줄을 서고 잔가지를 태워 밥을 짓는 것이 아니라, 아파트에 살고 시장에서 쇼핑을 하고 가스레인지로 요리를 하고 대학에 진학하는 사람들도 있다…. 일본의 우리와 별반 다르지 않은 생활에 안도감을 느꼈던 것이다.

2. 히틴

2004년 8월, 나는 요르단의 히틴 난민캠프에 있었다.

팔레스타인 난민이라고 하면 가장 먼저 1948년의 나크바로 고향을 떠난 난민들을 떠올리는데, 1967년 6월 제3차 중동전쟁으로 이스라엘이 동예루살렘을 포함한 서안 지구와 가자 지구를 점령하면서 또다시 난민이 생겨났다. 이들 지역에 살던 주민들 중 약 30만 명이 난민이 되어 요르단강 동쪽으로 건너간 것이다. 그중에는 나크바로 난민이 되어 서안 지구와 가자 지구에 왔다가 또다시 난민이 된 사람들도 있다. 1948년의 비극은 '나크바(대재앙)'라는 단어로 기억되고 있지만, '역사적 팔레스타인' 전역이 이스라엘에 점령된 1967년의 비극은 '나크사(크나큰 좌절)'라고 불린다. 수도 암만에서 북쪽으로 10킬로미터 거리에 있는 히틴 난민캠프는 1968년 나크사 때 난민이 된 이들을 수용하기 위해 설립된 긴급 캠프 중 하나다. 마르카 지구에 있기 때문에 정식 명칭은 마르카 난민캠프이지만 현지에서는 '히틴'으로 불린다. 팔레스타인 북부 갈릴래아 지방의 지명이다. 1187년 살라흐 앗 딘*이 십자군으로부터 팔레스타인을 탈환한 '히틴 전투'로도 알려져 있다.

이 캠프의 자치회 여성부를 방문했다. 요르단강의 저편, 점령된 팔레스타인에서는 여전히 제2차 인티파다, 즉 이스라엘에 대한 점령지 주민들의 일제 봉기와 그에 대응한 이스라엘군의 가혹한 탄압이 계속되고 있었다. 여성부 센터 입구에 들어서자마자, 오른쪽 벽에 붙어 있는 포스터에는 흰색 바탕에 검은색 격자무늬의 쿠피예**를 하치마키(鉢卷)***처럼 이마에 늠름하게 두른 젊은 여성의 얼굴이 돋보인다. 여성부장이자 센터장인 아스마한 씨는 눈을 반짝이며 말했다. "누군지 아세요? 우리의 영웅이자, 훌륭한 여성인…." 그 사진의 주인공은 바로 와파 이드리스였다. 그

---

* 살라흐 앗 딘(살라딘, 1137~1193)은 아유브 왕조의 개창자로 당시 예루살렘을 점령하고 있던 십자군을 상대로 히틴 전투에서 승리하고 예루살렘을 탈환했다. 이후 예루살렘을 되찾으려는 십자군과 제3차 십자군 전쟁을 치른 결과 그는 영국의 리처드 1세(사자심왕)와 휴전 협정을 맺었다.
** 팔레스타인의 전통 스카프.
*** 일본에서 전통적으로 의례 때에 머리에 질끈 묶는 천으로 오늘날에도 어떤 다짐이나 결의를 나타내기 위해 사용되곤 한다.

녀는 요르단강 서안 지구 출신인 변호사로 28세의 나이에 2002년 1월 예루살렘 시가지에서 다이너마이트로 자폭했다. 팔레스타인 여성 최초의 자폭자였다.

암만 시내의 관공서나 기업의 사무실에서 일하는 팔레스타인 커리어 우먼들이 서양 여성들과 다를 바 없는 정장 차림인 것과는 대조적으로, 그날 센터에 있던 여성들은 모두 히잡으로 머리를 꼭꼭 싸매고 아래까지 내려오는 긴 옷 차림으로 나왔다. 캠프에 있는 팔레스타인 공동체가, 캠프 밖에서 살면서 요르단 사회에 동화되어 살아가는 팔레스타인 사람들보다 대개는 정치적으로 보수적일 뿐만 아니라 경제적으로도 훨씬 더 가난했기 때문이다. 난민이 된 지 수십 년이 지났는데도 주거 환경이 열악한 캠프에서 그들이 이전과 다름없이 살고 있는 것은 단적으로 말해서 그들이 가난하기 때문이다. 복장에 관해서는 요르단의 팔레스타인 난민여성 사업부에서 아등바등 활약 중인 아스마한 씨(왕년의 이집트 유명 여가수의 이름이다)도 예외가 아니다. 연핑크색 히잡으로 머리카락을 가리고 아래까지 내려오는 흰옷으로 몸을 감싼 그녀는 금욕적인 옷차림 때문에 오히려 미모가 더욱 두드러져 그리스 조각상처럼 보였다.

아스마한 씨는 난민 2세다. 사무실에서 튀르키예 커피를 마시며 수다를 떨던 중, 나는 "부인께선 이 캠프에서 태어나셨어요?"라고 무심결에 물어봤다가 그녀의 대답에 멈칫하고 말았다. "그래요, 나는 여기서 태어났고 여기서 죽을 거에요."

3. 미프타흐

아랍어로 '미프타흐'는 열쇠라는 뜻이다. 2012년 5월, 베를린 거리에 거대한 미프타흐가 놓였다. 강철로 만들었으며, 길이 9미터, 무게는 1톤에 육박한다. 아마도 세계에서 가장 큰 열쇠일 것이다. 이 거대한 열쇠 조형물은 베들레헴*의 근교에 위치한 아이다 난민캠프의 주민들이 2008년에 제작하여 캠프 입구 상단에 설치한 작품이다. 〈귀환의 열쇠: Key of Return〉라고 이름 붙여진 이 작품은 2012년 베를린 비엔날레에서 전시하기 위해 대여되어 머나먼 베들레헴에서 지중해를 가로질러 여러 국경을 넘는 수천 킬로미터의 대장정 끝에 베를린의 거리에 장식되었다.

열쇠는 팔레스타인 난민들에게 중요한 상징이다. 그것은 '귀환'의 상징이다. 팔레스타인 사람들이 고향으로 돌아갈 권리, 귀환의 의지이며 귀환의 희망을 상징한다. 시오니즘에 의한 인종청소로 70만 명이 넘는 팔레스타인 사람들이 최초의 난민이 된 1948년, 유엔은 그해 12월 세계인권선언을 발표했다. 제13조 제2항에는 "모든 사람은 자국 및 그 외 어느 나라에서든 떠나거나 또는 자국으로 돌아갈 권리를 지닌다"라고 천명한다. 즉, 사람이 고향(자국)으로 돌아가는 것은 인간의 기본권이라는 것이다. 다음 날 유엔총회는 이스라엘 건국으로 인해 난민이 된 팔레스타인 사람들에 대해, "고향으로 돌아가서 이웃과 평화롭게 살기를 희망하는 난민들은 실행 가능한 가장 빠른 단계를 거쳐 인정받아야 한다"라고 밝혀 팔레

---

* 예수가 탄생한 곳으로 유명한 이 도시는 1967년 이래 이스라엘이 점령 중인 요르단강 서안 지구에 있다. (저자 주)

스타인 난민의 즉각적인 귀환의 권리를 확인했다(유엔총회 결의 194호).

세계인권선언, 그리고 유엔총회 결의로부터 70년이 흘렀다. 태어난 아기가 성인이 되어 결혼하고 또 아이가 태어나고 결혼해 또 다른 아이를 낳고 그 아이가 성인이 되는 그만큼의 세월이 흘렀지만, 팔레스타인 사람들은 여전히 고향으로 돌아가지 못하고 있다. 이스라엘이 그들의 귀환을 인정하지 않기 때문이다. 2018년 기준, 유엔에 난민으로 등록된 난민(나크바로 난민이 된 사람들과 그 자손)만 해도 500만 명, 1967년 난민과 다른 난민까지 합치면 그 수는 750만 명에 달한다(팔레스타인의 인권 NGO 단체인 아다라 통계에 근거한다). 그중 일부만이라도 팔레스타인으로 돌아간다면 이스라엘은 유대인 인구의 압도적 우위를 유지할 수 없기 때문이다.

70년 전 주민들이 뿌리째 뽑혀 쫓겨난 팔레스타인의 집들은 이스라엘 건국 후 공습을 당하거나 다이너마이트로 파괴된 후, 나무가 심어져 국립공원이 되었다. 뿐만 아니라 키부츠(유대인의 집단농장)나 유대인 마을이 건설되었으며 장래에 이스라엘로 '귀환할' 해외 유대인 이민자들을 위해 '군용지'라는 명목으로 보존되고 있다. 그러나 고향에서 쫓겨나 이방에서 살아가는 난민들은 고향에 남겨둔 집의 열쇠를 한시라도 몸에서 떼지 않고 평생 소중히 간직해 왔다. 집이 없어져버린 지금도 계속. 라드와 아슈르의 소설 『탄투라의 여인』의 주인공 루카야의 어머니도 고향 탄투라 마을의 집 열쇠를 펜던트로 만들어 평생 달고 다녔다. 어머니가 죽은 후에는 딸 루카야가 어머니의 유품으로 소중히 간직했다.

미프타흐, 그것은 난민들의 마음을 모두 담아 형상화한 것이다—우리에겐 팔레스타인으로 돌아갈 권리가 있다. 팔레스타인 난민의 귀환권은 세계인권선언에 천명되었으며 국제 사회도 승인하고 있는 정당한 권리다. 비록 100년, 200년이 지나도 손자, 증손자, 또 그 자녀와 손자 세대가 되어도 우리는 팔레스타인을 잊지 않을 것이다. 팔레스타인을 잊지 않는 한, 우리는 언젠가는 반드시 돌아갈 수 있을 것이다.

4. 필라스틴

2009년 7월의 베이루트.

2002년 9월 레바논을 처음 방문한 이래, 몇 번째인가의 방문이었다. NGO단체인 소무드의 집 샤틸라 센터를 방문했다. 7년 전 방문으로 익숙한 얼굴이 된 센터장 자밀라 씨와 사회복지사 즈후르 씨, 청소 직원으로 일하는 움 무함마드 씨가 웃는 얼굴로 맞아주었다.

센터의 한 방에서는 아이들이 만든 미술공작 전시회가 열리고 있었다. 테이블 한 켠에는 올리브 가지로 만들어진 열쇠 펜던트가 나란히 놓여 있다. 팔레스타인 사람들에게 올리브는 고향 팔레스타인의 대지와 생활을 상징한다. 열쇠에는 서툰 아랍어로 '필라스틴(فلسطين, 팔레스타인)'이라고 적혀 있다.

난민 어린이들은 유엔 팔레스타인 난민구호기구(UNRWA)가 운영하는 학교에서 고교까지 무상 교육을 받을 수 있다. 무상이라고는 하지만 누구나 다 다닐 수 있는 것은 아니다. 가계에 보탬이 되기 위해 어려서부터 일하지 않으면 안 되는 아이들도 있다. 빈곤 속에서 공부를 따라가지 못하고 학업을 중단하는 아이들도 있다. 고생해서 대학을 나와 봤자, 레바논에 있는 한 그들은 '난민'이고 그렇게 되면 정규직으로 취업할 수 있는 일자리는 육체노동이나 비전문직뿐이다. 빈곤 속에서 사회적 성공과는 연이 없고 난민으로 멸시만 받는 삶. 그런 미래밖에 없다면 성실하게 노력하려는 의욕을 잃은 젊은이들이 있는 것도 이상한 일은 아니다. 대마초일까, 대낮부터 캠프 길거리에서 마약을 피우는 젊은이들도 있다….

소무드의 집을 비롯한 민간의 NGO는 난민 어린이들을 위해 팔레스타인 전통무용 다브케, 우드를 비롯한 전통악기 등을 활용한 음악 동아리 활동, 미술공작 활동 등을 제공하고 있다는 것은 앞서 언급했다.* UNRWA의 만성적인 예산 부족으로 인해 학교는 교실도 교사도 압도적으로 부족하여 가르치는 것은 아랍어, 산수, 영어 등 주요 과목뿐이고 체육이나 음악, 미술과 같은 정서교육이 없기 때문이다.[41] 아이들은 1948년 나크바로 인해 레바논으로 쫓겨 온 이들의 손자 혹은 증손자뻘인 난민 3세, 4세들이다. 팔레스타인에서 나고 자라서 고향의 삶이 어땠는지 직접 기억하고 이야기해주던 증조할머니와 증조할아버지들은 대부분 이미 이 세상에 없다. 그래서 캠프에서 태어나 레바논 사회에서 난민이라는 이유로 차별과 멸시를 받는 아이들에게 팔레스타인의 무용과 음악, 미술을 통해 자기 존재의 뿌리에 있는 역사와 문화, 고향에 대한 기억을 가르치고 팔레스타인 사람으로서의 자부심과 정체성을 함양하는 것은 센터

---

* 이 책의 제6장 2절 '우리들의 것이 아닌 세계'를 참조.

의 중요한 활동이다.

테이블의 다른 한 켠에는 예루살렘에 있는 황금 돔을 본뜬 종이 공예품이 전시되어 있었다. 중앙에 덧붙여진 종이 문을 열면 역시 아이들의 손 글씨로 '우리들의 예루살렘'이라고 적혀 있었다. 벽에는 크레용으로 그림을 그린 화선지 여러 장이 걸려 있었다. 이스라엘 전투기에서 사람들의 머리 위로 비처럼 쏟아붓는 미사일. 이스라엘의 탱크와 포탄에 파괴되는 집, 피를 흘리며 살해당하는 사람들…. 작년 연말부터 그다음 달까지 22일 간에 걸쳐 이어진 이스라엘의 가자 지구 공격을 테마로 한 그림이었다. 전시된 작품들을 하나하나 감상하고 있는데, 자밀라 씨가 한 아이가 올리브 가지로 만든 열쇠고리 펜던트 하나를 내게 선물로 주었다.

이때 함께 센터를 방문한 일본인 중에는 아이들에게 정치적 메시지를 주입하는 듯한 교육 활동에 거부감을 보이는 이들도 있었다. 이러한 정치성을 띤 그림과 공작이 어린 아이들의 마음에 내셔널리즘과 반 이스라엘 감정을 심어주어 팔레스타인을 둘러싼 분쟁을 영속화하는 데에 일조하는 것처럼 보였기 때문일 것이다.

5. 부르즈 알 바라즈네

이튿날, 베이루트에 있는 또 다른 캠프인 부르즈 알 바라즈네를 방문했다. 영국인 여성 의사 자원봉사자인 폴린 커팅(Pauline Cutting)의 『팔레스타인 난민의 삶과 죽음-어느 여의사의 의료일지』[42)]의 배경이 된 캠프인데, 내가 이곳을 방문한 것은 이때가 처음이었다.

사브라-샤틸라 학살로부터 3년이 채 지나지 않은 1985년, 베이루트 난민캠프에 또 다른 비극이 닥친다. 레바논에서 PLO의 영향력을 배제하려는 시리아의 지원을 받는 시아파 민병대 조직 아말의 캠프 포위공격이 시작된 것이다. 이른바 난민캠프 전쟁이다. 난민 의료 지원을 위해 영국 NGO에서 파견된 커팅 의사는 이때 부르즈 알 바라즈네 난민캠프에서 활동하고 있었다. 캠프는 아말에 의해 포위공격을 받았으며, 식량을 구하러 밖으로 나가려는 사람은 저격수에게 적당한 표적이 되었다. 포위공격 기간 동안 아이들을 위해 우물에 물을 길으러 가던 어머니들이 몇 명이나 저격수의 총격으로 살해당했다.

봉쇄가 몇 달 동안 지속되고 마침내 식량이 바닥나서 캠프에서 작은 동물들의 그림자마저 사라진 데 이르자, 주민들이 던진 메시지는 전 세계에 충격을 안겨주었다. 좀 더 살아남으려면 이미 죽은 사람들의 시신을 먹는 것 외에는 별 방법이 없다는 것이다. 이슬람의 권위 있는 율법학자에게 보낸 그 메시지는 이런 상황에 놓였다면 식인도 신의 가르침에 어긋나지 않으니 봐 달라는 청원이었다.

당시 나는 대학원생으로 레바논의 팔레스타인 난민 어린이들이 일본의 후원자에게 보내는 아랍어 편지를 일본어로 번역하는 자원봉사를 하고 있었다. 어느 날 받아 든 편지 가운데, 먹을 것이 없어져 개나 고양이까지 잡아먹는 사람들도 있었다는 내용, 심지어 인육을 먹을 수 있는 허가까지 구해야만 했다는 내용을 발견하고, 난 내 눈이 믿기지 않을 정도로 놀랐던 기억이 난다. 1980년대 중반, 인터넷 같은 것은 아직 존재하지도 않았던 시절이라서 내전 중인 레바논에서 난민캠프가 어떤 상황에 처해 있는지는 신문이나 TV가 보도하지 않는다면 도저히 알 길이 없었다. 나중에 커팅의 책을 읽고 나서야 그때 봉쇄된 캠프 안에서 도대체 무슨 일이 벌어졌는지를 나는 처음으로 자세히 알게 되었다.

그중 가장 기억에 남는 일화가 있다. 포격으로 중상을 입은 두 청년이 동시에 커팅 의사에게 실려 왔다. 둘 다 당장 수술하지 않으면 살 수 없는 상황이었다. 하지만 의사는 그녀 혼자다. 두 사람을 동시에 수술한다는 것은 불가능하다. 둘 다 낯익은 청년들이었다. 웃으며 농담을 주고받던 것이 불과 며칠 전의 일이다. 두 사람 중 누군가 한 명을 선택해야만 한다, 지금 당장. "그를 수술실로", 의사의 그 말을 듣고는 지명받지 못한 또 다른 청년이 중얼거렸다. "그런가, 죽는 건 나인가…." 수술실로 실려 간 청년은 살았고 다른 청년은 죽었다.

건물이 빽빽하게 들어선 캠프를 봐선 알 수 없지만, 커팅 의사의 저서나 1982년 9월 학살 당시 샤틸라 캠프에서 의료 활동을 하던 영국의 정형외과 의사 앙 스위 차이*의 저서 『베이루트에서 예루살렘으로』43) 등을 읽고 나서야, 나는 16년에 걸친 레바논 내전 동안 샤틸라, 부르즈 알 바라즈네 등의 캠프들이 반복적으로 공격을 받아 몇 번이고 잔해가 되었으며 그때마다 주민들이 하나씩 하나씩 블록을 쌓아 올려 캠프를 재건했다는 사실을 나는 처음 알았다.

그날 부르즈 알 바라즈네 난민캠프에서 나는 소무드의 집 센터장의 안

---

* Ang Swee Chai. 차이 의사는 귀국 후, 영국에서 NGO '팔레스타인 의료지원(MAP)'을 설립했으며 이 MAP에서 부르즈 알 바라즈네로 파견된 사람이 커팅 의사였다. (저자 주)

내로 미로처럼 좁은 골목길을 따라 어느 한 작은 집으로 안내받았다. 현관문을 들어서자마자 방 대부분을 침대 하나가 차지하고 있는 거실이 보였다. 몹시 여위고 마른 여성이 거친 숨을 몰아쉬며 누워 있었다. 40대 중반의 난민 2세 여성이었다. 그녀는 말기 암 환자였다.

캠프에는 UNRWA의 진료소가 있다. 난민들은 그곳에서 무료로 진료를 받을 수 있지만 노인이나 치료비가 커지는 심장병, 신장병, 암 환자는 대상에서 제외된다. 2002년 처음으로 레바논을 방문했을 때, UNRWA의 베이루트 사무실 옆을 택시를 타고 지나가는데, 몇몇 난민들이 사무실 앞 도로에 텐트를 치고 농성을 하고 있었다. 옆에 내걸린 플래카드에는 아랍어로 "노인, 심장병, 신장병, 암 환자는 왜 치료를 받지 못하는가", "우리한테 죽으라는 거냐"라는 글이 쓰여 있었다. UNRWA에 대한 항의의 단식투쟁이었다. 중환자가 생존하기 위해서는 가족, 친척들이 온갖 방법을 동원해 고액의 치료비를 모으지 않으면 안 된다.

2002년 9월 레바논 남부 라시디에 난민캠프를 방문했을 때, 난민 3세인 스무 살의 호다를 만난 적이 있었다. 그녀에게도 심장병을 앓는 어린 남동생이 있다. 외동딸인 호다는 초등학교 때부터 어머니를 도와 집안일을 도맡아 했으며 오빠들과 어린 남동생을 돌봤다. 그 탓에 중학교에서 1년, 고등학교에서 1년을 유급했지만 그래도 학업을 포기하지 않고 열심히 노력해 레바논국립대학에 합격했다. 하지만 내년도 학비를 낼 수 있을지 갈피가 잡히지 않았다. 다음 달부터 시작되는 새 학기까지 납부하지 않으면 제적되어버릴 것이라고 호다는 말했다(난민 학생에게는 '국민'인 레바논 학생들보다 더 비싼 수업료가 부과되었다). 동시에 동생의 치료비도 마련해야만 한다. 눈앞에 있는 외국인을 향해 "그걸 위해 금전적인 원조를 해 주실 수 없나요?"라는 말이 그녀의 목구멍까지 올라오는 것을 느꼈다. 하지만 호다는 그 말을 삼키며 미소를 지으며 말했다. "하지만 괜찮아요. 걱정하지 마세요. 어떻게든 해볼 테니까." 귀국 후 얼마 지나지 않아 호다로부터 편지가 왔다. 대학은 자퇴했다고 적혀 있었다. 대신에 캠프에서 NGO가 운영하는 경영학 코스에 다니고 있다고 한다. 어떤 일이 있어도 공부만큼은 절대 포기하지 않겠다는 말로 그 편지는 끝을 맺고 있었다. 동생에 관한 이야기는 적혀 있지 않았지만 그녀가 자신의 학업보다 동생의 치료비를 우선시했으리라고 짐작할 수 있었다.

부르즈 알 바라즈네 캠프에 있는 그 여인도 치료나 입원커녕 진통제를 통한 완화 치료까지 받을 수 없어 집 침대에 누워 견디기 힘든 말기 암의 고통에 시달리며, 신의 자비가 그녀의 영혼을 육체로부터 해방시켜 주실 때를 한결같이 기다리고 있었다. 거친 숨을 헐떡이며 누워 있는 그녀에게 도대체 무슨 말을 건네야 할지 몰랐기에, 나는 그저 침대 옆에서 여위고 마른 그녀의 차가운 손을 잡아줄 뿐이었다. 그녀가 세상을 떠났다는 소식을 들은 것은 레바논에서 귀국한 지 얼마 지나지 않았을 때였다.

그날 작별 인사를 하던 길에 그녀의 열여덟 살이 된 딸과 이야기를 나눴다. 가을부터 레바논 대학에 입학하기로 결정되었다고 한다. 디자인을 공부하고 싶다고도 했다(디자이너도 레바논에서 팔레스타인 사람이 정식으로 취업할 수 없는 직업이다). 그로부터 8년. 그녀는 무사히 졸업할 수 있었을까? 그리고 지금 그녀는 어떻게 지내고 있을까?

6. 세스

SF 작가 호시노 유키노부(星野之宣)의 작품 「세스 아이보리의 21일」이라는 만화가 있다(『스타더스트 메모리즈』에 수록*). 우주선 폭발 사고로 어느 행성에 홀로 불시착한 세스 아이보리. 불시착하기 전에 구조 신호를 보냈으므로 21일 후에 구조기가 도착할 것이다. 그 전에 어딘가에서 신호를 포착한 우주선이 구조하러 올 가능성도 있다. 그러나 사흘 후, 세스는 자신이 급속도로 늙어가고 있음을 깨닫는다. 그 행성에서는 생체의 성장이 이상할 정도로 빨라지는 것이다. 이대로라면 구조대가 오기 전에 노쇠하여 죽고 말 것이다. 세스는 자신의 클론을 만든다. 자기 자신과 부모, 고향에 대한 기억을 딸에게 들려주고 12일째에 세스는 죽게 된다. 15일째까지 구조대가 오지 않으면 클론을 배양하라는 유언을 딸에게 남기고서. 어린 딸은 어머니의 유언대로 자신의 클론을 만들지만 어느덧 성장한 딸은 그것이 무엇을 의미하는지 깨닫고 경악한다. "21일째에 구조기가 와서 자신의 딸(클론)은 지구로 돌아갈 텐데, 나는? 엄마, 당신은 무엇 때문에 나를 만들었고 무엇 때문에 나는 살고 있는 거죠? 돌아갈 수 없다면 왜 나에게 고향의 기억을 가르쳐 주셨나요?" 결국 딸은 짐승에게 공격당할 뻔한 자기 아이를 지키다가 계곡 바닥으로 떨어진다. 세스가 행성에 불시착한 지 21일 후, 구조대가 도착해 세스 아이보리**를 구출하면서 이야기는 끝난다.

---

*   セス・アイボリーの21日. 이 단편집은 국내에도 번역 출간되어 있다(김완 역, 애니북스, 2010).
** 오리지널 세스와 빼닮은 듯이 성장한 그녀의 '손녀', 혹은 복제인간. (저자 주)

명작으로 이름 높은 작품인데, 읽었을 때부터 '아, 이것은 팔레스타인 난민의 이야기, 특히 난민 2세의 이야기'라고 생각했다. 난민으로 캠프에서 태어나 부모님이 들려준 고향으로의 귀환을 한결같이 기다리다-그곳으로 돌아가면 우리는 '난민'이 아니게 되는 존엄한 인간으로 살 수 있다-난민으로 캠프에서 죽어가는 2세들…. 빈곤 속에서 살면서 '난민'으로서 멸시받고 차별받으며 반복적으로 집을 파괴당하고 집단학살을 당하며 벌레처럼 살해당하는 노 맨들…. 도대체 무엇을 위한 인생인가?

세스 아이보리는 딸에게 고향의 기억을 가르치면서도 괴로워한다. 필요한 최소한으로만 가르치는 것만이 이 아이를 위한 것이 아닐까, 고향 같은 건 아무것도 모르고 귀환의 희망 따위는 애초에 갖지 않는 편이 딸의 괴로움을 덜어줄 수 있지 않을까. 팔레스타인 사람들도 마찬가지가 아닐까. 몇 년마다 벌어지는 대규모 군사 공격—이스라엘군이 자기네들끼리의 전문용어로 '잔디 깎기'라고 부르는-도 가자 지구 사람들(그중 70퍼센트가 나크바로 인해 난민이 된 사람들과 그 후손들)이 그들의 정당한 권리인 고향으로의 귀환이라는 꿈과 "주권을 지닌 팔레스타인 국가 독립"의 꿈을 포기하지 않으려 하기 때문이다. 27년간 감옥에 갇혀 있던 만델라가 남아프리카 해방의 꿈과 이를 위한 무장 투쟁의 권리를 포기하지 않았던 것처럼. 팔레스타인 사람들이 단지 팔레스타인 사람이라는 이유로 차별받고 박해받으며 살육의 대상이 된다면, 그런 꿈 따위나 70년 전 자신들을 덮친 역사적 불의를 잊어버리고, 고향도 잊고 차라리 팔레스타인 사람임을 그만두면 그들의 삶은 훨씬 더 평온해질 것이다.

그것이 바로 시오니즘이 나크바 이래로 70년 동안, 일란 파페가 '점진적 제노사이드'라고 부르는 폭력을 통해 팔레스타인 사람들에게 계속 보내 온 메시지일 뿐이다.

7. 노 맨의 투쟁

소무드의 집의 샤틸라 센터장 자밀라 씨는 2002년 봄, 일본의 NGO로부터 초청을 받아 캠프의 아이들을 데리고 일본을 방문했다. 그해 9월 샤틸라 센터에서 만났을 때, 일본은 어땠냐고 방문 소감을 물었을 때, 자밀라 씨가 입을 열고 가장 먼저 꺼낸 말은 "쇼크였어요."라는 것이었다. 무엇이 충격이었을까? "일본에, 우리가 아직도 텐트에서 살고 있다고 생각하는 사람들이 있었던 거예요. 우리는 반세기가 넘게 투쟁을 계속해 왔지만 우리의 진실이 아직도 이해받지 못하고 있다고 생각하니 정말 쇼크를 받았어요"

'난민'이나 '난민캠프'라는 단어에서 많은 사람들이 가장 먼저 떠올리는 것은 전쟁과 박해, 가뭄으로 인한 기아와 자연재해로 고향을 떠날 수밖에 없었던 사람들이 유엔과 국제구호단체의 원조를 받아 캠프에서 텐트 생활을 하고 있는 모습일 것이다(이 장의 서두에서 소개했던 나의 귀국 보고회를 들은 학생도 마찬가지였다). 1980년대에는 아프리카의 기아 난민의 모습이 대대적으로 보도되면서 전 세계적인 규모로 대대적인 구호 캠페인이 벌어지기도 했다. 2010년대라면 구명조끼를 몸에 걸치고 콩나물시루처럼 고무보트에 실려 지중해를 건너는 중동 난민의 모습일지도 모른다. 어느 쪽이든 죽음의 문턱에 처해 '지금'을 살기 위해서 국제 사회의 인도적 지원을 필요로 하는 사람들이다.

팔레스타인 난민들 또한 70년 전에는 그러했다. 어느 날 갑자기 고향에서 쫓겨난 그들은 난민이 되고 말았다. '팔레스타인 난민'으로 이미지 검색을 해보면 무수한 텐트들이 즐비한 초기 캠프 사진을 볼 수 있다. 특히 1948부터 1949년에 걸친 겨울, 팔레스타인과 그 주변 지역은 역사적인 한파가 휘몰아쳤다. 7월의 뜨거운 햇볕 아래 고향에서 겨우 몸뚱이 하나만 건진 채로 추방당한 난민들에게 월동 준비 따위는 없었다. 추위와 배고픔에 목숨을 잃는 영유아도 있었다. 기록적인 한파가 휘몰아친 캠프에서 난민들은 추위에 떨며 배급을 받기 위해 줄을 섰다. 그것은 분명 인도적 위기였다.

그들이 난민이 된 이유는 고향에 머물러 있으면 살해당하기 때문이다. 데이르 야신처럼, 다와이메처럼, 탄투라처럼. 그래서 시오니스트 군대가 마을에 접근해 왔을 때, 그들은 옷만 입고 집 열쇠를 움켜쥔 채로 도망쳤다. 그러나 그것은 어디까지나 일시적인 피난이었으며 누구든 상황이 진정되면 마을로 돌아갈 생각이었다. 사실 밭이 걱정되어 밤에 어둠을 틈타 국경을 다시 넘어 마을로 돌아간 사람도 있다. 난민 생활 중에 돈이 될 만한 것들은 모두 팔아치우고 이제 팔 수 있는 것은 벼 종자밖에 남지 않았을 때, "하지만 어머니, 이걸 팔면 내년 파종은 어떻게 하려고요!"라고 말하며 종자만큼은 고집스럽게 팔지 않는 가족도 있었다.[44] 이른 저녁 고향으로 돌아가는 것, 그것은 그들에게 '꿈'이 아니라 당연한 일이었다. 텐트는 그 초창기 임시적인 삶의 상징이었다.

1년이 지나도 2년이 지나도 고향으로 돌아갈 수 없었고, 식구들은 늘어만 갔다. 10년이나 텐트 생활을 할 수는 없다. 당국이 텐트를 바라크로 바꾸려고 했을 때 난민들은 처음에 저항했다고 한다. 임시 설치를 상징하는 텐트를 바라크로 바꾼다는 것은 자신들을 팔레스타인으로 귀환시키지 않고 이 땅에 정착시키려는 시책이 아닌가 하는 생각 때문이었다. 당국의 의도가 어떻든 결과적으로는 난민들이 생각한 대로 되고 말았다. 이윽고 바라크는 블록으로 대체되었고 블록집은 인구가 늘어남에 따라 캠프 부지를 빈틈없이 채웠다. 그럴 땅도 없어지자 이번에는 2층, 3층, 4층… 점점 더 위로 증축되었다.

난민들이 어린아이가 집짓기 놀이를 하듯 블록을 쌓아 올린 엘리베이터도 없는 고층 아파트에 살게 된 것은 70년이라는 세월이 지나도 여전히-유엔총회 결의나 세계인권선언에도 불구하고-고향으로 돌아가지 못하는 현실 때문이다. 고향 땅에 뿌리를 내리고 그 대지에 땀 흘리며 골짜기 밭에서 올리브를 기르고 오렌지를 키우며 아몬드를 기르고 직접 재배한 밀로 빵을 굽고 삶을 꾸려가던 그들이었다. 그런데 지금은 시민권도 없이 집과 캠프를 파괴당하면서 난민으로 살다가 죽어간다. 언젠가 팔레스타인으로, 조국으로 돌아갈 수 있다고 믿으며. 그런 그들이 지금도 캠프에서 살면서 유엔이 배급하는 기름과 밀가루로 빵을 구워먹는 모습을 보면서 "아, 다행이다, 그들에게 항상 나쁜 일만 일어나는 것은 아니구나. 우리와 똑같이 아파트 생활을 하고 있구나"라고 안도할 만한 어떤 것도 존재하지 않는다.

'국민'으로 국가에 등록되는 것과 인간이라는 것이 동의어인 이 세상에서, 국민의 특권을 자명한 인권처럼 누리고 있는 사람들에게 보이지 않는 것은 노 맨들이 존엄성을 되찾기 위해 어떤 삶을 살고 있는지, 또 어떤 투쟁을 벌이고 있는지이다.

8. 팔레스타인 사람이라는 것

"나는 여기(캠프)서 태어났고 여기서 죽을 거예요." 히틴 난민캠프의 아스마한 씨의 말은 팔레스타인 난민으로 태어난 것에 대한 절망도 아닐뿐더러 체념도 아니다. 자조도 저주도 아니다. 그것은 팔레스타인 사람들의 정체성을 받아들인 자의 각오하는 말이다. 2009년 그해 여름, 부르즈 알 바라즈네 난민캠프의 집에서 말기 암 투병 끝에 40여 년의 짧은 생을 마감한 난민 2세인 그녀도 그랬을 것이다. 딸을 대학에 보낼 돈을 자신의 입원비에 쓸 수도 있었을 텐데, 그녀는 그렇게 하지 않았다. 졸업할 때까지 학비를 낼 수 있을지 모르는 대학에 딸을 진학시키고 레바논에 있는 한 비정규직일 수밖에 없는 디자이너의 꿈을 향한 딸의 선택을 그녀는 존중했다. 말기 암의 견디기 힘든 고통을 스스로 짊어지는 것을 대가로. 한숨을 내쉴 때마다 그녀는 싸우고 있었다. 자신이 선택한 운명에 맞섰다.

그날 소무드의 센터장은 왜 나를 데리고 간 것일까. 외국인의 눈에 가장 불쌍하게 비치는 사람의 모습을 통해 난민의 비참함과 비애, 고초를 적나라하게 보여줌으로써 인도적 지원의 필요성을 호소하기 위해서가 아니다. 자밀라 씨가 "우리는 반세기가 넘게 투쟁을 계속해 왔다"고 말할 때의 그 '투쟁', 팔레스타인 사람이 팔레스타인 사람임을 짊어진다는 것이 얼마나 과감한 투쟁인지를 그녀의 모습을 통해 알려주고자 한 것이라 생각한다.

제9장

힐루 필라스틴

1. 라시디에

2002년 9월, 레바논 남부에 위치한 라시디에 난민캠프.

등 뒤에는 곧장 바다가 다가온다. 여름 지중해의 잔잔한 파도가 해변에 부딪히는 소리가 들린다. 성냥갑 같은 단층집들이 늘어서 있다. 길도 넓고 무엇보다 넓은 하늘이 있다. 삐뚤삐뚤하게 쌓인 건물들이 서로 기대듯이 빈틈없이 밀집해서 골목에 햇볕조차 들지 않는 베이루트의 샤틸라 캠프와는 대조적이다. 카페에서는 아이들이 탁구를 하며 흥에 겨워 있다. 도시의 슬럼가가 된 샤틸라와 달리, 라시디에는 한가로운 개방감이 넘쳐났다.

여대생인 호다의 집에 초대받은 나는, 간호사로 일하는 호다의 어머니가 직접 만들어 준 요리를 맛보게 된다. 현지 NGO 소무드의 집의 라시디에 센터장 마리얌과 사회복지사로 일하는 이부티삼 씨도 함께했다.

집은 깔끔하게 정돈되어 있었고, 밝은 거실의 테이블 위의 도자기 화병에는 꽃 대신 공작의 깃털 몇 개가 장식으로 꽂혀 있다. 거실과 침실 두 칸짜리 집이었다. 그곳에서 간호사인 어머니와 미혼인 오빠, 그리고 어린 남동생까지 네 식구가 살고 있다. 침실에는 더블 사이즈 침대가 하나. 호다와 어머니가 여기서 잠을 자고 거실의 소파가 밤에는 형과 동생의 침대 구실을 한다. 이미 집에서 독립한 세 형들이 아직 집에 있었을 때는 이 두 칸짜리에서 도대체 어떻게 살았을까.

"엄마가 자랑하는 허브 텃밭을 봐주세요." 웃으면서 호다가 말한다. 옥상으로 통하는 계단 끝자락마다 유엔의 배급품으로 보이는 커다란 식용유 깡통을 화분으로 삼아 세이지, 민트 등 허브가 가지런히 심어져 있었다. 팔레스타인의 고향집에는 분명 허브가 무성한 정원이 있었을 것이다. 난민 생활을 하면서도 그렇게 함으로써 팔레스타인의 기억을 살아왔구나 하는 생각이 들었다.

점심을 먹고 호다의 집을 나온 다음이었다. 마리얌 씨와 함께 캠프의 골목을 걷고 있을 때, 마리얌 씨가 한 집 앞에 멈춰 서서 현관문을 살며시 열며 손짓으로 안을 보여주었다. 벽지와 천장이 벗겨진 폐가처럼 어두침침한 방, 그 흙마루에서 누더기 옷을 입은 아버지와 아이들이 잠을 자고 있었다. "호다네 집은 저 모양이라도 캠프에서는 꽤 잘 사는 편이에요. 어머니가 간호사라서 수입도 있구요. 하지만 그렇지 않은 가정도 있다는 걸 당신은 알아줬으면 해서요." 마리얌 씨가 귀에 대고 속삭였다.

그날 호다의 집에서 식후 차*를 받고 있을 때의 일이다. 호다와 이브티삼 씨와 세 사람이 아랍어로 환담을 나누다가 문득 호다가 물었다. "팔레스타인에 가본 적, 혹시 있어요?"

---

* 세이지 잎으로 향을 내는 것이 팔레스타인 식이다. (저자 주)

"네, 여러 번…."

그 대답을 듣자마자 호다와 이브티삼은 득달같이 입을 모아 물어봤다. 솔깃해하며 눈을 반짝이면서 "힐루 필라스틴(팔레스타인은 아름다웠어요?)"라고.

2. 꿈과 공포의 경계에서

레바논의 남부 국경지대를 22년에 걸쳐 점령했던 이스라엘이 철수한 것은 그 2년 전이었다. 레바논 내전 중이던 1978년, 이스라엘은 남부 레바논을 점령했다. 1990년 내전이 종결된 후에도 남부 레바논 점령은 계속되었다. 그러나 레바논의 이슬람주의 세력인 헤즈볼라의 끈질긴 저항으로 2000년 5월, 이스라엘군은 점령지에서 철수하고 남부 레바논은 22년 만에 해방되었다. 이로써 사람들은 그동안 갈 수 없었던 국경지대를 방문할 수 있게 되었다.

레바논 각지의 난민캠프에 흩어져 있는 팔레스타인 사람들이 버스를 타고 레바논과 이스라엘 국경지대를 방문했다. 그리고 그들의 국경 방문에 맞춰 팔레스타인 측(이스라엘 영내와 점령하의 서안 지구)에서도 국경으로 달려왔다. 이스라엘이 서안 지구와 이스라엘 사이에 인종분리 장벽(apartheit wall)을 건설하기 시작한 것은 2002년의 일이다. '벽'이 아직 존재하지 않던 그 시절, 점령지의 팔레스타인 사람들도 비교적 쉽게 이스라엘 영내를 방문할 수 있었다. 이산(離散)된 민족의 재회, 그것은 2000

년 9월 제2차 인티파다의 발발로 다시 국경지대가 폐쇄되기까지의 불과 몇 개월 간에 일어났던 것이다.

국경지대에서 분단과 이산을 강요당한 동포들의 수십 년 만의 재회가 어떠한 것이었을까. 우리는 그 일부나마 레바논에 거주하는 팔레스타인 여성 감독 마이 마스리의 2001년 다큐멘터리 영화 『꿈과 공포의 경계에서: *Frontiers of Dreams and Fears*』에서 바라볼 수 있다. 레바논의 샤틸라 캠프에 사는 모나와 이스라엘 점령 하의 요르단강 서안 지구 드헤이샤 난민캠프에 사는 열네 살의 마나르, 두 난민 3세 소녀들을 주인공으로 하여, 나크바로부터 50년이 지난 시점에서도 난민적 삶과 점령 하의 삶이라는 두 가지 고난의 삶의 현재를 그린 수작이다. 작품의 클라이맥스 중 하나가 레바논에서 난민으로 살아가는 팔레스타인 사람들과 이스라엘 점령 하를 살아가는 팔레스타인 사람들이 국경지대에서 만나 철조망 너머로 교류하는 장면이다.

그날, 팔레스타인이 해방된 듯한 환희가 국경지대에 흘러넘쳤다. 억누를 수 없는 환희. 북소리에 맞춰 축하의 스텝을 밟는 젊은이들. 아이들은 철조망 너머로 할아버지가, 할머니가, 부모님이 반복해서 들려주셨던 조국(와탄) 팔레스타인을 태어나서 처음으로 눈으로 보고서 눈동자를 반짝인다. 수십 년 만에서야 친척들과 재회하는 사람들. 주름진 얼굴에 철사가 박히는 것도 마다하지 않고 철조망 너머로 서로를 꼭 껴안는 난민 1세대. 생이별한 친척의 이름을 계속 외치는 남자. 작은 몸을 철조망 사이로 집어넣고 힘껏 뻗은 손으로 조금이라도 저편에 있는 흙-조금이라도 고향에 가까운 흙-을 주워 담으려는 소년….

2002년 9월 레바논에서 나는 팔레스타인 사람들을 만날 때마다 2000년 국경지대 방문에 대해 물었다. 국경지대를 방문했는지, 조국(와탄)을 직접 보고 어떻게 느꼈는지. 감상을 묻자 10대, 20대 젊은이들은 자신들의 와탄을 눈으로 직접 볼 수 있었던 기쁨을 솔직하게 말했고 철조망 너머로 재회하며 서로 껴안고 눈물을 흘리는 모습에 감동했다고 말했다. 그러나 나이 많은 이들은 달랐다. 팔레스타인을 직접 보니 어땠냐는 나의 질문에 잠시 말문이 막혔던 그녀들*이 이윽고 눈물을 머금은 채 입에 올린 말은 '슬픔'이라는 단어였다.

레바논의 팔레스타인 난민들은 팔레스타인 북부 출신이 많다. 국경지대에 가면 자신이 태어난 마을이 보이는 이들도 있다. 고향 마을이, 와탄이 바로 눈앞에 있는데도 그곳으로 돌아갈 수 없었다. 철조망 이쪽 편에서 여전히 '난민'으로 살아가야만 한다. 차별받고 멸시받고 반복되는 학살에 사랑하는 사람을 잃으면서…. 철조망 너머에 현존하는 와탄을 눈으로 확인한다는 것은, 와탄에서 떨어져 나가 노 맨으로 살아야 하는 자신들의 처지를, 그리고 팔레스타인 사람으로서의 부조리를 다시 한 번 확인하는 것이나 다름없었다.

난민들의 국경지대 방문은 단순히 환희로 가득 찬 사건이 아니었다. 오히려 그것은 환희 이상으로 자신이 난민이라는 사실을 그리고 그 의미를 다시금 깨닫게 해주는 비통한 사건이었다.

마이 마스리의 영화는 난민들의 이 복잡한 심정을 오묘하게 표현하고

---

* '소무드의 집'의 샤틸라 센터장 자밀라 씨와 사회복지사 즈후르 씨, 라시디에 센터장 마리얌 씨, 아인엘 힐웨 센터장 바하 씨. (저자 주)

있다. 국경 방문은 두 번 묘사된다. 첫 번째는 모나를 비롯한 샤틸라 캠프 아이들과 마나르 등 요르단강 서안지구 드헤이샤 캠프 아이들의 만남과 교류를 중심으로 환희에 찬 민족 재회의 체험을 다룬다. 그러나 후반부에 제2차 인티파다가 발발하고 국경지대가 폐쇄되어 더 이상 재회가 이루어지지 않게 되자, 같은 국경을 찾는 장면이 이미지 샷으로 삽입된다. 수십 년 만에 고향을 눈앞에 두고 깊은 주름이 새겨진 얼굴에 엄숙한 표정을 짓고 있는 말없는 난민 1세들의 얼굴이 클로즈업됨으로써, 차마 말로 표현할 수 없는 비통한 마음이 그려진다.

"그 영화에서 국경 철조망 밑으로 기어가서 흙을 퍼내던 소년이 있었죠, 기억나세요?"

호다의 집에서 물러나온 뒤 소무드의 집 라시디에서 센터장 마리얌의 이야기를 듣던 중 그녀가 말했다. "그 아이가 호다의 남동생이에요."

철조망 사이로 몸을 내밀어 팔레스타인에 돌아갈 수 없다면 적어도 조국의 흙이라도-그것은 철조망 이쪽과 별반 다를 바 없는 흙인데도-고향에 1센티라도 더 가까운 곳의 흙을 가져오기 위해 필사적으로 팔을 뻗었던 소년, 그 아이가 심장병을 앓고 있는 호다의 남동생이었다. 돌아갈 수 없는 고향. 하지만 그곳으로 돌아가기만 하면 레바논에서 난민으로 살아가는 온갖 고난에서 벗어나 인간답게 살 수 있다. 하지만 그 아이가 팔레스타인 사람인 한, 돌아가기는커녕 그곳을 방문하는 바람조차도 불가능하다.

3. 두 개의 세계

팔레스타인을 방문한 때는 불과 4개월 전인 2002년 4월 말의 일이었다. 그 2년 전인 2000년 6월에도 나는 현지 인권단체가 개최한, 점령 하의 팔레스타인의 인권을 고민하는 국제회의에 참석하기 위해 예루살렘을 방문했었다. 그 전에 팔레스타인에 온 것은 십 년도 더 된 옛날, 아직 대학원생이었던 1980년대 중반 무렵이었다.

1986년 2월, TV 프로그램의 카이로 취재에 아랍어 통역으로 동행한 나는 취재가 끝나고 귀국하는 TV 제작진을 배웅한 후 홀로 카이로에 남았다. 그리고 3월 초, 카이로에서 버스를 타고 육로로 팔레스타인으로 향했고 일주일 정도 예루살렘에 체재했다. 또 그 3년 전 이집트 유학 시절에도 방문한 적이 있었다. 그때는 아랍인 구역인 동예루살렘의, 구시가지와 멀지 않은 숙소에 머물렀기 때문에, 이번에는 유대인 구역인 서예루살렘에 사는 유대인 부부의 집에서 홈스테이를 하기로 했다. 60대였을까, 카하나 아주머니는 아들들이 독립한 후 비어 있던 침실을 외국인 관광객에게 제공해 생계를 꾸려나가고 있었다. "영어 공부도 되고 말이죠." 쉰 살이 되어 영어 공부를 시작했다는 카하나 아줌마는 이렇게 말했다. 부부의 대화는 이디시어로, 아들들과의 대화는 히브리어로 한다.

나에게 배정된 곳은 다다미 두 장 크기도 안 되는 베란다 한 켠을 얇은 알루미늄 판자로 둘러친 곳이라, 방이라기보다는 창고 같은 공간이었다. 철제 간이침대와 작은 나무 책상이 '방'의 대부분을 점령하고 있지만 학생의 쪼들리는 여행길에는 고마운 공간이었다.

냉장고 한 칸과 주방을 자유롭게 사용할 수 있지만, 서예루살렘은 물가가 비싸서 슈퍼마켓에서 사 온 즉석 수프와 포션 치즈가 내 식사의 단골 메뉴였다. 카하나 아줌마가 날 동정하며 새빨간 파프리카 한 조각을 건네주었다. 지금은 일본 슈퍼에서도 볼 수 있는 흔해빠진 파프리카지만 나는 이때 태어나서 처음으로 파프리카를 알게 되었다. 소금을 뿌린 파프리카는 달콤했고 그 후로 파프리카는 항상 내 식사의 주 메뉴가 되었다.

저녁 식사 후 주방 테이블에서 차를 마시며 카하나 아줌마와 수다를 떨었다. 카하나 아줌마는 호기심이 왕성했다. "일본인을 만나면 꼭 물어보고 싶었던 게 있어요. 게이샤 걸(geisha girl)이란 게 매춘부인가요?"

슈퍼 근처에 슈타인이라는 간판이 걸린 작은 서점이 있었다. 가게 주인 슈타인 씨는 온화한 노인이었다. 히브리어 작가로서는 최초로 노벨문학상을 수상한 슈무엘 아그논의 전집을 발견하고 살까 말까 고민하고 있는데, 슈타인 씨는 "좀 더 히브리어를 할 수 있게 된 다음에 봐도 늦은 건 아닐 텐데"라고 다정하게 말했다.

"당신은 독일에서 왔죠?"라고 묻자, 순간 슈타인 씨의 몸에 긴장감이 흐른 듯이 보였다. "왜 내가 독일에서 왔다고 생각하지?" 슈타인 씨는 떠보는 듯이 물었다.

"왜냐하면 슈타인은 독일어로 '돌'이라는 뜻이잖아요?"라고 내가 말하자, 노인은 어딘가 안도한 듯 "슈타인은 뭐, 일본에는 없을지 몰라도 유럽에는 독일뿐만 아니라 여러 나라에 있다"라며 아까처럼 차분하게 말했다. 그때 내가 무심코 내뱉었던 한마디에 그는 확실히 동요했다. 그것은 무엇 때문이었을까. 지금도 계속 그 일이 작은 수수께끼로 내 기억 한구석에 남아 있다. "히브리어 공부, 열심히 해요. 응원할게." 그렇게 말하며 슈타인 씨는 나를 배웅해 주었다.

이미 그 거리의 이름은 잊어버렸지만 서예루살렘 일대의 집들은 어느 것이든 모두 비슷한 구조였다. 돌로 지어진 2층 건물로 집집마다 지붕에 태양열 패널이 달려 있었다. 폴란드에서 이주해 남편과 둘이서 하나하나 돌을 쌓아 올려 지은 집이라고 카하나 아줌마는 부엌 식탁에서 함께 차를 마시며 말했다. "근데 아랍인들의 습격으로 몇 번이나 파괴되었고 그때마다 남편과 함께 다시 돌을 하나하나 쌓아올렸지 뭐야…."

도대체 그것이 어느 시대의 일이며 집을 파괴한 아랍인이란 도대체 어떤 아랍인을 말하는 것인지, 지금 같으면 당연히 묻고 싶을 그런 질문들을 당시 나는 조금도 의아해하지 않고 흘려들었다. 동예루살렘의 아랍인 구역에 가는 나에게 카하나 아주머니는 아무 말도 하지 않지만 단지 혼잣말하듯 이렇게 중얼거렸던 것은 기억이 난다. "우린 그 거리로는 안 가."

서예루살렘의 카하나 아주머니네 집과 동예루살렘 사이를 나는 매일 걸어서 왕복했다. 40분은 걸렸던 것 같다. 당시 서예루살렘과 동예루살렘은 확연히 구분되어 있었다. 서예루살렘의 주택가가 끝나면 아무것도 없는 골짜기 길이 이어지고 그 너머로 구시가지의 벽이 보이는 그런 느낌이었다. 초봄의 예루살렘은 아직 쌀쌀해서 구시가지의 수크에서 쿠피예를 사서 머플러 대용으로 사용했다. 쿠피예를 두르고 아랍어를 할 줄 아는 젊은 일본인 아가씨는 어디에서나 환영을 받았다. 구시가지의 기념품 가게에 들어가면 차를 대접받고 아랍어로 이런저런 이야기를 나누었다.

한 번은 근처에서 총성이 나서 당황한 나에게 팔레스타인 사람인 가게 주인은 얼굴색 하나 변하지 않고 "아디(보통 있는 일), 걱정하지 마."라고 말하며 대화를 이어간 적도 있다.

저녁이 가까워질 무렵, 구시가지 벽 밖으로 나오니 다마스쿠스 문 앞 광장의 포장마차에서 샌드위치를 팔고 있었다. 저녁 식사를 잘 챙겨먹자 싶어서 양의 뇌수로 만든 마리네 샌드위치를 주문했다. "아이요"라고 대답하고 샌드위치를 만들던 포장마차 아저씨가 문득 손을 멈추고 나를 머리부터 발끝까지 훑어보며 걱정스러운 표정으로 물었다. "뇌수로 만든 마리네는 금액이 얼마얼마인데, 정말 괜찮겠어? 팔라펠(팔레스타인의 명물인 병아리콩 고로케)이 더 낫지 않겠어?" 마리네는 일본 엔으로는 500엔 정도였던 것 같다. 지불할 수 없는 금액은 아니었지만 낯선 여행자의 주머니 사정을 배려해 준 아저씨의 호의가 고마워서 "그럼, 역시 팔라펠을…"이라고 말하자, 아저씨는 그럼 그렇지 하는 표정으로 팔라펠 샌드위치를 만들어 주었다.

팔레스타인 사람들의 친절에 푹 빠져 팔라펠 샌드위치를 들고 쿠피예와 함께 아랍 분위기에 한껏 둘러싸여 돌아가는 길에 들어섰다. 어느새 태양열 패널을 얹은 석조로 된 집들이 즐비한 서예루살렘의 주택가를 걷고 있다는 것을 알아챈 순간, 자신이 무서우리만치 그곳에 어울리지 않는 존재인 듯이 느껴졌다. 황급히 머리에 쓴 쿠피예를 풀어 배낭에 넣었다. 해질녘의 주택가에는 인적이 드물었고 외국인 관광객의 쿠피예를 물고 늘어지는 사람이 있는 것도 아니었다. 하지만 번잡하고 인간미 넘치는 아랍의 도시와는 대조적으로 땅거미질 무렵 고요해진, 정연하게 늘어

세워진 유럽적인 거리 풍경에, 아랍적인 것에 대한 거부감을 느끼지 않을 수 없었다. 수 킬로미터 길의 골짜기 어딘가에, 두 세계를 가르는 보이지 않는 경계가 있는 듯 했다. 카하나 아줌마의 중얼거림, 우린 거기로는 안 가…. 그 시절, 서쪽과 동쪽의 예루살렘은 전혀 다른 세계였다.

4. 약속

2000년 6월, 14년 만에 방문한 예루살렘은 크게 변해 있었다.

1993년 오슬로 협정에 의해 PLO와 이스라엘이 상호 승인하여 '땅과 평화의 교환', 즉 1967년에 이스라엘이 점령한 요르단강 서안 지구와 가자 지구를 팔레스타인에 반환하여 그곳에 팔레스타인 국가를 세우기로 합의하고, 서안 지구와 가자 지구에서는 팔레스타인 자치정부에 의한 자치를 실시하고 이스라엘군은 점령한 도시들에서 점진적으로 철수하는 등 이른바 '평화 프로세스'가 진행 중이었다. 세계는 화평을 환영했고 예루살렘과 자치정부가 들어선 서안 지구 라말라에는 투자가 집중되어 새로운 호텔과 근사한 레스토랑, 부티크 등이 속속 들어서며 도시는 밝고 찬란하게 빛나고 있었다.

일요일 구시가지를 방문했을 때, 무슬림 지구의 수크는 서예루살렘에서 쇼핑을 하러 온 수많은 유대인 가족들로 북적거렸다. 유대 시민들은 문제는 해결됐다고 믿고 이제부터는 이웃사촌인 아랍인의 가게에서 융단을 쇼핑하고 있었다. 가게를 떠날 때는 '슈크란(감사합니다)'이라는 감사

인사까지 받다니, 14년 전에는 상상도 할 수 없었던 광경이다.

하지만 그 이상으로 더 놀라웠던 것은 아랍인 구역이었던 동예루살렘의 번화가인 살라흐 앗 딘 거리의 입구에 이스라엘 법원이 생기고 이스라엘 국기가 휘날리고 있는 데다 히브리 문자가 인쇄된 이스라엘산 상품이 넘쳐나고 있다는 사실이었다. 14년 전엔 동예루살렘에서 이스라엘 국기나 히브리 문자를 본 적이 없었다. 다마스쿠스 문 주변에 모여 있는 총 든 이스라엘 군인들이 돌아다니는 모습으로 상징되듯, 동예루살렘은 분명 점령지였으나 엄연히 아랍의 도시, 팔레스타인의 도시였다. 그런데 평화 프로세스 7년째, 2000년의 동예루살렘은 앞서 두 세계를 확연히 구분하던 경계가 사라지고 어느덧 이스라엘이 잠식하고 있었다. 이스라엘 제품이 활개치고 동예루살렘 곳곳에 벌레먹은 듯이 이스라엘 정착촌이 있고 이스라엘 국기가 펄럭였다. 서예루살렘에 면한 구시가지 야파 문 바로 아래 대로변에는 늘어선 가로등 위로 지면에 닿을 만큼 거대한 이스라엘 국기 여러 개가 기세등등하게 펄럭이고 있었다. 6월의 예루살렘, 흰 구름이 떠 있는 새파랗게 활짝 갠 하늘에 흰색 바탕에 파란색 육각별이 배합된 이스라엘 국기는 무섭도록 잘 어울렸지만, 그 아름다움에 나는 오히려 그 국기가 체현하는 오만함과 천박함에 구역질이 났다.

그 몇 년 후, 예루살렘에 사는 유대인 쌍둥이 형제와 점령 하의 베들레헴 근교의 드헤이샤 난민캠프의 팔레스타인 어린이들의 교류를 그린, B. Z. 골드버그 감독의 2001년 다큐멘터리 영화 〈약속: *Promises*〉을 보고 그때 구시가지 바로 옆의 거리를 수십 미터에 걸쳐 둘러싸고 있던 거대한 이스라엘 국기가, 예루살렘의 통일 기념일을 축하하기 위한 것임을 알게 되었다.

  1948년 제1차 중동전쟁에서 이스라엘은 예루살렘의 서쪽 절반만 점령할 수 있었다. 성지가 있는 구시가지를 포함한 동예루살렘은 요르단강 서안 지구와 함께 요르단에 합병되었고, 그 결과 예루살렘은 동서로 분단되었다. 그 19년 후인 1967년 제3차 중동전쟁에서 이스라엘은 동예루살렘 및 서안 지구, 그리고 가자 지구(나아가 이집트의 시나이 반도와 시리아의 골란 고원)를 군사적으로 점령함으로써, 한때 영국의 위임통치령이었던 '역사적 팔레스타인' 전역이 이스라엘의 점령하에 놓이게 되었다. 유엔 안전보장이사회는 이스라엘에 즉각 그린 라인(1949년의 휴전선)까지 철수하라는 결의안(유엔 안보리 결의안 제242호)을 채택하지만, 동예루살렘, 서안 지구, 가자 지구의 점령은 50년이 지난 오늘날까지 지속되고 있다. 1980년, 이스라엘은 동예루살렘을 병합하고 통일 예루살렘이 영구적인 수도임을 선언한다. 점령의 지속 자체가 안보리 결의 위반이며, 이를 병합하고 수도로 삼는 것은 위법에 위법을 보태는 행위나 다름없다. 미국을 제외한 각국 대사관이 여전히 텔아비브에 있는 이유도 그 때문이다. 미국 의회는 1995년 민주당 클린턴 정권 시기에, 예루살렘을 이스라엘의 영원한 수도로 선언하고 1999년까지 대사관을 텔아비브에서 예루살렘으로 이전하는 내용의 「예루살렘 대사관법」을 제정했다. 역대 대통령들은 그 이행을 미루어 왔으나 2017년 미국의 트럼프 대통령은 대사관의 예루살렘 이전을 발표하고 2018년 5월 14일 예루살렘에서 이전 기념식을 가졌다.

  예루살렘 통일 기념일, 즉 1967년 6월 제3차 중동전쟁에서의 동예루살렘 점령을 기념하는 날이면, 유대계 시민들이 국기를 흔들며 구시가지를 노래하고 춤을 추며 행진한다. 그 모습이 영화 〈약속〉에 그려져 있다. 환희에 취해 팔레스타인 사람들의 역사적 생활권인 구시가지의 골목을 방약무인하게 행진하는 유대인의 무리. 그 모습을 클로즈업하던 카메라가 서서히 뒤로 물러나면 스크린 오른쪽에 그들을 말없이 응시하는 팔레스타인 노파의 모습이 나타나고 곧이어 카메라에 그 얼굴이 클로즈업된다. 주름이 새겨진 얼굴, 굳게 다문 입, 그 매서운 시선과 침묵이 그녀의 만감이 교차하는 마음과 함께 타인의 아픔을 돌아보지 않는 자들의 추악함을 웅변적으로 말해주고 있다.

5. 탈 자아타르

2000년 6월, 14년 만에 팔레스타인을 방문한 나는 인권회의 참석 말고도 또 하나의 목적이 있었다. 장편소설 『거울의 눈』(1991년)의 저자이자 라말라에 거주하는 여성 작가 리야나 바드르를 만나는 것이었다.[45]

예루살렘 출신인 리야나 씨는 1967년의 제3차 중동전쟁으로 난민이 되었다. 전쟁이 발발하자 10대 중반이었던 리야나 씨는 가족과 함께 요르단강을 건너 동안으로 피난했다. 처음엔 단 며칠만 머무를 생각이었다고 한다. 주말에 친척집을 방문할 생각으로 가져온 것은 옷 몇 벌뿐이었다. 하지만 결국 다리가 폭파되어 예루살렘에도 서안 지구에도 돌아갈 수 없게 됐다. 3년 후 '검은 9월', 즉 요르단의 왕정과 PLO 사이의 내전이 발발하자 요르단에서 레바논으로 쫓겨났다. 베이루트에서 대학을 졸업한 후 저널리스트가 되지만 1982년 이스라엘의 레바논 침공으로 베이루트에서도 쫓겨나 이후 다마스쿠스, 튀니지, 암만 등 각지를 전전하다가 1994년, 전년도 오슬로 협정 덕분에 사반세기 만에 팔레스타인으로 귀환했다. 지금은 자치정부가 있는 라말라에 살고 있다. 정확히는 그녀의 고향은 예루살렘이지 라말라가 아니니까 '귀환'이란 말은 유보할 수밖에 없다.

"제가 이렇게 예루살렘에 올 수 있는 건", 숙소인 예루살렘의 호텔까지 차로 나를 데리러 와 준 리야나 씨는 라말라로 향하는 차 안에서 이렇게 말했다. "남편이 자치정부 관계자이기 때문이에요. 저는 예루살렘에 살 권리도, 자유롭게 올 권리도 없어요."

리야나 씨의 책은 팔레스타인 난민의 딸 아이샤를 주인공으로 하여 1976년 레바논 내전 동안 동베이루트에 있는 탈 자아타르 난민캠프의 반년 이상에 걸친 포위와 전투, 그 결말인 집단학살을 그렸다. 이 학살 사건으로 인해 아랍어로 "시간이 무성하게 자란 언덕"이라는 뜻의 '탈 자아타르'라는 이름이 팔레스타인 사람들의 집단적 기억에 깊이 새겨지게 된다. NGO 소무드의 집이 당시 학살로 부모를 잃은 아이들을 위한 고아원이라는 것은 앞서 언급한 바와 같다.

레바논의 팔레스타인 난민들 또한 레바논 내전에서 주요 행위자였다는 것은 이미 언급했다. 팔레스타인 해방을 목표로 하는 팔레스타인의 혁명 세력에, 프랑스의 레바논 식민지 지배의 유산으로서 독립 이후에도 계속되는 기독교도에 의한 정치경제적 지배의 체제 변혁을 요구하는 레바논의 무슬림 빈곤층이 한데 모여 사는 동베이루트의 탈 자아타르 난민캠프는 자연히 혁명의 일대 거점이 되었다. 1975년에 레바논 내전이 발발하자, 캠프는 체제 측인 기독교 우파의 여러 민병대 조직에 의해 반 년에 걸친 포위 포격을 당한다. 결국 의약품도 바닥이 나면서 캠프 주민들은 항복을 강요당한다. 그리고 항복한 주민들이 캠프에서 나온 8월 12일, 캠프 출구에서 기다리고 있던 민병대원들에 의해 학살이 일어났다. 천 수백 명에서 2천 명에 이르는 주민들이 살해당한 것이다. 소설은 살아남은 아이샤가 캠프 주민들과 함께 트럭의 짐칸에 실려 베이루트의 다른 캠프로 이송되는 장면으로 끝이 나지만, 그로부터 6년 후인 1982년, 이번에는 서베이루트의 사브라와 샤틸라의 두 난민캠프에서 같은 비극이 반복된다.

자신도 15년의 망명 생활을 해 온 리야나 씨는 탈 자아타르 학살의 생존자들의 증언을 수집하여 반 년 동안 봉쇄된 캠프 안에서 주민들이 어떤 투쟁을, 그리고 어떤 삶을 살았는지를 장편 소설로 재구성한 것이다.

아이샤의 이야기는 끝나지 않는다. 1976년 탈 자아타르에서 반 년에 걸친 포위 공격과 8월의 학살에서 살아남은 아이샤는 샤틸라의 1982년 9월에서 살아남을 수 있었을까? 그리고 수 년 간에 걸친 난민캠프 전쟁에서, 부르즈 알 바라즈네 포위 공격에서 과연 살아남을 수 있었을까? 아이샤의 그 후를 나는 알고 싶었다.

차가 라말라의 어느 광장에 다다랐을 때, 리야나 씨는 이렇게 말했다. 이번 단식월(라마단) 동안에 한 여성이 이 광장을 지나갔어요. 단식월이 끝나는 것(이드 알-피트르)을 축하하려고 아들에게 선물할 나이키 운동화를 사러 갔다가 오는 길이었죠. 그러자 저 건너편 정착촌에서 한 정착민이 총으로 여자를 쏴서… 즉사했어요.

리야나 씨가 가리키는 방향으로 눈을 돌리니 약간 높은 언덕 위에 이스라엘 정착촌이 있었다. 라말라는 A구역, 즉 자치정부가 있는 완전 자치구이다. 그런데 여기에서조차 팔레스타인 토지가 파헤쳐지고 정착촌이 속속 건설되면서 총으로 무장한 이스라엘 정착민들에 의해 팔레스타인 사람들의 목숨이 빼앗기고 있었다.

오슬로 협정 이후 점령지 내 이스라엘 정착촌의 수는 가파르게 증가하여, 1993년부터 제2차 인티파다가 시작되는 2000년까지 불과 7년 만에 정착촌은 그전(1967-1993)의 26년 동안 건설된 수의 1.5배에 달하고 있었다. 이것이 전 세계가 축복하는 소위 평화 프로세스의 실태였다. 근사한 레스토랑과 부티크 등 화려한 겉모습 뒤에서 팔레스타인 사람들의 땅은 전례 없을 속도로 수탈당했고, 이스라엘의 거대 정착촌이 속속 건설되고 있었다. 그리고 정착촌과 이스라엘의 주요 도시를 잇는 전용 고속도로 건설로 팔레스타인 사람들의 땅은 토막토막 잘려나갔다. '자치구'라는 것이 거대한 속임수였듯이 '평화 프로세스'도 마찬가지로 거대한 속임수였다. 점령 하의 팔레스타인 사람들에게 평화 프로세스 7년간은 이제 막 움켜쥔 모래가 손가락 사이로 하염없이 흘러내리듯, 하루하루 독립의 꿈이 멀어져 가는 절망의 프로세스나 다름없었다.

자치정부 문화부의 예술부문 책임자로 근무하는 리야나 씨의 안내를 받아 나는 그녀의 사무실을 방문했다. 자치정부 문화부는 리야나 씨의 자택에서 멀지 않은 라말라의 고지대에 위치한 현대식 고층 빌딩이었다. 나는 차를 대접받으면서 자치정부 문화부의 프로젝트로 팔레스타인 각지의 전통 자수와 어린이들의 그림을 수집하고 있다거나 리야나 씨가 감독을 맡아 팔레스타인 여성 시인 파드와 투칸의 다큐멘터리 영화를 제작했다는 이야기를 듣고 있었는데, 문득 창가로 간 리야나 씨가 "마리, 잠깐 이리 와요."라고 나를 불렀다. 가서 보니 리야나 씨가 창가 맞은편 언덕을 가리키며 말했다. "이게 우리의 현실이야." 창밖에서는 이스라엘의 불도저가 거대한 굴삭기로 언덕을 파헤치며 농부들이 손수 가꾼 올리브 나무를 뿌리째 뽑고 있었다. 완전 자치구로서 자치정부 문화부 빌딩 바로 정면에서 팔레스타인 사람들의 땅이 그야말로 강탈당하고 있었던 것이다.

"『거울의 눈』의 후속편을 쓰지 않나요?"라는 나의 질문에 리야나 씨는 이렇게 말했다.

"탈 자아타르의 비극을 쓴 사람으로서 저는 아이샤의 그 후를 써야 할 책임이 있다고 생각해요. 하지만 지금 눈앞에서 현재진행형인 점령의 폭력이 너무 무거워서 과거의 사건을 직시할 수 없거든요."

제2차 인티파다가 발발한 것은 그로부터 4개월 후였다.

6. 알-아크사 인티파다

2000년 9월 말, 샤론 리쿠드당 대표가 알-할람 알-샤리프* 방문을 강행하자, 이를 계기로 팔레스타인 민중의 절망이 한꺼번에 폭발한다. 제2차 인티파다(혹은 알-아크사 인티파다)의 발발이다. 오슬로 협정 이후 점

---

* 예루살렘 구시가지에 있는 이슬람 성역이며, 유대교에서는 '성전산(聖殿山)'이라 불린다. 알-아크사 모스크와 바위 돔이 있다.

진적으로 철수하던 이스라엘군이 점령지를 재침공하면서 서안 지구와 가자 지구에서는 매일 팔레스타인 사람들이 살해당했으며 그 수는 한 달도 채 되지 않아 100명을 넘어섰다.

그로부터 17년의 세월이 흘렀다. 그 사이 가자 지구에서는 2008년 말부터 2014년 여름까지 불과 5년 반 동안 세 번의 전쟁이 있었다. 첫 번째 전쟁에서는 3주 동안 1,400명 이상이 사망했고, 두 번째 전쟁에서는 8일 동안 140명, 그리고 3년 전의 전쟁에서는 51일 동안 무려 2,200명 이상이 사망했다. 반복될 때마다 현격하게 그 규모가 커지는 살육과 파괴. 그에 따라 우리의 감각마저도 어느새 무감각해져 '한 달도 안 되어 100명이 넘는 사망자'라는 말을 한가하게 듣고 마는 나 자신이 있다. 하지만 그 당시 가자 지구에서 혹은 요르단강 서안 지구 어딘가에서 매일 누군가 살해당하고 있었다. 매일 아침 컴퓨터 메일 수신 폴더를 열 때마다 점령군의 공격에 내던져진 사람들의 비명 소리가 들려오는 것 같았다.

인티파다가 발발한 지 얼마 되지 않은 2000년 9월 말, 가자 지구의 한 교차로에서 아버지와 함께 쇼핑을 마치고 돌아오던 열 살짜리 무함마드 알두라 소년이 총격전에 휘말려 아버지의 품 안에서 사살당했다. 이 충격적인 영상이 퍼져나가면서 이스라엘은 전 세계적인 비난을 받았다. 그런데 처음에는 점령하에서의 살육을 전하던 매스미디어도 어느 순간 그것이 이 땅의 일상이 되자 별다른 관심을 두지 않게 되었다. 그리고 인티파다의 발발로부터 1년 가까이 지난 2001년 9월 11일, 미국에서 동시다발적인 테러 사건이 일어난다.

"세계는 우리 편이냐, 아니면 테러리스트 편이냐?" 미국의 부시 대통령이 전 세계를 압박하자, 국내에 체첸, 위구르 등 분리독립을 지향하는 이슬람계 민족을 떠안고 있던 러시아와 중국, 그리고 일본도 미국의 '테러와의 전쟁'에 동조하고 나섰다. 10월 8일, 알-카에다의 지도자 오사마 빈 라덴을 국내에 은닉시켜 준 탈레반 정권을 향한 아프가니스탄 공습이 시작되었다. 그것은 이스라엘이 그동안 국제 사회의 비판을 받으면서 팔레스타인에 대해 행해왔던 과잉 보복의 논리를 글로벌 규모로 확대하여 실천한 것이었다. 그로써 이스라엘의 팔레스타인 침공은 이제 '테러와의 전쟁'으로서 국제 사회의 인정을 받으면서 단숨에 격화되었다. 팔레스타인 측의 저항도 극도로 치열해져 무장 세력이 앞다투어 서안 지구에서 이스라엘 영내로 침입했고 도심지에 있는 이스라엘 시민들에게까지 자폭 공격과 자살 공격을 감행하게 된다.

이리하여 2001년 가을 이후 미국의 '테러와의 전쟁'에 힘입어 이스라엘은 서안 지구, 가자 지구로의 침공을 격화시켰고 이듬해인 2002년 3월과 4월 양측의 대립은 최고조에 달했다. 주요 도시에는 몇 주에 걸친 외출금지령이 내려졌고, 이슬라엘군에 포위된 베들레헴 예수 탄생 기념 성당에서 팔레스타인 전투원 39명과 사제들, 시민 등 200명이 함께 연대농성을 했다. 무장 저항의 거점이었던 서안 지구 북부의 제닌 난민캠프에는 이스라엘군이 침공하여 전투원인 청년들과의 사이에서 전투가 벌어졌다.

"가지 않으면 안 돼…." 그때 왜 그런 생각이 들었는지 모르겠다. 하지만 설명할 수 없는 충동에 이끌려 4월 말, 대학이 황금연휴로 방학에 들어가자마자 나는 팔레스타인으로 향했다.

7. 베들레헴

　2002년 4월 말, 나는 이스라엘이 재점령하고 있는 서안 지구에 있었다. 지난번 팔레스타인을 방문한 것은 2000년 6월, 바로 재작년이었다. 그러나 팔레스타인은 격변하고 있었다. 2년 전 주말이면 서예루살렘에서 유대계 시민들이 몰려와 북적거리던 구시가지의 시장은 모두 가게를 닫았고, 평소에는 전 세계에서 온 순례자들로 북적거리던 비아 돌로로사*는 사람의 그림자조차 찾아볼 수 없었다. 2년 전의 활기는 마치 거짓말인 듯 사라졌고, 계절에 맞지 않게 부슬부슬 내리는 비까지 더해져 구시가지는 한산한 분위기였다.

　다음 날, 나는 베들레헴을 방문했다. 시내에는 몇 주 동안이나 엄중한 외출금지령이 내려져 있었고 사람들은 집 안에 갇힌 죄수 신세였다. 외출금지령이 내려진 베들레헴에서 밖에 있는 것은 심지어 고양이라도 총에 맞았다고 한다. 꽃에 물을 주려고 발코니에 나갔다가 사살당한 사람도 있다. 시내 입구 앞에서 택시에서 내린 후(팔레스타인 운전기사는 통행금지령이 내려진 도시에 들어가면 즉시 사살되기 때문이다), 걸어서 시내에 있는 스타호텔을 향해 간다. 그날 아침, 시내를 안내해 줄 팔레스타인 청년들과 그곳에서 만나기로 되어 있었다. 거리에는 사람 한 명, 고양이 한 마리도 없다. 아무 소리도 나지 않는다. 공기조차도 가만히 움직이지 않는다. 4월의 평온하게 맑은 아침과는 도무지 어울리지 않는, 마치 시간

---

*　한탄의 길. 예수가 십자가를 지고 걸었다고 전해지는 길이다. (저자 주)

이 멈춰버리고 세상이 절멸한 것과 같은 섬뜩함. 하지만 주변 건물 옥상 어딘가에 몰래 총을 들고 조준경으로 우리를 가늠하고 있는 저격수가 있다. '외국인은 총에 맞지 않는다'라는 말이 있지만 느낌이 좋지는 않다.

약속 장소인 스타호텔도 이스라엘군이 점령하고 있었다. 로비 소파에 앉아 안내를 맡은 아우니와 무함마드와 함께 아랍어로 대화를 나눈다. 로비 안쪽에는 카키색 군복을 입은 젊은 이스라엘 군인 일행이 모여 있다. 아우니는 무엇이 그렇게 재미있었는지 마구 농담을 연발하면서는 무함마드와 둘이서 자지러지게 웃음을 터프리고 있다. 그것이 그들이 할 수 있는 최대한의 저항이었는지도 모른다. 이런 상황에서도 자신들은 삶을 즐길 수 있다는 것, 다시 말해 어떤 폭력으로도 자신들에게서 삶을 누릴 힘을 빼앗을 수 없다는 것을 동 세대 이스라엘 군인들에게 전하려 했던 것이 아닐까.

아우니와 무함마드는 외출금지령이 내려진 베들레헴을 취재하러 온 해외 저널리스트들을 안내하는 자원봉사를 하고 있었다. 막상 호텔을 출발할 때가 되자, 자리에서 일어난 두 사람은 가져온 방탄조끼로 몸을 감쌌다. "여러분들은 얼굴만 봐도 외국인이란 걸 알 수 있으니까 괜찮지만, 우리는 이게 없으면 총에 맞아 죽을 수 있어요." 무함마드가 설명한다. 방탄조끼 뒷면에는 두꺼운 노란색 비닐 테이프가 'TV'라는 문자 형태로 붙어 있었다. 해외 미디어 취재진의 일원임을 이스라엘 저격수에게 전하는 메시지다. 해외 저널리스트를 안내하는 청년들은 잠깐 외출이 가능해져 거리를 걷고 바깥 공기를 쐰다. 다른 이들에게는 허락되지 않는 특권이다. 동시에, 외국인 기자가 이스라엘군의 침공으로 무참히 유린당하는 팔레스타인의 인권 상황을 외부 세계에 알린다는 역할을 도움으로써(실제로 그들의 지원 없이는 취재가 불가능하다), 폭력적인 재점령 사태에 주체적으로 관여할 수 있다. 비록 생명의 위험을 무릅쓰는 일이라 해도 청년들에게는 거듭거듭 중요한 임무였다.

호텔 로비에서 환담을 나누고 있을 때였다. 내 아랍어에 생소한 모로코 억양이 섞였는지, 이를 알아챈 아우니가 마그레브에 가본 적 있냐고 물었다. 예전에 3년 정도 살았다고 대답했더니 그녀는 "모로코라니, 좋네요. 분명 아름다운 곳이겠죠"라고 말했다. 난 반사적으로 "힐루 필라스틴."이라는 말이 입밖으로 튀어나왔다. 그것은 "슈크란(고마워요)."이라는 말을 들으면 "아프완(천만에요)"라고 대답하는 것처럼, 아랍어 회화에서 정형화된 표현이었다. 아랍인과의 오랜 교류 속에서 자연스럽게 몸에 익은 반응이었달까. 그때였다. 싱글벙글 흥겹게 농담하던 아우니가 갑자기 정색하며 낮은 목소리로 말했다. "힐루 필라스틴? 팔레스타인이 아름답다고요? 맨날 폭력으로 피투성이가 된 땅이 어디가 아름답다는 거에요?"

나는 할 말을 잃었다.

"얼마 전에도 취재 중에 친구가 이스라엘 군인에게 사살당했어요. 그 시신 옆에서 나는 카메라를 돌려야 할지, 울부짖어야 할지 몰랐어요." 아우니는 계속해서 말했다. "여기에는 억압과 폭력밖에 없어요. 우리는 자유와 평화를 위해 싸우고 있구요. 하지만 우리는 이 점령 상태에서 태어나서 자랐고 폭력밖에 모르는 사람들이에요. 당신들은 일본에서 왔죠? 당신들은 평화롭잖아요? 그리고 자유롭잖아요? 그럼, 가르쳐 줄래요? 자유란 게 뭔가요? 평화란 뭔가요?"

내가 뭐라고 대답할 수 있었을까.

8. 제닌, 제닌

다음날 아침 일찍 예루살렘을 출발한 우리는 시원하게 펼쳐진 4월의 푸른 하늘 아래 세르비스*를 타고 요르단강 서안 지구 북부의 도시 제닌으로 향했다. 이스라엘군이 제닌 난민캠프에서 철수한 것은 불과 며칠 전이었다. 도중에 여러 차례 이스라엘군의 검문소가 있었고 그때마다 여권 제시를 요구했다. 검문하는 것은 군 복무 중인 열아홉 남짓한 젊은이들이었다. 간혹 영어 한 마디도 못하는 이들도 있다. 병사가 여권을 확인하고 있는 동안, 다른 병사 한 명이 창 너머로 M16 소총의 총구를 우리에게 겨누고 있다.

제닌 외곽에 도착한 것은 9시쯤이었다. 하늘은 기분 좋게 맑게 개어 있다. 택시에서 내려서 난민캠프를 향해 걷는다. 길 양옆으로 밭이 펼쳐져 있다. 어느 집 앞에서 놀면서 아장아장 걷고 있는 꼬마에게 이름을 물어본다. "사이푸딘(신앙의 검)", 옆에 있던 젊은 아버지가 대답한다.

난민캠프에 들어서자마자 가장 먼저 눈에 들어온 것은 어느 가게 처마 끝에 붙어 있는 포스터였다. 이스라엘 미사일에 죽음을 당한 어린 소녀의 시신 사진 옆에는 아랍어로 '시오니스트의 범죄'라고 인쇄되어 있었다.

---

* 도시간 운행되는 장거리 택시. (저자 주)

팔레스타인 의료구호협회(PMRS) 사무실을 방문했을 때, 붉은 초승달과 십자가가 그려진 PMRS의 로고 마크를 부착한 두 청년을 만났다. 캠프의 자원봉사자들로 제닌 출신의 청년들이었다. 캠프를 취재하고 싶다고 알렸더니, 그들은 "알았어, 우리한테 맡겨."라며 선뜻 안내를 맡아 주었다.

사미와 아흐메드의 안내를 받아, 우리는 3, 4층짜리 회색 건물이 잔뜩 들어찬 캠프의 좁은 골목길을 따라 중심부로 향한다. 가면 갈수록 늘어선 집에는 침공의 상처가 깊이 새겨져 있다. 지나가던 한 남성이 "저기 봐"라며 위쪽을 가리킨다. 위를 올려다보니 2층 발코니 부분에 자전거 같은 것이 전시되듯이 놓여 있었다. "학살의 증거"라고 그 남성이 말했다. 눈을 부릅뜨고 자세히 보니, 자전거처럼 보였던 것은 납작하게 찌그러진 휠체어였다. 뇌성마비 아들이 아직 실내에 있다고 부모는 다가오는 이스라엘군 불도저에 호소했지만, 불도저는 가차없이 휠체어에 앉은 아들까지 집과 함께 밀어버렸다고 한다.

반파된 집들이 완파된 건물을 대신하더니, 갑자기 시야가 확 트인다. 이제껏 회색빛이었던 세상에 4월의 햇살이 눈부시게 내리쬐고 푸른 하늘이 펼쳐진다. 3, 4층짜리 주택들이 빽빽하게 들어서 있어야 할 캠프 중앙부는 불도저로 철저하게 파괴되어 사방 200미터에 걸친 잔해의 더미, 아니 흙모래로 변해 있었다. 불도저 조종사는 자기 패거리에게 축구장을 만들어 주었다고 외쳤다. 가족과 함께 피땀 흘려 가며 하루하루 열심히 쌓아올린 삶의 전부가 건물 잔해의 퇴적물로 변해 있었다. 천재지변인지, 인위적인 파괴인지는 다르지만, 그곳에서 일어난 일은 2011년 3월 11일 동일본 대지진 때 쓰나미 피해자들이 겪은 것과 같은 사건이다. 흙모래 속에서 매트리스와 가재도구를 파내어 옮기는 사람들이 있다.

15년이 지난 지금도 선명하게 기억나는 것은 흙모래의 바다 위에 펼쳐진 4월의 푸른 하늘이다. 너무나도 어울리지 않게 느껴졌다. 지상에서 이런 파괴가, 이런 폭력이 일어나고 있는데, 왜 하늘은 이토록 활짝 개었고 이토록 아름다울까. 사건의 부조리 그 자체를 상징하는 듯했다.

조금 높은 흙모래의 둔덕 옆, 천막 대신 펼쳐놓은 모포 아래에서 세 명의 남성이 허공을 바라보며 말없이 앉아 있었다. 비랄 다마즈 씨와 그의 동생들이었다. "여기에 3층짜리 우리 집이 있었어요." 비랄 씨가 전방을 가리키며 말했다. 아무것도 남지 않은 빈 공간을 내려다보니, 바닥에 주석 국자 하나가 굴러다니는 것이 보였다.

비랄 씨에 따르면, 캠프를 침공한 이스라엘군은 화학무기도 사용했다고 한다. 비랄 씨 자신도 호흡곤란과 경련을 일으키며 졸도했다고 한다. 또한 자폭 공격을 경계한 이스라엘군은 캠프의 남성들에게 폭탄 벨트를 두르고 있지 않은지 확인한다며 겉옷을 걷어 올리라고 명령했는데, 한 남성은 허리 통증용 코르셋을 입고 있다가 그 자리에서 총살당했다고도 했다. 청각장애인 남성이 군인의 "멈춰"라는 명령을 듣지 못하고 계속 걸어가다가 총에 맞아 사망한 사례도 있다.

비랄의 아버지는 올해 70세가 된다. 20세 때 하이파에서 일하다가 나크바로 무일푼 난민이 되어 이곳 서안 지구까지 왔다. 반세기가 지난 지금, 그는 또다시 모든 것을 빼앗기고 말았다.

비랄의 3층짜리 집…. 고향에서 쫓겨나 제닌으로 흘러들어온 청년이 결혼하고 캠프에 집을 짓고 아이를 낳고 장남이 결혼하면 옥상에 장남 부부의 방을 하나 더 짓고 차남이 결혼하면 마찬가지로 3층을 더 짓고 손주들도 태어나고…. 난민 2세로 캠프에서 태어난 비랄 씨도 자신이 태어나고 자란 그 집에서 결혼하고 가정을 꾸리고 가구를 하나둘씩 사들였을 것이다. 부부 침대, 거실 소파, 식탁, 찬장…. 거기에는 반세기에 걸친 가족의 역사와 추억이 아로새겨진 동시에 미래의 꿈도 있었을 것이다. 집은 단순히 비를 피할 수 있는 상자가 아니다. 특히나 조국을 빼앗기고 고향을 잃은 난민들에게는 더더욱 그렇다. 난민캠프와 거기에 있는 집이야말로 그들의 홈(home)이었으며, 그 홈은 이제 캠프와 함께 모조리 흙모래의 바다가 되어버렸다.

비랄 씨와 이야기를 나누고 있던 중 그의 막내동생이 다가왔다. 모두의 허기진 배를 채우려 한 것일까, 작은 비스킷 한 봉지를 손에 들고 있다. 예상치 못한 손님이 왔다는 것을 알아차린 그는 한 순간의 망설임도 없이 가지고 있던 비스킷을 우리에게 권했다. 우리는 굳이 사양했다. 받을 수 없을 것 같았다. 하지만 동포인 사미와 아흐메드가 고사했을 땐 받아들여졌지만 이국에서 온 손님들이 사양한 것은 받아들여지지 않았고 우리는 감사하게도 비스킷을 한 조각씩 받게 되었다. "차도 못 드려서 죄송해요."라고 비랄 씨가 말했다.

헤어질 때 비랄 씨가 말했다. "우린 이젠 아무것도 두렵지 않다고. 더 이상 잃을 것이 없으니까요." 그리고 마지막으로 이렇게 덧붙였다. 이런 상황이라서가 아니라 당신들을 만나고 싶었다고.

9. 그래도 인생은 계속된다

흙모래의 바다와 반쯤 무너진 집들 사이를 걷고 있는데 갑자기 비누 냄새가 콧구멍을 자극했다. 모퉁이를 돌아서니 방금 빨래가 된 세탁물이 처마 끝에 빽빽하게 널려 있다. 점심 식사 준비를 하고 있었는지, 어디선가 맛있는 냄새도 풍겨온다. 집이 파괴되고 가족이 살해당하고 남자들이 잔해 옆에서 망연자실하고 있을 때에도, 여자들은 지금 살아 있는 아이들을 위해 밥을 짓고 빨래를 하고 있었다. 무슨 일이 있어도 삶은 계속되고 있으니까…. 그럼에도 불구하고 계속되는 그 삶은 예외적인 상황 속에서 '일상'을 살아가는 여성들에 의해 지탱되고 있었다. 여태껏 쭉 그래왔을 것이다. 나크바 때부터 줄곧.

캠프 외곽에는 간이 텐트가 몇 줄씩이나 늘어서 있었다. 이스라엘군이 철수한 직후 유엔이 반입한 것이었다. 집을 파괴당한 사람들이 이곳에서 생활하고 있었다. 그때였다. "알라후 아크바르(신은 위대하시다)! 알라후 아크바르!"라고 외치는 소년들의 거친 목소리가 들렸다. 돌아보니 열두세 살쯤 되어 보이는 소년 예닐곱 명이 이스라엘군이 버린 들것에 동료 한 명을 태워 어깨에 들쳐메고 큰 소리로 외치며 행진하고 있었다. 이른바 '장례식 놀이'다. 소년들은 갑자기 메고 있던 들것을 땅에 난폭하게 내팽개치고는 고통스러워하는 들것 위의 친구의 모습을 보며 크게 웃고 있다. 그 웃음소리는 폭력적이고 살벌했다.

아이들은 그동안 죽음의 직접적인 공포에 노출되어 있었다. 눈앞에서 사람이 살해당하는 것을 목격한 아이도 있었을 것이다. 그리고 누구나 흰

천이나 깃발에 싸여 들것에 실려 온 시체가 남자들에게 들쳐메져서는 '알라후 아크바르'라는 외침과 함께 묘지로 옮겨지는 모습을 여러 번 보았을 것임이 틀림없다. 소년들의 '장례식 놀이'는 그 광경을 재현한 것이었다. '죽음'을 가볍게 여기고 '죽음'을 농락한다. 그렇게 함으로써 죽음에 대한 공포를 부정하는 것이다. 거기서 스며나오는 폭력성은 소년들의 억압된 공포가 얼마나 큰지를 말해주고 있다.

그런 살벌한 소년들의 아픔을 엿본 것도 있어 사미 일행에게 안내를 받아 유엔 팔레스타인 난민구호기구(UNRWA)가 운영하는 학교의 교정에서 초등학생들이 태평스럽게 축구를 즐기는 모습을 보았을 때는 안도감이 들었다. 그때 한 남자아이가 팔라펠 샌드위치를 사 와서 우리에게 한 개씩 주었다. 사미가 동전을 주어 우리를 위해 사 오게 했던 것이다.

마침 이날 이스라엘군의 침공으로 폐쇄되었던 학교가 다시 문을 열었다. 물빛 교복을 입은 어린 소녀들이 반 친구들과의 재회를 기뻐하며 활기차게 등교하고 있었다. 사미를 발견한 소녀들이 환호성을 지르며 손을 흔든다. "인기가 많네요"라고 말하자, "전 아이들의 아이돌이에요"라고 말한다. 들어보니 며칠 전 그는 제닌 마을 청년단 동료들과 함께 학교를 방문했다고 한다.

"지금 이 아이들에게 가장 필요한 것은 무엇보다 웃음이라고 생각했어요. 그래서 아이들을 위해 연극을 하게 된 거죠."

"어떤 연극?"

"예를 들어 도널드 덕이라든지." 그렇게 말하며 사미는 '꽥꽥꽥'하며 오리 울음소리를 흉내 냈다.

세 시 가까이 되어 슬슬 예루살렘으로 돌아가야 할 시간이었다. 그런데 아흐메드가 "당신들은 아직 점심도 못 먹었잖아요. 그런데 돌려보내면 안 되죠."라고 만류한다. 여기서도 다시 이국 손님들의 사양은 받아들여지지 못하여, 우리는 아흐메드의 집으로 불려가 그의 어머니와 여동생과 함께 점심을 먹게 되었다. 갑자기 우르르 몰려 온 세 명의 외국인을 그의 어머니도 여동생도 따뜻하게 맞아주셨고 사실 자기 가족을 위해 준비한 점심인데도 불구하고 우리에게 대접해 주셨으며 돌아갈 때는 간단한 선물까지 챙겨주시고 세르비스 정류장까지 배웅해 주셨다.

그날 저녁 서예루살렘의 이스라엘 총리 관저 앞 로터리에서 이스라엘의 침공에 반대하는 시민들의 시위가 있어 나도 참가했다. 옆에 서 있던 키가 큰 청년에게 말을 걸었더니 스페인 사람이라고 했다. 그 청년은 스페인 인형극단의 일원으로 이스라엘에서 개최 중인 인형극 페스티벌에 참가하기 위해 왔지만, 현지에 와서 이 사태를 알고서는 이럴 때는 인형극을 할 때가 아니라며 혼자서 극단을 빠져나와 예루살렘에 왔다고 했다.

이 땅의 저편에서는 어린아이가 미사일에 살해당하고 뇌성마비 아들이 잔해 속에 산 채로 묻혔으며 수백 명의 가족들이 집을 파괴당해 반세기에 걸쳐 쌓아올린 인생의 전부가 토사와 철근 쓰레기 더미로 변해버렸다. 그 같은 땅의 이편에서는 마치 그런 현실이 존재하지 않는 것처럼, 혹은 존재한다고 해도 자신들과는 일말의 상관도 없는 것처럼 세계 인형극 페스티벌이 열리고 있다. 물론 인형극 따위를 하고 있을 때가 아니다. 하지만 나는 사미의 말을 떠올리며 생각했다. 이런 때일수록 제닌 난민캠프의 아이들은 자신들을 위해 인형극을 해줄 사람이 필요한 게 아닐까.

10. 그린 버드(green bird)

제닌 방문 다음 날, 자치정부가 있는 라말라에 있는 리야나 바드르를 방문했다.

시내를 점령하고 있던 이스라엘군은 며칠 전 철수했지만 대통령부(무까타)는 여전히 이스라엘군의 포위 공격을 받고 있었고 아라파트 대통령의 감금 상태는 계속되고 있었다. 리야나 씨가 근무하는 문화부 건물은 이스라엘군에 점령되어 대통령궁을 비롯한 자치정부 관련 건물이 모여 있는 지역으로 통하는 길은 모두 바리케이드로 봉쇄되어 있었다. 봉쇄에 사용된 것은 저택의 정원을 장식하고 있던 수령이 수백 년이나 되었다는 아름드리 삼나무와 도로에 주차되어 있던 자동차들이었다. 탱크와 불도저에 찌부러진 자동차들이 수없이 쌓여 곳곳에 도로 봉쇄용 벽을 쌓고 있었다. 이스라엘군이 철수한 후 거리에는 무참히 베어낸, 역사가 깃든 수십 그루의 삼나무와 파괴된 수백 대의 자동차 잔해가 남아 있고 무자비하게 달렸던 탱크의 발자국이 길거리에 새겨져 있었다.

2년 만에 만난 리야나 씨는 영상 작가가 되어 있었다. "사람이 항상 바람대로 되는 건 아니잖아요. 어쩔 수 없이 저널리스트가 될 수밖에 없는 경우도 있어요." 그렇게 말하면서 리야나 씨는 자신이 연출한 영화 영상을 보여주었다. 이스라엘의 침공 하의 아이들의 모습을 그린 〈그린 버드: *The Green Bird*〉라는 다큐멘터리였다. 외출금지령이 내려진 도시에서 아이들이 집 창문으로 연을 날리는 장면과 함께 한 어린 소녀의 말이 기억에 깊게 남았다. 침공한 이스라엘 점령군 속에서 여군의 모습을 발견한 소녀는 놀라서 엄마에게 묻는다. "이스라엘에는 아기가 없나요?"

귀국 후 얼마 지나지 않아 리야나 씨로부터 짧은 이메일이 도착했다. "자치정부 문화부 건물을 점거하고 있던 이스라엘군이 철수했고, 오늘 우리는 사무실로 갔어요. 사방이 온통 똥오줌으로 범벅이 더군요."

리야나 씨가 너무 충격을 받아 더 이상 말하지 못했던 자치정부 문화부의 참상에 대해서는 이스라엘 『하아레츠』*지의 기자 아미라 하스가 상세히 보도했다. 컴퓨터는 부숴지고 벽에는 페인트가 발라져 있으며 다윗의 별**이 곳곳에 낙서되어 있을 뿐만 아니라, 군인들이 철수하기 전에 사무실의 구석구석(옷장이나 캐비닛 서랍 속에까지) 똥오줌을 퍼질러놓았다고 한다. 하스는 그 기사를 분노에 찬 다음과 같은 문장으로 마무리했다. "팔레스타인 자치정부 문화부는 지금 그 건물을 고스란히 그대로 남겨두고 있다. 기념물로서."[46]

팔레스타인의 전통문화를 보존하기 위해 각지에서 수집한 전통 자수 컬렉션은 어떻게 되었을까. 아이들의 그림은…. 상상하는 것조차도 괴로울 정도였다.

---

* 『하아레츠』는 이스라엘의 대표적인 신문으로 좌파적이면서도 자유주의적인 성향으로 이스라엘의 팔레스타인 점령 문제를 균형 있게 다룬다. 그동안 『하레츠』로 한국언론에서는 잘못 표기되었다.

** 다윗의 별은 유대교 및 유대인을 상징하는 육각별로 유대교 전승에 따르면 솔로몬 왕 때부터 사용되었다고 하며 훗날 나치 독일은 유대인들에게 노란색 다윗의 별을 의무적으로 부착하도록 강제함으로써 구별 및 격리의 수단으로 삼았다. 오늘날 이스라엘 국기는 흰색 바탕에 가운데에는 파란색 선으로 그려진 다윗의 별이 들어가 있다.

11. 힐루 필라스틴?

레바논을 방문한 것은 그로부터 4개월 반이 지난 후였다.

9월의 한낮, 지중해의 파도가 해변에 잔잔하게 부서지는 소리가 들리는 라시디에 난민캠프. 세이지 향이 나는 차를 마시며 팔레스타인에 가본 적이 있다고 말하자, 호다와 이브티삼 씨가 눈을 반짝이며 "힐루 필라스틴?"이라고 물었을 때 가장 먼저 뇌리에 떠오르는 것은 4월의 제닌에서 흙모래의 바다로 변한 캠프의 광경, 분노로 뒤덮인 자치정부 문화부, 그리고 무엇보다도 외출금지령 하의 베들레헴 스타호텔 로비에서 아우니가 나를 향해 던진 그 한마디였다. 그때 아우니의 물음에 답할 말이 없었던 것처럼, 여기에서도 나는 호다와 이브티삼 씨의 물음에 또다시 말문이 막힐 수밖에 없었다.

힐루 필라스틴? 그로부터 15년이 넘은 지금까지도 아우니의 그 말은 날카로운 칼날이 되어 내 가슴을 찌르고 있다.

힐루 필라스틴? 하지만 호다와 이브티삼 씨가 입을 모아 그렇게 물었을 때, 두 사람의 빛나는 얼굴도 잊혀지지 않는다.

제10장

팔레스타인 사람으로 살아가다

인간이란 그 한 사람 한 사람이
하나의 대의(大義)이다.

―가산 카나파니

1. 타고난 것인가, 선택한 것인가?

가산 카나파니가 1970년에 발표한 소설 『하이파에 돌아와서』*는 주인공의 입을 빌려 '조국이란 무엇인가'라는 질문을 던지는데, 이와 동시에 이 작품에서 떠오르는 질문이 또 하나 있다. 바로 '팔레스타인 사람이라는 것은 어떤 의미인가'라는 물음이다.

인간이 이 세상에서 어떤 존재인지는 결코 자명한 문제가 아니다. 부모가 팔레스타인 사람이면 자녀 역시 팔레스타인 사람인가? 그 이야기는 그렇지 않다고 말한다. 자신이 누구인지는 '태어남', 즉 혈연 관계에 의해 결정되는 것이 아니라, 개개인이 자신의 고유한 삶을 통해 스스로 선택하는 것이라고 말한다. 1960년대 후반부터 1980년대에 걸쳐, 팔레스타인을 직접 눈으로 본 적도 가 본 적도 없는 난민 2세 젊은이들이 해방전사(페다인)로서 '조국' 해방투쟁에 연이어 뛰어드는 것은 이 땅에서 태어났기 때문만은 아니다. 난민적 삶의 경험을 통해 그들은 인생의 어느 시점

---

* 완성된 작품으로는 이것이 그의 유작이 되었다. (저자 주)

에서 팔레스타인 사람으로 삶을 살아가겠다는 것을 스스로의 의지로 선택한 것이다. 그것은 팔레스타인에서 태어난 사람만 해당되는 것이 아니다. 그 외의 사람들도 그 시대, 그 생의 정치적 실천에서 '팔레스타인 사람'이 되려고 했다.

에드워드 사이드는 1999년의 에세이 「타고난 것인가, 선택한 것인가?」에서 이렇게 스스로 선택한 정체성에 대해 다음과 같이 논하고 있다.

> 스스로 선택한 정체성이란 팔레스타인 사람이라는 것에 정치적으로 관여하는 것이다. 즉, 단순히 독자적인 국가를 건설하는 것뿐만 아니라 불의에 종지부를 찍고 팔레스타인 사람들을 현대사 속에서 자리매김하기 위한, 새로운 비종교적 정체성으로 해방시킨다는 보다 더 의의 깊은 이념(cause)에 적극적으로 참여하는 것이다.[47]

내가 팔레스타인 문제를 접한 때는 팔레스타인 문제가 바로 그렇게 존재하던 시절이었다. '팔레스타인 사람이라는 것'을 스스로의 의지로 선택한 이들이 구현하고자 했던 '팔레스타인 문제'라는 것은 내셔널리즘을 넘어 보편적인 인간 해방을 위한 정치적 실천이었음을 잘 기억하고 있다. 그렇기 때문에 그것은 팔레스타인만의 운동에 그치지 않고, 사이드가 썼듯이 70년대, 80년대를 통해 남아프리카를 비롯한 세계 각지에서 전개되고 있었던, 억압으로부터의 해방을 요구하는 여러 투쟁의 최전선이 되었다. 동시에, 종교적인 반계몽주의나 성차별, 경제적 불평등 등 인간을 억압하는 수많은 힘에 맞서는 운동과도 연결되어 있었다.

『하이파에 돌아와서』란 책은, 동포에게 '팔레스타인 사람이라는 것'은 무엇인가를, 이러한 사상적 지평에서 분명하게 드러낸 작품이다. 카나파니는 인간이란 그 한 사람 한 사람이 하나의 대의(大義, a cause/qadiyya)이다'라는 말로 이를 표현했다. 그로부터 2년 후, 카나파니는 암살당했다.

나크바로부터 20년이 지나면서 팔레스타인 사람들이 도달한 이 하나의 사상적 지평, 동시대에 세계 각지에서 싸우고 있는 수많은 해방운동의 최전선을 형성한 이 보편적 이념(cause)에 대한 정치적 관여를 의미하는 '팔레스타인 사람이라는 것'. 사이드가 '확장된 정체성'이라고 부른 그것이 1987년 시작된 1차 인티파다를 뒷받침하게 된다.

2. 돌의 혁명

요르단강 서안 지구와 가자 지구 점령 20년이 지난 1987년 12월, 그것은 시작되었다. 인티파다. 이스라엘 점령 하의 팔레스타인 민중에 의한, 점령에 맞선 일제 봉기다. 저항의 전선을 담당한 것은 소년들이었다. 그들은 이스라엘의 거대한 탱크와 총을 겨눈 중무장한 병사들에게 돌로 대치하며 전 세계에 큰 충격을 안겨주었다. 그것은 '돌의 혁명'이었다. 이스라엘군은 소년들의 돌 던지기에 실탄으로 응수했는데 이에 대해 국제 사회의 비난이 쏟아지자, 당시 국방부 장관이자 훗날 총리가 되는 이츠하크 라빈[48])이 "그러면 뼈를 분질러라"고 명령한 것은 유명한 일화다.

인티파다 기간 동안, 점령 하의 아이들은 폭력의 폭풍우 속에 있었다. 체포되어 수감된 이도 있는가 하면 집을 파괴당한 이도 있다. 학교는 2년간에 걸쳐 폐쇄되었다. 이때 이스라엘의 유대인 활동가 아르나 메르-하미스는 점령의 폭력 한가운데에 있는 아이들을 보살피기 위해 요르단강 서안의 도시 제닌으로 향했다.

3. 아르나 메르-하미스

정의를, 오로지 정의만을 추구할지어다.

—신명기(申命記) 제16장 20절

아르나는 제닌의 아이들에게도 어른들에게도 사랑받았다. 유대인이자 공산주의자(이는 곧 무신론자로서), 아나키스트였음에도 불구하고 제닌이라는 보수적인 풍토의 땅에서 아르나는 팔레스타인 무슬림들의 신뢰를 얻고 모두에게 사랑받았다.

1929년 영국 위임통치 하의 팔레스타인에서 아르나는 레바논 국경에서 가까운 갈릴래아 지방의 정착촌인 로쉬 피나*에서 태어났다. 1948년의 '독립전쟁'에서는 19세의 아르나는 유대 정규군 하가나 정예부대 팔

---

* 1883년에 세워진 팔레스타인에서 가장 오래된 유대인 정착촌 중 하나다. (저자 주)

마크의 일원으로 직접 지프를 몰고 싸웠다. 누구도 자신을 막을 수 없는 짜릿한 경험이었다고 아르나는 훗날 아들 줄리아노가 2004년에 감독한 다큐멘터리 영화 〈아르나의 아이들〉에서 회고한다. 이 시기의 아르나에게 시오니즘은 공기처럼 자명한 것이었으리라.

건국 후 아르나는 이스라엘 공산당에 입당한다. 이스라엘 공산당은 시오니즘을 지지하지 않고 팔레스타인 사람들의 민족자결주의를 내세우며, 유대인 공산주의자와 아랍인(팔레스타인 사람) 공산주의자가 함께 참여하고 있었다. 아르나는 그곳에서 서기로 일하는 팔레스타인 기독교도인 살리바 하미스를 만나 결혼해 아르나 메르-하미스가 된다.

팔마크의 일원으로 생생한 고양감을 느끼며 '독립전쟁'에 참여했던 아르나가 이스라엘 공산당에 입당한 배경에는 그녀의 조국이 '독립'을 위해 팔레스타인 사람들에게 행사한 폭력에 대한 뼈아픈 자각이 있었다. 자신이 태어나고 자란 로쉬 피나 근처에 있던 팔레스타인 사람들의 마을 알-자우나에 대해 그녀는 다음과 같이 말했다.

갈릴래아 북부, 갈릴래아 호수와 레바논 국경 사이 푸른 언덕지대와 바위산 위에 그 마을이 있었습니다. 영국 위임통치 시대였죠. 1948년 이후 유대인의 로쉬 피나는 성장하고 발전해 갔습니다. 반면 알-자우나 마을은 땅에서 흔적도 없이 사라져 버렸습니다. 그리고 마을 주민들은 우리가 '팔레스타인 난민'이라고 부르는 존재가 되어 버렸죠.

그들은 고향(homeland)으로부터 뿔뿔이 흩어져 난민캠프에 갇혔고, 삶의 터전이자 모든 문화의 기반인 땅마저도 순전히 강도질과 강제추방을 통해

타인의 손에 넘어갔습니다. 그 일은 내 영혼에 깊은 상처를 남겼습니다. 나의 반쪽은 온전한 채로, 다른 반쪽은 이런 현실을 견디기 힘든 아픔으로 품고 있습니다. 이 땅에 인종차별과 고통, 수많은 전쟁, 죽음, 그리고 아픔의 씨앗이 뿌려진 것입니다.[49]

1987년, 인티파다가 발발하자, 아르나는 제닌에서 점령군의 폭력 아래 내던져진 아이들을 돌보는 활동을 시작한다.[50]

한 민족 전체가 인권을 박탈당한 채 우리 눈앞에 있습니다. 아이들은 공포와 협박, 공격에 내던져진 채 군인과 돌, 총의 이미지에 휩싸여 자랍니다. 그들은 고통을 호소하며 부르짖지만 그 소리는 법과 명령, 안전과 발전을 떠들어대는 확성기 소리에 모조리 묻혀버립니다. 나는 내 과거의 무거운 짐을 짊어지고 이 아이들과 함께 저항하게 되었습니다. (…) 난민캠프는 45년 전에 만들어졌지만 캠프에서 태어난 아이들도 그들의 아이들까지도 오늘날까지 이스라엘의 점령에 직면해 있습니다.
피를 흘리지 않더라도 아이들은 깊은 상처를 입고 있습니다. 영혼도 기력도 상처받고 있습니다. 무사하게 성장할 수 없는 것입니다. 구타당하고 충격을 받고 있습니다. 부모와 형제가 군인들에게 모욕을 당하는 모습도 목격하고 있습니다. 학교와 유치원이 문을 닫아 배움의 기회도 박탈당하고 있습니다. 이 아이들이 알고 있는 유대인, 이스라엘인은 자신들을 총으로 쏘고 때리고 모욕하는 군인들뿐입니다.

아르나는 이런 아이들을 위해 '돌봄과 학습센터'라는 조직을 세웠다. 가장 먼저 시작한 일은 이스라엘 감옥에 수감된 수백 명이나 되는 아이들의 인권을 보호하는 일이었다. 이스라엘 변호사들의 협조를 얻어 교도소를 수시로 방문해 아이들을 돌보고 그 가족들을 지원했다. 그다음에는 장기간 학교가 폐쇄되어 교육의 기회를 박탈당하고 있는 아이들을 돌보았다. 아르나와 자원봉사자들은 도화지, 크레파스, 물감 등 미술 재료를 들고 주말이면 정기적으로 제닌을 오가며 아이들에게 예술을 통해 자신을 표현하는 법을 가르쳤다. 영화 〈아르나의 아이들〉에는 그녀가 집을 잃은 소년을 향해 아르나가 "분노해. 네 분노를 온몸으로 표현해."라고 말하면서 혼신의 힘을 다해 다가가는 인상 깊은 장면이 있다.

학교가 재개된 후 제닌 어린이들을 대상으로 실시한 센터의 설문조사에 따르면, 8세에서 10세 사이의 아이들 중 상당수가 문자를 읽거나 쓸 수 없었고 실제로 47퍼센트의 어린이들이 이스라엘 군인으로부터 구타나 총격을 당한 경험이 있는 것으로 나타났다. 아르나는 제닌 마을과 난민캠프에 네 개의 '어린이 집'을 만들어 점령의 폭력 속에서 자라는 아이들에게 평온함과 배움, 창의력을 키울 수 있는 공간을 제공했다. 1993년까지 1,500명의 어린이들이 이 활동에 참여했다. 같은 해, 이러한 활동으로 아르나는 '또 하나의 노벨평화상'이라고도 불리는 라이트 라이블리후드 상(Right Livelihood Award)을 수상한다.[51]

우리는 점령 하의 아이들을 보호하기 위해 '돌봄과 학습 센터'라는 조직을 만들어 이 임무를 수행해 왔습니다. 도시와 캠프가 봉쇄된 날도, 외출

금지령이 내려진 날도, 휴일이든 그렇지 않은 날이든 매일 몇 시간이든 말이죠. 책과 게임, 교육 책자를 통해 이 아이들이 아주 조금이라도 행복과 희망을 가질 수 있도록 했습니다. 하지만 무엇보다 먼저 우리는 길거리에서, 감옥 근처에서, 혹은 군사법정 안에서, 아이들 곁에 함께 있었습니다. 더 나은 삶에 대한 희망의 씨앗을 심고 가꾸기 위해서입니다. 그 대가로 우리가 받는 것은 더 멋진 상입니다. 그것은 바로 아이들의 미소, 자신감, 우정입니다. 이 모든 것이 유대인과 아랍인 사이에 새로운 인간 관계를 형성하는 데에 이바지할 것입니다. 그것이야말로 진정한 평화를 가져 올 유일한 기반입니다.

 1988년 이후, 익숙한 생활 속에서 새로운 광경을 볼 수 있게 되었습니다. 난민캠프의 골목길과 제닌과 인근 마을의 거리에서 큰 종이가 펼쳐지고 물감과 붓이 나눠져 수백 명이나 되는 아이들이 하나가 되어 웃고 떠들썩하게 놀고 있습니다. 여섯 살짜리 아이도 있고 여덟 살, 열두 살짜리 아이도 있습니다. 모두가 함께 모여 무지개의 모든 색에 자신의 생각, 꿈, 분노, 그리고 희망 등을 그립니다. 아이들에게 그 시간은 점령의 폭력과 억압의 한가운데서 희망을 느낄 수 있는 유일한 시간입니다.

아르나는 라이트 라이블리후드 상을 수상하고 받은 상금으로 제닌에 어린이 전용 극장을 짓고 '돌의 혁명'에서 비롯한 '돌의 극장'이라고 이름 붙였다. 〈아르나의 아이들〉은 팔레스타인과의 연대의 상징인 쿠피예를 두른 아르나가 어린이들을 앞에 두고 극장 무대 위에서 "후리야(자유)! 후리야! 후리야!"라고 힘차게 외치는 모습이 새겨져 있다.

우리에게, 그리고 우리 아이들에게 인티파다란 자유를 향한 투쟁입니다. 우리는 우리 아이들의 프로젝트를 '배움과 자유'라고 부릅니다. 이는 단순히 말로만 하는 이야기가 아닙니다. 이것이 바로 우리 투쟁의 기반입니다. 지식 없이는 자유가 없습니다. 자유 없이 평화는 없습니다. 평화와 자유는 하나입니다. 하나인 것입니다!

1995년, 아르나는 암으로 세상을 떠났다. 이스라엘의 유대인 공동묘지는 신자만 묻힐 수 있고 공산주의자 등 무신론자는 키부츠에 묻히는 것이 관례이지만, 이스라엘의 키부츠들은 하나같이 아르나를 위해 땅 한 뙈기도 내놓지 않았다. 유대인이면서도 시오니즘에 가담하지 않고 '팔레스타인 사람'임을 택해 살아온 그녀의 사상과 실천 때문이었다. 아들 줄리아노는 기자회견을 열어 "어머니를 집 마당에 묻겠다"라고 발표했다. 이 문제가 사회적 스캔들이 되자, 마침내 매장을 제안하는 키부츠가 나타나 아르나는 그곳에 묻히게 되었다.

4. 아르나의 아이들

아르나는 제닌에서 활동을 시작하면서 차남 줄리아노에게 함께하자고 부탁했다. 80년대 중반부터 이스라엘 영화와 무대에서 배우로 활동했던 아들 줄리아노는 제닌에서 아이들의 연극치료를 담당하면서 아르나와 아이들의 활동을 비디오 카메라로 기록했다. 그 영상들은 아르나 사후 10년

이 지난 후 다큐멘터리 영화 〈아르나의 아이들〉로 완성된다.

유대인 인권운동가 아르나 메르-하미스와 그녀를 어머니로서 사랑하는 제닌의 자녀들과의 교류를 그린 〈아르나의 아이들〉. 이야기는 거기서 끝나지 않는다. 영화에서는 그녀의 죽음 이후, 성장한 아이들에게 닥친 고통스러운 현실이 그려진다.

1993년 오슬로 협정에 의해 전 세계가 축하한 '평화 프로세스'가 시작되자, 팔레스타인 독립국가 건설되어야 할 요르단강 서안 지구와 가자 지구에서는 이스라엘의 토지 수탈이 가속화되어 '평화 프로세스'가 아닌 '절망의 프로세스'로 변질되었을 뿐이었음은 이미 언급한 바 있다. 이리하여 아르나의 죽음으로부터 5년 후인 2000년 9월, 제2차 인티파다가 발발하고 이스라엘군이 서안 지구와 가자 지구에 재침공한다. 성장한 아르나의 아이들은 다시 이스라엘 점령군의 공격에 휩쓸리게 된다.

이스라엘군이 학교를 포격하자 아르나의 아이들 중 한 명은 부상당한 소녀를 안아들고 병원으로 날랐지만 소녀는 그의 품에서 숨을 거둔다. 분노에 휩싸인 청년은 이스라엘 영내에 침입해 총기를 난사해 이스라엘 여성 4명을 살해하고는 출동한 경찰에게 사살당했다. 또 다른 이들은 이스라엘군이 난민캠프를 침공했을 때 총을 들고 치열한 전투를 벌인 끝에 살해당했다. 그리고 마침내 아르나의 돌의 극장도 파괴된다. 붓을 쥐고 캠프의 골목과 도시의 거리를 웃음소리로 가득 채우며 어른이 되면 배우가 되어 무대에 설 거라며 눈을 반짝이던 아이들의 그 뒷이야기는 영화를 깊은 고뇌로 물들인다.

성장한 아이들이 결국 폭력과 무관하지 않았으니 아르나의 시도가 실패한 것이 아니냐는 질문을 듣고는 줄리아노 감독은 이렇게 답했다.

그 질문은 앞뒤가 안 맞아. 이스라엘의 점령 폭력의 문제가 아니라 아이들의 폭력 문제로 보는 것은 시오니즘적인 태도야. 우리는 아이들의 폭력을 치유하려고 한 것이 아니야. 좀 더 생산적인 방식으로 점령에 도전하려고 한 거야. 더 생산적인 방식이란 레지스탕스를 다른 걸로 바꾸겠다는 뜻이 아니야. 우리가 극장에서 했던 일들은 팔레스타인 해방투쟁의 저항을 다른 어떤 것과 바꾸어 놓겠다는 것이 아니라 그 정반대야. (…) 우리는 모든 수단을 동원해 팔레스타인 해방투쟁에 참여하고 있어. 이건 우리들의 해방을 위한 투쟁이야. 이 프로젝트에 참여한 사람들이라면 누구나가 느낄 거야. 자기도 시오니즘에 점령되어 있다고. 이스라엘의 군사 체제에, 그 정책에 점령당했다고. 제닌에 살든, 하이파나 텔아비브에 살든, 상관없어. 치유하려고 이 활동에 참가한 사람은 누구 하나 그런 사람은 없어. 우리는 자유를 위해 싸우는 전사야.52)

5. 소무드

2005년, 일본의 NGO '팔레스타인 어린이 캠페인'이 〈아르나의 아이들〉의 일본어판을 제작하고 그 완성을 계기로 같은 해 10월에 줄리아노 감독을 일본에 초청했다. 내가 근무하는 교토의 대학에서도 상영회와 감독의 강연회를 개최하게 되었다. 교토에서는 줄리아노의 이야기뿐만 아니라 영화를 통해 팔레스타인의 문제를 우리가 살고 있는 일본 사회의 문제와 연결시키고자, 오사카의 코리아 NGO 센터의 김광민(金光敏) 씨를 게스트로 초청하여, 재일 코리안 어린이들의 상황에 대해 이야기를 들어 보았다. 아르나가 점령의 폭력 속에서 살아가는 아이들에게 점령에 맞서고 팔레스타인 사람으로서 자신감 있게 살아갈 수 있는 자존감과 희망을 길러주려 했던 것처럼, 코리아 NGO 센터는 이곳 일본 사회에서 재일 코리안 자녀들에게 자기 정체성과 자신감, 자존감을 함양시켜 주는 활동을 하고 있다.

다음 날인 일요일은 줄리아노가 도쿄로 떠나기 전 교토 관광을 할 예정이었다. 하지만 강연이 끝난 후, 만약 관심이 있다면 김광민 씨가 이야기한 재일 코리안 집단 거주지를 방문해도 되는데 하고 은근히 떠보니, 줄리아노는 흔쾌히 고개를 끄덕였다. 다음 날, 우리는 우지 시(宇治市) 우토로 지구를 방문했다.

우토로는 아시아·태평양전쟁 중 국책에 의한 군사비행장 건설을 위해 조선 출신의 노동자들이 모여든 곳이다. 패전 후, 하청업체를 비롯한 일본인들은 떠나고 아무데도 갈 곳 없는 사람들이 우토로에 남겨졌다. 사람들은 그대로 밥집 터에 살면서 극빈한 생활을 하며 전후(戰後)를 살아남았다. 우토로의 토지 소유권은 비행장 건설을 맡은 국책기업의 후신 회사*에게 있었고 주민들은 불법 점거로 간주되었다. 1980년대, 버블의 전성기였던 시절, 토지는 어느새 한 주민에 의해 부동산 업자에게 전매

---

* 여기서 말하는 국책기업이란 일본국제항공공업(日本國際航空工業), 그 후신 회사는 닛산차체(日産車体) 및 그 모체인 닛산그룹(日産グループ)을 가리킨다.

(轉買)되었고 주민들을 상대로 그들의 역사 그 자체인 가옥의 철거와 토지의 명도를 요구하는 소송이 제기되어 2000년 일본 대법원에서 주민의 패소가 확정되었다. 우리가 우토로를 방문했던 2005년 10월 당시에는 업자의 신청으로 대법원의 강제집행이 언제 이뤄져도 이상하지 않은 시기였다.

멋진 단독주택도 있지만 외곽의 주택과 비교하면 확실히 열악한 목조 주택이 늘어서 있다. 아직도 폭우가 내릴 때마다 마루 위까지 침수되는 집도 있다. '불법 점거'라고 본다면 그곳에 사는 사람들은 행정에 있어서는 완전한 '시민'이 아니며 세금을 투입하는 행정 서비스의 대상도 아니다(레바논의 난민캠프가, 쓰레기 수거, 수도 공급 등 레바논 정부의 모든 서비스에서 배제된 것과 마찬가지다). 우토로의 수도관 시설은 1988년에서야 비로소 깔리게 되었다. 인접한 자위대 주둔지와의 경계에 있는 용수로에는 울타리도 없었다. 아이들이 물에 빠질 위험이 있다고 시 당국에 수차례 울타리 설치를 요구했지만 '시민'이 아닌 사람의 안전은 시 당국이 관여할 일이 아니라면서 좀처럼 설치되지 않았다. 그런 의미에서 우토로는 분명한 '노 맨스 랜드'였다. 우토로를 둘러본 줄리아노는 이렇게 말했다. "일본에도 난민캠프가 있는 줄 몰랐어요."

그 말을 일본어로 번역해 전달하니 우토로에 사는 2세 남성은 "난민캠프?"라며 고개를 갸웃거렸다. 확실히 사람들이 집을 짓고 수십 년에 걸쳐 삶을 영위하는 우토로는 간이 텐트가 늘어선 일반적인 '난민캠프'와는 다르다. 그러나 국민 아닌 자들이 살아가는 우토로는 아감벤이 말한 '암묵적 허구'를 백일하에 드러내는 국민국가라는 영토에 뚫린 '위상기하학적인 구멍'이며 따라서 난민캠프에 다름 아니라는 것을 줄리아노는 팔레스타인 난민들의 생생한 경험을 통해 알고 있었다.

우토로 광장에 있는 집 담벼락에는 강제집행 위기에 처한 주민들의 심경을 담은 입간판이 빼곡히 붙어 있었다. '우토로는 우리들의 고향', '우리는 여기서 죽는다'. 광장에서 만난 재일 1세인 할머니는 조선어*가 섞인 일본어로 "불도저가 오든지 말든지 우리는 이젠 아무데도 안 갈 거여. 죽을라면 여기서 죽을 거여."라고 말했다. 그 말을 들은 줄리아노는 말했다. "똑같은 말을 제닌 난민캠프의 난민 1세 어머니들에게서 몇 번이나 들었던가요. 이게 '소무드'입니다. 일본에도 우리와 같은 투쟁을 하고 있는 사람들이 있다는 알게 되니, 우리에게 용기를 주고 우리의 투쟁에 힘을 실어주네요."

아랍어에는 저항을 뜻하는 두 단어가 있다. '무카와마'와 '소무드'이다. 이슬람주의를 표방하는 팔레스타인의 '하마스'는 정식 명칭인 '이슬람 저항운동'의 머리글자를 딴 약칭인데, 여기서 저항은 '무카와마', 즉 무기를 들고 싸우는 저항인 '레지스탕스'를 의미한다. 반면 '소무드'는 불퇴전을 결의하고 어떻게든 끝까지 버티겠다는 저항의 자세를 말한다(사메드—소무드를 관철하는 자—라는 이름을 가진 사람들도 드물지 않다).

소무드의 의미를 일본어로 설명하자, 이를 들은 우토로 활동가는 줄리아노에게, 부디 그 말을 광장의 집 담벼락에 늘어선 입간판에 아랍어로

---

* '한국어'라는 표기 대신 저자가 원문에서 사용한 '조선어(朝鮮語)' 표기를 그대로 사용했다. 그 이유는 저자가 재일 코리안에게 차별적인 시각을 갖고 있다고 여겨지지도 않을뿐더러, 한국 국적을 지닌 재일 코리안 외에, 북한 국적, 전후 어느 쪽의 국적도 지니지 않은 조선적(朝鮮籍)의 재일 코리안의 언어를 포괄하면서도 역사성이 있다고 여겨지기 때문이다.

써달라고 부탁하며 매직펜을 가져왔다. "아랍어로?" 줄리아노가 되물었다. "아랍어로요"라고 내가 대답하자, 펜을 쥔 그는 간판 앞에 서서 잠시 주저하는 듯 보였지만 천천히 아랍 문자로 '소무드'라고 쓰고 그 밑에 자신의 이름을 적었다.

그가 쓴 '소무드'는 비바람에 퇴색되어 지금은 사라지고 없지만 그 철자법에는 오류가 있었다. '소무드'의 '소'를 가리키는 S에 해당하는 아랍어 문자 다음에 원래는 불필요한 모음이 적혀 있어 '소-무드'로 표기되어 있다. 아버지가 팔레스타인 사람인 줄리아노였지만 학교 교육은 줄곧 유대인의 학교에서 히브리어로 받았다. 아랍어의 팔레스타인 방언은 유창했지만 아랍어 읽기와 쓰기는 그다지 능숙하지 못했을 것이다. 철자가 틀린 '소무드' 자체가 줄리아노 메르-하미스의 삶이 응축된, 그의 서명이었다.

6. 줄리아노 메르-하미스

교토역에서 도쿄행 신칸센 출발을 기다리는 시간, 줄리아노와 둘이서 커피를 마시며 수다를 떨었다. 자신을 누구라고 생각해요? 유대인? 팔레스타인 사람? 그렇게 묻는 내게 그는 이렇게 대답했다. "나는 100퍼센트 팔레스타인 사람이고 100퍼센트 유대인이죠. 하지만 앞으로는 지금까지처럼 이스라엘 유대인 사회에서 사는 것은 관두고 팔레스타인 사람으로 살고 싶어요."

그 말대로 이듬해인 2006년, 줄리아노는 활동 거점을 제닌으로 옮겨 어머니 아르나의 유지를 이어받아, 2002년에 파괴된 '돌의 극장'을 재건하여 '자유극장'이라 명명하고 예술감독으로 취임한다. 그리고 연극을 통해 두 가지 점령-이스라엘의 점령과, 점점 더 심해지는 팔레스타인 사회 내부의 문화적·종교적 점령*—과 투쟁하면서 인간의 전적인 자유를 래디컬하게 추구했다. 줄리아노야말로 카나파니가 말한, 바로 그 대의(cause)였다.

2011년 4월 4일, 줄리아노 메르-하미스는 제닌의 자유극장 앞에서 누군가에 의해 살해당했다.

7. 줄리아노의 아이들

2014년 3월, 나는 요르단 계곡에 있었다.

요르단 계곡 일대는 A구역(완전 자치구)인 예리코 마을과 그 주변을 제외하면, C구역, 즉 이스라엘군의 완전한 통치하에 있다. 예리코 마을은 C구역이라는 바다에 떠 있는 외딴 섬 같은 곳이다. 에리코 마을을 벗어나 조금만 더 가면 그곳은 이미 C구역이다. 길 양옆으로 대규모의 푸른 과수원이 군데군데 펼쳐져 있다. 이스라엘 정착민들이 운영하는 대추야자와 바나나 플랜테이션 농장이다. 그리고 그 사이사이에 허물어진 폐가 같

---

* 이 장의 제8절 참조.

은 오두막들이 산재해 있다. 팔레스타인 사람들의 '집'이다. 오슬로 협정에 따라서 C구역으로 구분된 지역에서는 팔레스타인 사람들이 집을 짓는 것이 금지되었기 때문에, 그들의 집은 파괴되었고 집이라고도 할 수 없는 허름한 판잣집에서 생활하고 있었다. 정착민들의 플랜테이션 농장에 노동력을 제공하여 입에 풀칠을 하면서.

요르단 계곡의 팔레스타인 인권 침해를 감시하고 전 세계에 발신하는 '요르단 계곡 연대위원회'의 기지에 도착하니 낡은 버스 한 대가 멈춰 서 있었다. 옆면에는 '프리덤 버스'라고 쓰여 있었다. 제닌의 자유극장이 운영하는 활동 중 하나인 '프리덤 버스 투어'였다. 세계 각국에서—거의 유럽과 미국에서지만—30여 명이 참가하여 제닌을 기점으로 이 버스를 타고 점령 하의 각지를 돌아다니며 이스라엘의 점령 실태를 눈으로 확인하면서 현지의 다양한 연대 활동에 참가하는 프로젝트다. 버스에 동행하는 스태프들은 제닌 자유극장의 배우들이었다. 전날은 C구역에서 파괴된 학교에서 벽돌을 쌓아 재건을 도왔다고 한다. 참가자들 중에는 노인도 많았고 일부는 지팡이를 짚고 걸어다니는 노인도 두 명 정도 있어 깜짝 놀랐다.

그날 저녁, 우리를 태운 프리덤 버스는 A구역 학교를 방문하여, 교정에 지역 주민들을 모아 놓고 자유극장의 배우들이 관객 참여형 퍼포먼스를 진행했다. 점령하에서 사람들이 경험한 사건을 이야기하게 하고 그때 당신은 어떤 기분이었는지, 사실은 어떻게 하고 싶었는지를 묻고 그것을 배우들이 즉흥적으로 연기해 보이는 것이다. 남성이든 여성이든 모두 배우로서 실력을 잘 갈고닦은 프로 배우들이었다. 영화 〈아르나의 아이들〉을 봤고 줄리아노도 만난 적이 있다고 말하자 그들은 "우리는 아르나의 아이들, 줄리아노의 아이들이에요!"이라고 말했다.

자유극장 홈페이지에는 다음과 같이 적혀 있다.

> 자유극장은 줄리아노의 어머니 아르나의 영감(inspiration)과 그녀가 우리에게 남겨준 것들 위에 세워졌습니다. 그리고 그 미래의 작품은 줄리아노가 남긴 유산 위에 세워질 것입니다. 자유극장은 자유를 촉진한다는 그의 사명을 수행할 것입니다. 팔레스타인 사람들뿐만 아니라 모든 인간의 자유를.
>
> 우리는 줄리아노의 죽음을 애도하면서도 예술을 통해 우리의 레지스탕스를 계속할 것입니다. 우리의 투쟁을 계속할 것입니다. 최선을 다할 뿐만 아니라 최선을 다하는 것 이상을 계속할 것입니다. 줄리아노가 항상 말했기 때문입니다. "혁명은 계속되어야만 한다!"라고.

8. 대의에 살아가는 자

2005년 10월, 대학에서 〈아르나의 아이들〉 상영회를 열었던 그날 밤, 줄리아노는 오전 2시까지 그를 에워싼 학생들과 대화를 나누었다. 솔직하고 성실하며 무척이나 따뜻한 사람이었다.

그날 밤 줄리아노를 호텔로 바래다주는 길에, 학생들과 함께해 준 데에 감사의 인사를 전하자 그는 "당신도 이렇게 씨앗을 뿌리고 있군요"라고 말했다.

줄리아노의 안타까운 사망 소식을 접한 이후, 그를 추억한다든지, 남겨진 사진이나 영상으로 그의 모습을 접하는 것조차 힘들었다. 이 글을 쓰기 위해, 줄리아노가 세상을 떠난 후 처음으로 그에 대해 쓰여진 몇몇 글을 읽었다. 자신은 100퍼센트 팔레스타인 사람이고 100퍼센트 유대인이라고 말한 줄리아노였지만 그렇게 단언할 수 있게 되기까지 자신이 도대체 누구인지, 어떤 사람으로서 어떤 삶의 길을 걸어야 할지 그가 갈등하며 살아왔다는 것을 처음으로 알게 되었다. 그 모습은 읽고 있으면 가슴이 아릴 정도였다.

유대인 학교에 다니면서 팔레스타인 사람인 아버지를 두고 '하미스'라는 아랍어 성(姓)을 일컫는 줄리아노는 이스라엘 유대인 사회에서는 아랍인이었다. 제닌에서 그는 유대인이었다. 그의 출신보다도 그의 래디컬한 가치관이 제닌과 같은 보수적인 풍토의 사회에서는 이질적이었다. 부모의 반대를 무릅쓰고 부친의 성을 버리고 이스라엘 군에 입대했다. 이스라엘 군인으로서 팔레스타인 소녀 살해 및 은폐 공작에 가담했으며 시위 중인 팔레스타인 사람들을 구타한 적도 있다. 그러나 팔레스타인 노인의 몸을 수색하라는 명령을 받았을 때는 따르지 않고 상관을 구타하여 몇 달 동안 투옥되었다. 석방되어 불명예 제대하게 되자, 이번에는 PLO(팔레스타인 해방기구)에 참여하려고 했다. 어느 쪽이든 상관없었고 어쨌든 어딘가에 소속되고 싶었던 것이다. 결국 텔아비브의 연극학교에서 배우의 재능을 발견한 그는 이제 줄리아노 메르로서 영화와 무대에서 활약하게 된다. 하지만 여전히 '길'은 찾지 못했다. 필리핀에서 살기도 했고 1987

년에는 이스라엘의 점령에 항의하는 의미로 텔아비브 거리에서 옷을 벗고 온몸을 마치 피로 물들이듯이 붉은 페인트로 칠하는 퍼포먼스를 하기도 했다. 그런 아들을 어머니 아르나가 제닌에 초대했다.

아르나가 라이트 라이블리후드 상을 수상한 그해, PLO와 이스라엘 간의 오슬로 협정이 체결되었다. 오슬로 협정과 그로 인해 수립된 오슬로 체제는 팔레스타인 사람들에게 어떤 의미였을까? 오슬로 프로세스 6년차에 사이드가 쓴 에세이 「타고난 것인가, 선택한 것인가?」에 따르면, 그것은 전 세계적으로 공유된 '팔레스타인 사람'이라는 '확장된 정체성'을 깨뜨리고 그것을 또다시 좁은 혈연집단만을 의미하는 것으로 재조직하여 '자치구'라는 '홈랜드(Homeland)'에 가둬두기 위한 프로세스나 다름없었다.

2006년 그가 제닌에서 극장을 재건했을 때, 오슬로 체제를 거쳐 제2차 인티파다의 파괴를 겪은 제닌은 더 이상 20년 전 어머니와 함께 다녔던 곳이 아니었다. '팔레스타인 사람이라는 것'이 갖는 보편적이고도 전적인 인간 해방에 대한 정치적 헌신의 의미는 사라지고, 대신에 종교적, 문화적인 압제가 사회를 내면으로부터 억압하고 있었다. 아르나는 미처 알지 못한 채 세상을 떠난, 점령 하의 새로운 현실이었다.

시대와 사회가 바뀌어도 줄리아노는 예술을 통해 이스라엘의 군사적 점령뿐만 아니라 인간의 자유를 억압하는 모든 점령과 억압에 맞서 싸우려 했다. 그 때문에 지역 사회와 마찰을 빚은 것도 사실이다. 하지만 그는 타협하지 않았다. 이때 그의 눈에는 자신이 가야 할 길이 분명하게 보였음에 틀림없다. 어머니 아르나가 그랬던 것처럼 말이다. 줄리아노 메르-

하미스라는 이름을 쓸 때부터, 그는 스스로 팔레스타인 사람이기를 선택한 것이다. 그에게는 더 이상 망설임은 없었다.

카나파니의 『하이파에 돌아와서』에서 '인간이란 그 한 사람 한 사람이 하나의 대의(大義)이다'라는 말은 19세기 미국 사상가 랄프 왈도 에머슨의 에세이집 『자기 신뢰』의 한 구절에서 따온 것이다. 거기에는 다음과 같이 적혀 있다.

> 진정한 인간이란, 어느 시대, 어느 장소에도 속하지 않는다. (…) 진정한 인간이란 한 사람 한 사람이 하나의 대의이며 하나의 국가이며 하나의 시대이다. 그가 계획한 것을 완전히 실현하려면 무한한 공간과 수와 시간이 필요하다. 이윽고 후세대 사람들이 줄을 이루어 그의 발자취를 따라갈 것이다, 스스로 인도하는 길을 찾아.[53]

에머슨이 '진정한 인간이란 무엇인가'라고 한 것을 카나파니는 '인간' 전반으로 덧붙여 말했다. 그것은 나크바로 인해 노 맨이 된 동포를 향해, 한 사람 한 사람이 하나의 보편적 대의이자 보편적 이념인, 그런 인간이 되라 외친 것이다. 카나파니 자신이 그랬듯이, 아르나도 줄리아노도 스스로 선택한 '팔레스타인 사람임'이라는 '대의'를 살아간 이들이었다.

제11장

영혼의 파괴에 맞서서

괴물과 싸우는 자는 그 과정에서
스스로 괴물이 되지 않도록 주의하라.
그대가 심연을 오래 들여다볼수록,
심연 또한 그대를 똑같이 바라보게 될 것이다.

―프리드리히 니체, 『선악의 저편』에서

1. 칼란디아

내가 처음 칼란디아의 이름을 알게 된 때는 2002년 4월 말이었다.

그 무렵 제2차 인티파다는 정점에 이르렀다. 이스라엘의 침공도 팔레스타인 측의 저항도 극에 달했고 팔레스타인 자치정부가 있는 라말라에도 이스라엘군이 침공했다. 내가 라말라에 들어섰을 때 시가지에 전개하고 있었던 이스라엘군은 철수했지만 팔레스타인 자치정부 문화부 건물은 여전히 이스라엘군이 점령하고 있었고 아라파트 대통령이 갇혀 있는 대통령부 건물에 대한 포위 공격도 계속되고 있었다.

2002년 4월의 그날 아침, 예루살렘에서 택시를 타고 라말라로 향하던 우리는 도중에 차에서 내려야 했다. 칼란디아 검문소였다. 지금은 서안지구 점령의 폭력을 상징하는 악명 높은 검문소이지만 당시에 이곳은 거대한 블록으로 막힌 도로 중앙에 모래주머니를 쌓고 그 위에 총을 설치한 급조된 체크포인트였다.

총구 끝, 모래주머니에서 십 미터 정도 떨어진 곳에 수백 명이나 되는 사람들이 남녀별로 길게 줄을 지어 순번을 기다리고 있었다. 한 사람 한 사람이 모래주머니 옆에 선 젊은 이스라엘 군인에게 다가가 신분 증명서를 보여주고 목적지와 행선지를 말한다. 무사히 통과할 수 있는 사람도 있는가 하면 돌려보내지는 사람도 있다. 병원에 간다고 했던 모녀가 통과를 허락받지 못하고 돌아왔다. 문득 보면 남자들 줄에서 흰색의 긴 옷에 흑백 격자무늬 쿠피예를 두른 전통 의상 차림의 노인이 검문소를 무시하고 의연하게 걸어나갔다. 무사히 반대편에 도착하자, 줄에서 죽 늘어앉아 있던 이들 모두가 우레와 같이 박수갈채를 치며 점령자에게 조그마한 일격을 가한 노인에게 쾌재를 불렀다. 갑자기 갓길에 있던 나이 지긋한 병사가 기관총으로 지면에 총을 갈겨댔다. 질서를 어지럽히는 움직임에 대한 위협 사격이었다.

태양의 고도가 높아짐에 따라 바싹바싹 타들어간다. 드디어 내 차례가 왔다. 옆에 있던 팔레스타인 여성이 '굿럭(good luck)'이라 말하며 나를 전송해 주었다. 무사히 검문소를 통과하여, 아직 줄을 서서 순번을 기다리는 그녀에게 손을 흔들자, "다행이다!"라는 표정으로 크게 손을 흔들어 주었다.

2. 케이라의 미소

검문소는 90년대에도 존재했지만 제2차 인티파다의 발발에 따라 서안 지구와 가자 지구에, 한때는 500개가 넘는 검문소 및 로드블록*이 설치되었다. 찌는 듯이 뜨거운 여름이든 추운 겨울이든, 사람들은 그곳에서 자신의 차례가 올 때까지 몇 시간씩이나 때로는 며칠씩이나 기다려야만 했다. 검문소 때문에 학생들이 학교에 오지 못해서 검문소 옆에서 수업을 하고 있다는 기사를 읽은 적도 있다. 구급차가 통행 허가를 받지 못해 병자가 병원으로 이송되지 못하고 죽게 되거나 임산부를 태운 차량이 검문소에서 대기하라는 지시를 받은 탓에 길거리에서 분만을 해야 하는 경우도 당시 자주 보도되었다. 노상 분만으로 인한 사산과 유산도 많았다(애초에 점령하에서 살아간다는 스트레스가 조산과 유산으로 이어지기도 한다). 당시 팔레스타인에서는 남편이 전화로 의사의 지시를 받아가며 집에서 아내의 출산을 돕는 '원격 분만'도 드물지 않았다.

〈케이라의 미소〉**라는 제목의 영상 작품이 있다. 제2차 인티파다가 한창이던 2002년에 제작된, 17명의 영상작가들이 이스라엘의 '오늘날'을 그린 3분짜리 작품 17편을 모은 영화 〈모먼츠 이스라엘 2002 *Moments, Israel 2002*〉[54]에 담긴 작품 중 하나다. 2005년 교토조형예술대학에서 개최된 사토 마코토(佐藤眞) 감독의 컬렉션 《다큐멘터리 영화의 세계 2005: 이스라엘-팔레스타인의 경계를 넘어》 중 한 편으로 상영되었다. 다른 16편의 작품이 어떤 내용이었는지는 전혀 기억이 나지 않지만 이스라엘의 유대인 영상작가 아리엘라 아줄레이의 이 작품만은 그 제목과 함께 기억

---

*　　roadblock, 통행을 방해하는 장애물.
**　　이 작품은 NFCT(The New Fund for Cinema and TV) 사이트에서 볼 수 있다. 다음의 사이트 참조. https://nfct.org.il/en/movies/kheiras-smile/

에 깊이 새겨졌다.

임신 7개월의 케이라 아부하산은 산기를 느껴 병원으로 가는 길에 검문소에서 10시간 동안 발이 묶여 있었고 길거리에서 태어난 아기는 몇 시간만에 죽고 말았다. 작품은 아기가 죽은 지 몇 달 후 촬영된 케이라의 얼굴 사진과 그 사진을 찍은 이스라엘 남성 카메라맨, 그녀가 향하던 병원의 팔레스타인 의사, 그리고 검문소에서 그녀의 통과를 허가하지 않은 이스라엘 병사의 증언 영상으로 구성된다. 영상의 주 내용은 케이라의 스틸 사진이다.

같은 각도로 연달아 수십 장이나 찍힌 얼굴 사진. 그 사진 속 케이라는 모두 입가에 옅은 미소를 짓고 있다. 점령군의 검문 때문에 길거리에서 아기를 낳을 수밖에 없었고 갓 태어난 아기를 잃은 엄마의 미소와는 어울리지 않는다. "그 아이는 7개월 동안 내 뱃속에 있었어요. 젖을 먹고 싶어 했지만 줄 수 없었어요. 그 아이를 배고픈 채로 떠나보내야만 했어요…"라는 자막으로 소개되는 케이라 자신의 말과도 어긋난다. 유대인 카메라맨은 아랍어 통역을 통해 헤이라에게 웃지 말라고 당부했지만 자신에게 향해진 카메라 렌즈를 마주한 그녀는 입가에 옅은 미소를 짓기를 멈추지 않았다. 도대체 왜 케이라는 웃는 것일까? 이 '왜'가 이 작품의 핵심을 이룬다.

"그녀에게는 검문소의 병사든 카메라맨이든 간에 별반 다를 바 없이 느껴졌겠죠." 유대인 사진작가는 회상한다. 즉, 그 자신은 같은 유대인이지만 검문소 병사들과는 다르다고 생각한다는 것이다. 이상할 건 없다. 명령대로 긴급한 산모의 통행을 허락하지 않고 길거리에서 출산하게 하여 영아를 죽음에 이르게 한 병사. 그녀의 배가 눈에 띄지 않아서 임신한 줄도 몰랐다고 변명하는 그는 한나 아렌트가 말하는 '악의 평범성'을 구현하는 점령의 실행자다. 그 '악'을 피해자의 비탄을 담은 사진을 통해 자기 사회에, 그리고 세상에 고발하고자 하는 카메라맨에게는 자국의 점령에 대한 비판, 분노와 함께 억압받는 이들에 대한 공감이 있다.

그러나 케이라가 렌즈 앞에서 계속 웃는 것은 렌즈 앞에 슬픔을 드러내기를 완강히 거부했기 때문이다. 점령의 폭력을 고발하려는 카메라맨이 원하는 건, 이와 같은 일을 당한 팔레스타인 여성이 안고 있을 슬픔을 사진을 통해 이스라엘 시민들에게 전달함으로써 인간적인 공감의 회로를 여는 것이다. 하지만 그녀가 거부하는 것은 바로 그 지점이다. 케이라의 미소는 "그녀를 이해하고 공감하려는 시도에 대해, 일종의 바리케이드를 쳐놓은 것"이라고 아줄레이는 말한다. "그것은 일종의 경계선이에요. 피점령자가 점령자에 대해 설정한 경계죠."

여기서 '경계(Boundary)'라는 단어가 중요하다. '점령'이라는 폭력에는 다양한 성격이 있지만, 그 폭력의 본질 중 하나가 '경계의 침범'이기 때문이다. 점령이란 우선 군대의 침공이라는 경계선의 침범으로 시작된 사태이지만, 점령하에서는 내적이고 사적인 세계와 외부 세계의 경계가 끊임없이 위협받고 침범당한다. 경계에 의해 명확하게 구분된 우리/우리의 것이 마치 그런 경계 따위는 존재하지 않는 것처럼 타자에 의해 지배되고 유린당하는 것이다. 새벽에 자택에 밀어닥치는 점령군 병사들. 가장 사적인 시간, 집 안에서도 가장 사적인 공간인 침실에서 잠시 눈을 붙이고 있던* 이들의 사적인 세계에 점령자들은 폭력적으로 침입한다. 가구는 뒤집어지고 옷장과 서랍장에 든 것들은 무엇이든 이것저것 뒤엉킨 채 밖으로 내팽개쳐진다. 점령하에 살아가는 사람은 점령자 앞에서 프라이버시는 조금도 허용되지 않듯이. 검문소도 마찬가지다. 몸을 수색당하고 가방 속까지 검사받는다. 그리고 길거리에서의 분만까지….

요르단강 서안 지구 출신의 여성 감독 부사이나 쿠리의 작품 중에, 1970년대 초 이스라엘의 군사 점령에 대한 무장 저항운동에 참여한 세 명의 팔레스타인 여성들의 생생한 삶의 궤적을 그린 2005년작 〈Women in Struggle-시선〉이라는 다큐멘터리가 있다.55) 체포된 여성들은 이스라엘 감옥에서 고문을 당한다. 자궁을 직접 공격당해 아이를 낳을 수 없게 된 사람도 있다. 경계 침범의 폭력이라는 점에서 점령과 고문은 본질이 같다. 점령이 나/우리들 자신의 주권을 박탈하는 것처럼, 고문은 내 몸에 대한 나 자신의 주권을 박탈하는 것이다.

케이라는 자궁이라는 가장 사적인 신체적 토포스 안에서 7개월 동안 소중히 지켜왔던 생명을 점령군에게 빼앗겼다. 잃어버린 소중한 생명에 대한 슬픔, 그녀의 안쪽 가장 깊은 곳에 있는 그녀 자신의 소중한 감정, 그것만이 그녀에게 남겨진 최후의 사적인 것이었고 점령자에게 결코 넘겨줄 수 없는 것이었다. 케이라의 슬픔의 표정을 찍고 싶었던 이스라엘 카메라맨의 욕망이 휴머니즘에 뿌리를 둔 것임은 의심할 여지가 없다. 그러

---

* 원문은 'まどろんでいた'로 일반적으로 잠을 자고 있었다는 의미보다는 '잠깐 눈을 붙이고 있었다', '졸고 있었다' 등의 뜻을 지닌다. 저자가 굳이 이 표현을 쓴 이유는, 어쩌면 사적인 세계마저 침범당한 점령 상태에서는 진정한 의미의 휴식이란 결코 불가능함을 의미하기 위해서가 아닐까?

나 사적인 세계와 그렇지 않은 것의 경계를 끊임없이 침범하고, 피점령자에게 프라이빗한 삶을 허용하지 않고 그들 스스로 자신의 경계를 획정할 권리를 부정하는 것, 그것이 점령 폭력의 본질 중 하나이자 핵심 부분이라면 그 폭력의 희생자인 케이라에게 남겨진 최후의 사적인 세계, 그곳에 감춰진 '슬픔'이라는 사적 감정까지도 백일하에 드러내려는 카메라맨의 행태는 분명 점령자의 그것과 다를 바 없다. 케이라가 카메라맨을 검문소 병사와 동일시하는 것은 카메라맨이 생각하는 것처럼 민족성(ethnicity)의 동일성 때문이 아니다. 설령 그것이 보편적인 인간적 공감에 기반한 것이라 할지라도, 그의 행태는 자국의 점령을 비판하면서도 점령의 폭력과 본질을 공유하고 또 반복하고 있다. 그래서 케이라에게 그는 검문소의 병사와 똑같은 점령자나 다름없었다고 할 수 있다.

3. 검은 고양이(黑猫)

2006년 여름, 4년 만에 팔레스타인을 방문했다. 제2차 인티파다가 종식된 지 2년. 팔레스타인은 더욱 변모하고 있었다.

다시 찾은 제닌 난민캠프는, 4년 전 흙모래의 바다로 변해 있던 광경이 마치 거짓말인 듯, 유엔 팔레스타인 난민구호기구(UNRWA)에 의해 재건되어 페인트 색도 선명한 새집들이 다닥다닥 늘어서 있었다. 아랍에미리트연방의 자이드 수반이 복구 기금을 전달했다고 한다. 캠프 입구의 길 위에는 수반의 거대한 초상화가 걸려 있었다. 4년 전의 사건(이스라엘군의 침공과 저항조직의 전투, 그리고 그 철저한 파괴)의 기억을 불러일으키는 것은 아무것도 없었다. 4년 전, 사람들이 묵묵히 잔해더미 속에서 매트리스를 비롯한 가재도구를 파헤치던 그 장소는 마치 마법을 부린 듯이 깔끔한 주택가로 탈바꿈했다. 새롭게 재건된 캠프에는 난민캠프답지 않게 폭이 넓은 도로가 나 있었다. 이스라엘의 탱크가 쉽게 지나갈 수 있도록 설계된 도로였다. 알뜰살뜰 일궈놓은 집이 무너져내려 망연자실해 있던 주민들에게 신속한 캠프 재건은 하늘이 내린 구원의 손길이나 마찬가지였을 것이다. 하지만 영화 세트장처럼 만들어진 거리 풍경에 나는 강렬한 위화감을 느끼지 않을 수 없었다. 사건의 기억 자체를 거부하려는 듯, 사건 자체를 없었던 일로 치부하려는 듯, 파괴의 흔적은 시멘트와 얼룩한 점 없는 새하얀 페인트로 덧칠해져 지워져버리고 말았다.56)

제2차 인티파다 당시 제닌 난민캠프는 저항의 일대 거점으로 '제닌 전투*'라는 팔레스타인 역사에 새겨지게 될 전투의 무대가 되었다. 그렇기 때문에 이스라엘군의 침공을 불러일으켰고 철저하게 파괴되었다. 4년 전 4월, 내가 목격했던 완전히 파괴된 건물에 둘러싸여 캠프 중앙부에 사방 100㎡에 걸쳐 펼쳐져 있던 그 흙모래의 바다, 점령군이 남긴 거대한 파괴의 흔적이 의미하는 것은 의지할 데 없는 난민들에게 닥친 비극만은 아니었다. 그 정도의 파괴를 초래할 만큼 캠프 측의 높은 저항 의지와 그 치열함의 증거이기도 했다. 그것을 보존하지 않고 깔끔하게 재건된 캠프는

---

* 2002년 4월 1일부터 11일까지 이스라엘이 점령 중인 요르단강 서안 지구에 위치한 제닌 난민캠프에서 벌어진 전투. 이때 이스라엘군은 400채가 넘는 가옥을 파괴했고 수백 채의 건물을 손상시켰으며 당시 주민 중 1/4이 쫓겨난 것으로 알려져 있다.
https://www.unrwa.org/where-we-work/west-bank/jenin-camp

제닌 난민캠프뿐 아니라 팔레스타인 사람의 성격을 뜯어고치려는 시도처럼 여겨졌다.

4. 아파르트헤이트 장벽

2002년 팔레스타인과 2006년의 팔레스타인의 가장 큰 차이점은 4년 전에는 존재하지 않았던 8미터 높이의 거대한 콘크리트 분리장벽이 수십 킬로미터에 걸쳐 요르단강 서안 지구 대지 위를 사악한 구렁이처럼 달리고 있다는 것이다. 점령지의 팔레스타인 사람들이 이스라엘 영내에 침입해 테러를 저지르는 것을 막기 위한 보안벽이라고 이스라엘은 주장한다. 실제로 제2차 인티파다 당시에는 점령지의 팔레스타인 사람들에 의한 이스라엘 시가지에서 자폭이나 총기 난사 등 자살 공격이 빈번하게 일어났다. 제닌에 이스라엘군이 침공한 것도 난민캠프 청년이 이스라엘 시내에서 자살 공격을 한 것이 직접적인 계기가 됐다.

이스라엘의 주장이 사실이라면 장벽은 서안 지구(1967년의 점령지)와 이스라엘 영내(1948년의 점령지) 사이의 경계선인 1949년 휴전선(소위 그린 라인) 위에 건설되어야 하지만, 실제 장벽은 서안 지구 내부까지 깊숙이 파고들어 건설되고 있다. 분리장벽은 이스라엘이 주장하는 대로 시민의 안전을 지키기 위해, 이스라엘과 점령지를, 유대인과 팔레스타인을 단순히 분리하는 것만은 아니다. 오히려 팔레스타인 사람들의 마을과 마을 사이를, 그들의 집과 학교와 직장을, 혹은 집과 농지를 분단하고 있다.

장벽이 구불구불하고 삐뚤삐뚤하게 나아가는 것은 요르단강 서안 지구에 건설된 이스라엘 정착촌과 요르단강 서안 지구 지하에 있는 수원(水源)을 가능한 한 이스라엘 쪽으로 끌어들이려는 것이다. 그 결과 정착민들은 물을 풍족하게 쓰는 반면, 점령지 팔레스타인 주민들은 만성적인 물 부족에 시달리고 있다. 점령 하의 주민들은 자기 땅의 물을 이스라엘의 생수 회사에서 사서 음료수로 마시고 있다.

장벽 건설 자체가 안전보장이라는 명목으로 팔레스타인의 땅과 자원을 수탈하는 프로세스다. 2004년 국제사법재판소는 이를 국제법 위반이라 규정하여 이스라엘에게 분리장벽을 철거하고 팔레스타인 주민들에게 끼친 손해를 배상하라는 판결을 내렸지만, 분리장벽 건설은 계속되고 있다(국제형사재판소와 달리, 국제사법재판소의 판결은 권고에 불과하다).

예루살렘을 그 주위에 건설된 거대한 정착촌마다 둘러싸듯이 분리장벽이 건설된 결과 장벽 너머에 거주하게 되어버린 사람들은 예루살렘에 출근하기 위해 매일같이 엄청난 어려움을 강요당했다. 그해 여름은 예루살렘의 성 조지 대성당 교회의 게스트 하우스에 투숙했는데, 교회 문지기를 맡고 있는 남성은 예전에는 자택에서 교회까지 차로 10분만에 갈 수 있었는데, 장벽이 생겨난 지금은 왕복 세 시간이나 걸리게 되었다고 한다. 장벽을 넘기 위해 몇 킬로미터나 떨어진 검문소까지 우회해야만 하는데다, 예루살렘에서 일하는 수천 명이나 되는 노동자들이 아침마다 검문소에 쇄도하는 탓에, 두 시간 이상 줄을 서서 기다려야만 하기 때문이다.

4년 만에 제닌 난민캠프를 방문하고 돌아오는 길, 예루살렘이 가까워질 즈음 우리는 버스에서 내려졌다. 칼란디아다. 4년 전에는 아무것도 없었지만 이제는 회색의 거대한 분리장벽이 앞길을 가로막는 듯 우뚝 솟아 있다. 그리고 이전에는 도로 중앙에 흙주머니를 쌓아놓았을 뿐인 간이 체크포인트는 이젠 분리벽과 합쳐진 하나의 거대한 검문시설이 되어 있었다.

이스라엘 번호판을 단 차량들은 옆의 전용도로를 거의 검문도 받지 않고 통과하는 반면, 팔레스타인 사람들은 줄을 서서 한 사람 한 사람씩 공항의 보안검색과 마찬가지인 검사를 받아야만 한다. 가방 등 휴대품은 공항의 수하물 검사처럼 컨베이어 벨트에 실려서 X선으로 내용물을 확인당하고(남성은 신발을 벗고 바지 벨트를 풀고), 팔레스타인 사람들은 유리로 칸막이가 쳐진 부스 안에 있는 병사에게 예루살렘 입경 자격이 있음을 나타내는 신분증을 제시하고 금속탐지기의 게이트를 빠져나간다. 옥수수 같은 머리모양을 한 부스 안의 젊은 여군(이스라엘은 여성도 2년간의 병역의무가 있다)이 내 여권을 보더니, "Welcome to Israel"이라고 거친 말투로 소리쳤다. 그 옆으로는 젊은 팔레스타인 남성이 조용히 신발을 벗어 컨베이어 벨트에 올려놓고는 바지 벨트를 풀고 있었다. 오후 시간대라 사람도 적어 15분 정도로 통과할 수 있었지만, 이게 만약 예루살렘으로 출근하는 사람들이 쇄도하는 아침이었다면 통과하는 데 몇 시간이 걸렸을 것 같다. '칼란디아'로 이미지 검색을 하면 수천 명이나 되는 팔레스타인 사람들이 줄지어 모여 있는 검문소 사진을 많이 볼 수 있다.*

---

* 영어인 'Qalandia Checkpoint'로 검색할 경우 관련 이미지를 다수 확인할 수 있다. 한국어인 '칼란디아 검문소'로 검색하거나 일본어인 'カランディア検問所'로 검색할 경우 나오는 이미지는 드문 편이다.

팔레스타인 사람들의 이동의 자유를 가로막고 있는 것은 세계적으로 악명 높은 이 분리장벽뿐만이 아니다. 제2차 인티파다 기간 동안 서안 지구 내부에 무수히 많은 검문소와 로드블록이 설치되었는데, 인티파다가 종식된 후에도 계속 상설화되었다(이스라엘 인권단체 베첼렘에 따르면 2017년 1월 현재 서안 지구 검문소는 98개에 달한다).[57]

로드블록 중에는 사람들이 '날아다니는 로드블록'이라고 부르는 것이 있다. 이것은 어느 날 갑자기, 어제까지만 해도 다닐 수 있었던 도로에 갑자기 블록 등의 장애물이 놓여 통행이 불가능해지는 것을 말한다. '날아다니는 로드블록'이 언제, 어디서 출현할지 알 수가 없다. 마주치면 되돌아가든지, 차에서 내려 길 없는 길을 끝없이 우회할 수밖에 없는데, 노약자도 병자도 아이도 임산부도 예외가 아니다. 예전에 일본에서 전차 차량사고로 인해 승객들이 전차에서 내려 다음 역까지 몇 킬로미터인가 선로 위를 걸어가게 됐다던 뉴스가 있었다. 일본에서는 일생에 한 번 있을까 말까 한 사건이 점령하에서는 주민들에 대한 일상적인 괴롭힘으로 의도적으로 행해지고 있다.

검문소와 로드블록은 점령지의 팔레스타인 사람들이 이스라엘 영내 혹은 점령지에 건설된 정착촌에 침입해 시민과 정착민을 공격하는 것을 막기 위한 것으로 알려져 있지만, 실제로는 도로를 봉쇄하고 검문을 상설화함으로써 서안 지구의 주민들이 이동할 자유를 박탈하는 기능을 하고 있다. 점령지에 머물러 있는 한, 친구를 만나고 친척을 방문하며 대학에 가고 쇼핑을 하는 등 지극히 단순한 일상을 영위하는 것조차도 자신의 의지대로는 되지 않는다. 검문소란 말 그대로 '통과의례'로서 팔레스타인 사람들을 매일같이 점령자의 권위에 복종하게 함으로써, 누가 이 땅의 지배자인지를 피점령자의 마음과 몸에 새겨 넣는 장치인 것이다.

앞서 언급한 영화 〈Women in Struggle〉의 일본어판 완성을 계기로 일본을 방문한 부사이나 쿠리 감독에게 인터뷰를 요청한 적이 있다. 부사이나 씨는 1966년생이며 라말라 근교의 타이베 마을 출신이다. 생후 반년만에 서안 지구가 점령당했기 때문에 부사이나 씨는 점령 하의 고향밖에 몰랐다. 부사이나 씨는 다음과 같이 말한다.

점령은 우리에게서 시시각각 존엄성을 빼앗고 우리들의 인간성을 잃게 만듭니다. 한평생 욕되게 살아가게 됩니다. 인생의 모든 순간을 지배당하고 무엇을 하든 점령자의 허가를 빌어야만 합니다. 점령은 수치스러운 것이고 비열하며 정의 따윈 없습니다. 그것은 사람을 파괴하는 고통입니다. 우리는 줄곧 그 고통과 싸우고 있는 것입니다.[58]

팔레스타인 정치경제학 분야의 세계적인 석학인 유대계 미국인 연구자 사라 로이 씨의 부모는 홀로코스트 생존자다. 어머니는 아우슈비츠, 아버지는 생존자가 단 두 명뿐인 헤움노의 생존자다(아버지의 이름은 수용소 터의 입구 명판에 새겨져 있다고 한다). 그 사라 씨가, 홀로코스트 생존자의 딸로서 자신의 반평생을 되돌아보는 에세이에서 팔레스타인에서 그녀 자신이 직접 목격한 점령에 대해 이렇게 썼다.

점령이란 한 민족이 다른 민족에 의해 지배당하고 빼앗기는 것을 의미합니다. 재산이 파괴되고 영혼이 파괴되는 것입니다. 점령이 핵심적으로 지향하는 것이란, 팔레스타인 사람들이 자신의 존재를 결정할 권리, 자기 자신의 집에서 일상생활을 할 권리를 부정함으로써, 그들의 인간성을 부정하는 것입니다. 점령이란 치욕입니다. 절망입니다.[59]

칼란디아 검문소를 통과해 벽의 반대편으로 나오면 회색 벽에 화려한 글씨로 영어와 히브리어 아랍어로 크게 '즐거운 여행 되시길!'이라고 쓰여 있었다. 지금 바로 이때, 여기서 가장 위화감이 드는 말이 있다면 바로 이 말일 것이다. 내 바로 옆에서 인간의 자유가 박탈당하고 모욕당하며 존엄성이 훼손되고 있는데 어떻게 '즐거운 여행'을 할 수 있단 말인가. 나는 내 자신의 인간성이 모욕당하는 듯이 느껴졌다.

5. 스페이시오사이드

국제분쟁은 종래, 사상자가 많고 적은지에 따라 분쟁의 강도를 측정해 왔다. 600만 명의 유대인의 죽음(홀로코스트), 3개월 만에 100만 명 사망(르완다의 제노사이드), 폭탄 한 발로 14만 명 사망(히로시마의 원폭), 하룻밤 사이에 10만 명 이상 사망(1945년 3월 10일의 도쿄 대공습) 등등. 우리는 사망자 수를 강조함으로써 사건의 심각성을 표현하기 십상이다. 팔레스타인과 이스라엘의 분쟁은 70년*이라는 긴 세월이 흘렀음에도 불구하고 그리고 그동안 100명 단위, 1,000명 단위의 집단학살이 수없이 일어났음에도 불구하고 사상자 수로 따지면 결코 많은 편이 아니다. 그러나 팔레스타인 난민 2세인 사회학자 사리 하나피는 이러한 종래의 척도로는 팔레스타인-이스라엘 분쟁의 심각성을 측정할 수 없다고 말한다. 팔레스타인에서 벌어지고 있는 사태, 그것은 그때그때 일어나는 사건 하나하나를 놓고 보면 제노사이드는 아닐지라도 '스페이시오사이드(Spacio-cide)'**, 즉 '공간을 질식사시키기'라고 하나피는 말한다.[60]

'공간을 질식사시키기'란, 단순히 공간을 물리적으로 파괴한다는 의미가 아니다. '공간'은 인간이 인간답게 살 수 있는 제반 조건의 은유이다. 정착촌 건설이나 분리벽으로 인해 삶의 터전인 토지가 일상적으로 강탈당하고, 농사짓기는 물론 생활하는 데도 만성적인 물 부족에 시달리며, 엄청난 수의 검문소와 로드블록으로 이동의 자유도 없다. 괴롭힘과 폭력 행위는 일상다반사로 일어나며, 거기에 저항하는 자는 이스라엘의 안전보장을 위협하는 것으로 간주되어 즉시 구금된다. 구금은 수 개월 혹은 수 년까지도 이른다. 10년 이상 수감된 사람도 드물지 않다. 점령은 자신의 땅에서 인간답게, 아주 평범하게 살 수 있는 가능성을 모조리 으스러뜨림으로써, 생명을 직접적으로 빼앗지 않고도 그들의 삶을 압살해버리

---

* 이는 원서 출간 당시를 기준으로 할 경우이다. 이 번역서의 출간 시기인 2025년은 나크바(1948년) 이후로 거의 80년의 세월이 흘렀다.

** 스페이시오사이드에 관해서는 사리 하나피의 다음 글도 참고할 수 있다.
https://www.palestine-studies.org/en/node/1654923
https://journals.sagepub.com/doi/10.1177/0011392112456505

는 것이다. 인간답게 살고 싶다면 팔레스타인을 떠날 수밖에 없다. 인종청소는 형태를 바꿔가며 계속되고 있는 것이다.

6. 아몬드

2014년 3월, 금요일 이른 아침. 라말라의 거리는 짙은 안개에 휩싸여 있었다. 택시를 타고 빌인(Bil'in) 마을로 향했다. 라말라에서 서쪽으로 십여 킬로미터 정도 거리에 있는 빌인 마을은 분리장벽이 건설된 데에 항의하며 2005년부터 매주 금요일마다 빠짐없이 평화 시위를 벌이고 있다.

골짜기 길을 따라 올라간 곳에 마을이 있었다. 시위 개시 시간이 가까워지자, 팔레스타인 국기를 손에 든 마을 사람들이 삼삼오오 모여들었다. 지난주에 금요집회가 10년째라서 팔레스타인 안팎에서 500명이나 되는 사람들이 참가하여 대규모 시위가 열렸기 때문에, 그 주에는 평소보다 참가자가 적은 편이라고 한다. 그런데도 노르웨이에서 20명 정도의 사람들이 시위에 참여하러 소형 버스를 타고 왔다고 한다.

밭 사이를 누비는 완만한 언덕길을 내려간다. 길 너머 언덕 위에 이스라엘의 정착촌이 보인다. 빌인 마을의 토지에 건설된 정착촌이다. 그리고 정착촌 앞에는 정착민들의 안전을 보호한다는 명목으로 분리장벽이 세워졌다. 정착촌과 분리장벽 건설로 빌인 주민들은 마을의 절반에 해당하는 토지와 농지를 빼앗겼다. 시위의 선두는 분리장벽을 따라 나아간다. 장벽 중간에 감시소가 있고 젊은 이스라엘 군인 몇 명이 장벽 뒤에서 총을 겨누고 시위대를 내려다보고 있다. 당장 소년들이 주머니에 넣어 둔 돌을 병사들을 향해 던지기 시작하자, 병사들은 장벽 바로 아래에 최루탄을 쏘아댄다. 하얀 연기가 피어오른다. 이스라엘 군에서는 테러리스트는 즉시 총으로 쏴 죽여도 된다고 한다. 그리고 돌을 던지는 것 역시 테러로 간주되어 수백 명이나 되는 어린이들이 테러 혐의로 감옥에 상시 구금되어 있다.

나는 장벽 옆까지 내려가지 않고 언덕 위에서 시위대의 선두가 장벽 바로 아래에서 최루가스의 하얀 연기에 휩싸여 가는 것을 지켜보고 있었다. 그때 갑자기 뭔가 고속으로 날아오는 소리와 함께 최루탄이 날아와서 터졌다. 탄환은 고무로 코팅되어 있지만 그 속도로 날아오는 탄환이 머리에 맞으면 크게 부상을 입을 것이다. 눈에 맞으면 실명될 것이 확실하다. 근처에 있던 팔레스타인 남성이 연기의 움직임을 가늠하고는 바람이 부는 쪽으로 이동하는 것을 보고 나도 그렇게 했다. 그런데 연이어 최루탄이 몇 발씩이나 주위에 발사되면서 주변 일대가 삽시간에 하얀 연기가 자욱해져, 바람 방향을 확인할 겨를이 없었다. 무심코 들이마셔버린 가스는 의외로 달콤한 냄새가 났지만 갑자기 호흡이 괴로워졌다. 최루탄이라고 하는데, '최루(催淚)'라고 해서 만만히 볼 게 아니다. 이것은 화학무기다. 흡입하면 죽는다는 직감이 들어(실제로도 최루가스를 마시고 호흡곤란으로 사망한 마을 사람들도 있다), 손수건으로 입을 막고 하얀 연기 속에서 질퍽거리는 밭에 발을 허우적거리면서도 필사적으로 도망치려 애썼다.

간신히 하얀 연기에서 벗어나 멍하니 서 있는데, 이스라엘에서 왔다는 유대인 활동가는 최루가스에 닿으면 절대로 물로 씻어서는 안 된다고 가르쳐 주었다. 자극이 지독하게 심해지기 때문에 이왕이면 우유로 씻어내는 것이 좋다고 했다. 장벽 옆의 시위를 지켜보니 어느새 어른 아이 할 것 없이 방독면을 쓰고 있었다.

진흙투성이가 된 신발을 신고서 왔던 길을 되돌아가는데, 차를 타고 지나가던 젊은 팔레스타인 부부가 함께 타지 않겠느냐고 했다. 고맙게 여기고 차에 올라타니, 뒷좌석에는 낡은 검은색 방독면이 널브러져 있었다. 남자는 라니라고 했다. 빌인 마을에 사는 카메라맨이었다.

라니의 집에 들러 차를 대접받았다. 2000년 9월, 제2차 인티파다 발발 직후 라말라에서 시위에 참가한 라니는 이스라엘 저격수가 쏜 총알(butterfly bullet)*을 목에 맞고 병원으로 후송됐다. 라니는 제2차 인티파다 때 병원에서 치료를 받은 최초의 팔레스타인 사람이었다. 기적적으로 목숨은 건졌지만 척수 손상을 입은 라니는 반신불수가 되어 휠체어 생활을 하게 되었다. 요르단, 그리고 라말라에서 장기간의 입원 생활과 재활을 마치고 빌인 마을로 돌아왔을 때, 이미 마을 땅의 절반이 빼앗기고 정착촌과 분리장벽이 세워져 있었다. 이후 라니는 매주 방독면과 카메라를 든 채 휠체어를 타고 금요집회에 참여하며 찍은 사진을 인터넷으로 전 세계에 알리고 있다. 자신처럼 이스라엘군의 총탄에 의해 장애를 입은 사람들이 모이는 휠체어 시위를 조직한 적도 있다. 라니는 군인들의 표적이 되어 시위 도중 몇 번이나 생계 수단인 카메라를 저격당하고 휠체어까지

---

* 국제적으로 사용이 금지된 버터플라이 불릿은 팔레스타인 사람들에게 '철의 나비' 등으로 부르는 총알로 몸에 박힌 뒤 폭발하여 쇠로 된 날개 부분으로 장기를 비롯한 인체를 찢어놓아 크게 손상시킴으로써 살상력을 극대화한다.
https://www.palestinechronicle.com/iron-butterfly-explosivebullets-israels-deadly-weapons-targeting-palestinians/

파손되었을 뿐만 아니라 그 자신도 고무탄을 맞았다.

이상의 내용은 ISM의 사이트에 게재된, 라니를 소개하는 기사에 쓰여 있던 내용이다.61) 라니는 후유증으로 기억장애가 있어 일문일답식의 짧은 대화라면 할 수 있지만 이런 식으로 일정 분량 이상의 짜임새 있는 이야기는 할 수 없다.

환대에 감사하다고 하자, 일본인에게는 늘 신세를 지고 있다고 라니는 말했다. 물어보니 매년 일본의 의사가 집을 방문해 라니를 진료해 준다고 한다. 삿포로의 정형외과 의사 네코즈카 요시오(猫塚義男)였다. 네코즈카 선생은 홋카이도 팔레스타인 의료봉사단을 조직해, 2009년부터 매년 한 달 동안 서안 지구와 가자 지구에서 의료 봉사활동을 하고 있다.

라니의 집을 떠날 때 라니의 아내가 내 신발을 가져다 주었다. 진흙이 엉겨붙어 있던 신발이 깨끗하게 닦여 있었다. 함께 사는 라니의 엄마는 마당에 있는 아몬드 나무에서 푸른 열매를 양손 가득 따서 선물로 주셨다.

아몬드 꽃은 벚꽃을 닮았다. 만개한 아몬드 나무는 멀리서 보면 벚꽃으로 착각할 정도다. 이른 봄에는 아몬드 꽃이 벚꽃처럼 흐드러지게 피어나고 휘파람새가 지저귀며 가을에는 주변 일대가 온통 보리 이삭으로 황금빛 바다를 이룰 것이다. 저 장벽과 정착촌이 없었다면, 얼마나 아름다운 땅이었을까. 이브라힘 나스랄라의 소설 『아미나의 결혼식』(2004년)62)*의 한 구절을 떠올린다. 점령만 없었더라면 바다는 진정한 바다가 되고 하늘은 진정한 하늘이 될 텐데….

---

* 해당 도서의 한국어 및 일본어 번역서는 아직 출간되지 않았으며 영어판은 『Sage Weddings』(2016), 『Gaza Weddings』(2017) 등으로 출간되었다.

호텔에 돌아와서 라니의 어머니로부터 받은 아몬드 열매를 베어 먹는다. 처음 먹어보는 생아몬드의 과육은 쌉싸름한 맛이 났다.

7. 사람이 살고 있었네

분리장벽 건설에 비폭력 직접행동으로 저항하는 빌인 마을 사람들의 모습을 기록한 영화가 있다. 빌인 마을의 에마드 부르낫과 이스라엘의 유대인 활동가 가이 다비디가 공동 감독을 맡은 〈다섯 대의 부서진 카메라〉(2011년)*이다.

금요집회에서 길 한가운데 서서 자신들에게 총을 겨누고 있는 젊은 이스라엘 병사들을 향해 "우리 말로 하자구, 같은 인간이잖아!"라고 외치는 마을 남성. 필(코끼리 씨)이라는 애칭으로 불리던 사랑하는 삼촌이 살해당하자 "유대인을 칼로 죽여버리자"는 어린 아들에게, 어떻게 하면 유대인도 같은 인간이라는 것을 가르쳐 주려고 고민하는 아버지…. 그중에서도 특히 인상적이었던 점은 장벽과 싸우는 마을 사람들이 틈만 나면 연회를 열어 모두 즐겁게 노래하고 춤추는 모습이었다. 이를 두고 '근본적으로 명랑한 팔레스타인의 민족성'이라고 평한 리뷰가 있었지만 이는 터무니없는 오해일 뿐이다.

점령에 맞서 싸운다는 것이란 무엇일까? 팔레스타인 사람들이 점령하

---

* https://www.kmdb.or.kr/db/kor/detail/movie/B/05496

에서 살아간다는 것 자체가, 점령에 대한 저항이라고 흔히들 말한다. 그것은 왜일까? 팔레스타인에 물리적으로 계속 머무르는 것으로 지금도 계속되는 인종청소에 저항하고 있기에, 그러나 그 때문만은 아니다. '점령'이란 타자의 인간성을 부정하는 폭력이다. 그것은 '사람을 파괴하는 고통'이라고 부사이나 쿠리는 말한다. '영혼의 파괴'라고 사라 로이는 말한다. 점령과 싸운다는 것은 이 인간의 파괴, 영혼의 파괴와 싸우는 것이다.

니체는 투쟁하는 자가 어느 사이에 적의 모습과 닮아가 버릴 것이라 경고했다. 점령이라는 '인간을 파괴하는 괴물'과 싸우는 팔레스타인 사람들에게 진정한 패배란, 스스로가 괴물이 되어 버리는 것, 적의 모습을 닮아가는 것이다. 설령 정치적으로, 군사적으로 승리했더라도 '인간다움'을 포기해 버린다면 그것이야말로 진정한 패배가 될 것이다. 그래서 그들은 계속 인간으로 남아 있고자 한다. 사리 하나피가 말하는 '스페이시오사이드', 팔레스타인 사람들이 인간답게 살아갈 가능성을 송두리째 압살하는 폭력 속에서도 꿋꿋하게 인간답게 사는 것, 그것이 그들의 근원적인 저항이 된다. 점령자가 인간성 따위는 아랑곳하지 않는다고 해도, 그들은 점령자의 인간성을 부정하지 않는다. 같은 인간으로 여긴다. 점령이 인간적인 삶을 파괴할지라도, 그들은 연회를 열어 웃고 농담하면서 그 순간 응축된 인간적인 삶을 몸과 마음껏 누리며 장벽과 영혼의 파괴에 맞서 싸운다.

2002년 4월, 외출금지령이 내려진 베들레헴의 스타호텔 로비에서 아우니 등이 어째서 그토록 끊임없이 농담을 하며 웃고 떠들었는지, 이제서야 알 것 같다. 생명을 파괴하고 인간성을 부정하는 폭력의 한복판에서,

두 청년은 생명을 사랑하고 지금 순간의 삶을 최선을 다해 누리는 근원적인 저항을 수행하고 있었던 것이다. 그것은 또한 로비 안쪽에 모여 있는 같은 또래의 이스라엘 점령군 청년들에 대한 저항의 메시지이기도 했다. 우리는 무슨 일이 있어도 생명을 사랑하고 인간으로 남을 테니 너희들은 결코 우리의 영혼을 파괴할 수 없다는 메시지다.

그날, 한 청년 병사가 아우니와 함께 미소지으며 담소를 나누고 있는 내게 다가와서 소속이 적힌 증명서를 제시하라고 요구했다. 대학 직원증을 보여주자 "왜 당신들 신분증엔 영어가 안 쓰여 있나?"라고 난처한 듯이 웃으며 직원증을 내게 돌려주었다. 선량해 보이는 청년이었다. 소속 확인을 핑계로 그는 팔레스타인 청년들과 즐거운 듯이 담소하는 나와도 뭔가 이야기를 나누고 싶었던 것 같다. 하지만 그때의 나에게 이스라엘 병사들은 모두 '점령자'이자 '적'이었다. 청년의 심정을 어렴풋이 짐작하면서도 나는 그와 한마디도 섞지 않았고, 청년은 동료들에게로 돌아갔다. 그때 청년이 내민 손을 잡아주지 않았던 것을 지금에 와서야 후회하고 있다.

8. 인간의 승리

부사이나 쿠리 감독의 영화 〈Women in Struggle〉은 다음과 같은 말로 끝맺고 있다.

"우리는 지금, 시시각각 승리에 가까워지고 있다. 국가가 다른 국가에 대해 거두는 승리가 아니라 인간이 자기 자신에 대해 거두는 승리이다."

제12장

인간성의 임계점

1. 세계의 중심에서

2009년 1월 22일 오후 7시, 오사카 오기마치 공원.

1월의 차가운 비가 세차게 내리는 가운데 우비를 입은 500여 명의 시민들이 시위 행진에 나섰다. 추위에 곱은 손으로 플래카드와 현수막을 움켜쥐고 그날 밤 우리는 목청껏 구호를 제창하며 밤의 우메다 거리를 비에 흠뻑 젖어가며 행진했다. 이스라엘은 팔레스타인 사람들을 죽이지 마라, 아이들을 죽이지 마라, 가자 지구 점령을 중단하라, 봉쇄를 중단하라…. 나흘 전 휴전이 이루어졌지만 가자 지구 주민들을 덮친 용서할 수 없는 폭력에 우리 모두는 온몸과 마음을 다해 분노의 함성을 질렀다. 미국 총영사관 앞에 다다르자 구호 제창의 열기는 한층 더 뜨거워졌다. 아무도 그 앞에서 움직이려 하지 않았다. 마치 그곳이 이스라엘 총리 관저 앞인 듯이. 마치 그 목소리가 하늘에 닿기만 하면 살육도 점령도 봉쇄도 순식간에 사라진다는 듯이. 비에 얼굴을 맞으며 모두들 목청을 쥐어짜며 외쳤다. 그렇게 하지 않을 수 없었다….

2. 공격

2008년 12월 27일 토요일 12시 51분.
수십 개의 고층 빌딩이 공격을 받았다. 사망자는 120명 이상, 부상자는 수백 명에 달한다. 표적이 된 건물 중 하나는 우리 집에서 100미터쯤… 끔찍한 광경이다….

가자 지구의 아즈하르 대학*에서 영문학을 가르치는 사이드 압델와헤드 교수의 이메일이 언제부터 어떤 연유로 내게 보내졌는지 모르겠다. 언제부터인가 교수의 메일 수신자 목록에 내 이메일 주소가 추가되었고 가자 지구와 팔레스타인 문제에 대해 교수가 영어로 발신하는 정보가 내게도 전달되기 시작했다.

2008년 말의 어느 아침, 겨울방학을 맞이하여 느긋하게 아침잠을 자고 일어난 나는 점심 무렵에 일어나 평소처럼 커피를 끓이고 거실 소파에 앉아 컴퓨터의 메일 수신 폴더를 열었다. 새로 도착한 메일 중에 교수의 메일도 있었다. "Attack"이라는 제목에 불길함을 느껴 얼른 메일을 열어보니 첫머리에 실린 글이 떴다. 가자 지구에서 뭔가 말도 안되는 일이 벌어지고 있다. 빨리 알려야 한다. 그렇게 직감하고 일본어로 번역하는 도중 제2차, 제3차 연락이 왔다.

---

* 알 아즈하르 대학-가자(Al-Azhar University-Gaza, 약칭 AUG)로 이집트 카이로의 알 아즈하르 대학과는 별개이다.

13시 3분

이스라엘의 공습을 받았다. 25개의 건물이 모조리 산산조각이 났다. 사망자는 이미 250명으로 추산된다. 부상자는 수백 명에 달하지만 시설이 열악한 가자 지구의 병원으로는 그들을 수용할 수가 없다.

18시 3분.

이 무슨 광경인가…. 알-시파 병원의 발표에 따르면 이미 195명 이상의 시신과 570명 이상의 부상자가 병원으로 이송되었다고 한다. 사상자 수는 시시각각 늘어나고 있다. 이는 가자 시티에서만 집계된 수치다. 한 여성은 아파트 근처에서 막내아들이 학교 버스를 기다리고 있는데, 아들이 서 있던 곳에서 불과 50미터밖에 떨어지지 않은 장소가 폭격당했다고 한다. 아들의 눈 앞에서 남자 두 명과 소녀 두 명이 죽었다! 즉사했다!

그것은 2008년 12월 27일에 시작되어 이듬해인 2009년 1월 18일까지 22일간 계속되는 이스라엘의 가자 지구 공격의 시작이었다.

3. 해피 뉴 이어

그것은 상상도 못할 정도의 공격이었다. 아우슈비츠 이후, 인간이 인간에게 저지를 수 있는 상상도 못할 일이란 더 이상 존재하지 않는다고 하더라도.

전 세계가 크리스마스의 여운에 젖어 있을 때, 갑자기 공격이 시작되었다. 가자 지구는 그 전년도부터 완전히 봉쇄되어 있었다. 세계 최대 규모의 야외 감옥이 된 그곳에는 1년이 넘는 완전 봉쇄로 150만 명이나 되는 수많은 사람들이 갇혀 있었다. 달아날 곳도 없이 그야말로 '독안에 든 쥐' 상태에 놓인 그들의 머리 위로 하늘과 바다, 육지에서 미사일과 포탄이 22일에 걸쳐 쏟아져 내렸다. 사망자 1,400명 이상에 이르렀다. 4년하고도 수개월에 걸친 제2차 인티파다의 사망자는 약 3,000여 명이다. 그 중 절반 가까이가 불과 3주 만에 죽임을 당한 것이다. 그야말로 일방적인 파괴와 살육이었다.

자치정부의 건물, 경찰서, 대학, 스포츠센터, 공원, 민가도 모조리 공격당했다. 병원도, 유엔 학교도, 모스크도 봐주지 않았다. 수많은 가족들이 잔해 속에 산 채로 묻혀 죽었다. 공격은 밤에 집중됐다. 칠흑 같은 어둠 속에서 포탄과 미사일이 떨어지는 굉음과 진동이 심야에서 새벽까지 쉴 새 없이 이어졌다. 그런 공포의 긴 밤을 견뎌내고 겨우 아침이 되어 해가 떠오르고 공격이 멈추자, 밖을 내다보니 폭격당한 곳은 수없이 공격당해 파괴된 건물로 이미 묘지나 다를 바 없다. 주민들을 그저 공포에 빠뜨리기 위한 폭격, 그야말로 순수한 테러다. 그것이 22일간 계속되었다.

22일간…. 그것은 끝났기 때문에 할 수 있는 말이다. 공습이 한창 현재진행형인 상황에서 공습을 당하는 사람들은 이 사태가 앞으로 며칠 더 이어질지 알 턱이 없었다. 이 밤에서 살아남아 다시 한 번 아침을 맞이할 수 있을지, 그런 공포의 밤을 22일 밤낮으로 경험한 것이다. 우리가 새해를 한가로이 축하하고 있을 때, 가자 지구는 피로 물들었다.

2009년 1월 1일 목요일 18시 34분

2009년 새해 첫날의 가자 지구는 어떤 모습일까? 죽음이 가자 지구를 뒤덮고 있다. 한탄과 슬픔이 새해의 인사가 되었다. 피와 대량의 시체 냄새가 난다! 매분마다 나쁜 소식이 새롭게 들려온다. 폭발음, 폭격, 미사일 비행음, 붕괴, 무시무시한 파괴, 이스라엘의 드론, 아파치 및 기타 군용 헬기, F-16 전투기, 발밑을 뒤흔드는 대지. 가는 곳마다 파괴의 흔적이 있다. 시체, 뜯겨져나간 팔다리, 울부짖는 어린아이와 남편을 찾아 헤매는 여인. 어디로 가야 할까, 어디에 숨어야 할까, 아무도 모른다! 이스라엘의 공격에 안전한 피난처 따윈 어디에도 있을 리 없다. 심지어 시민사회 시설마저도 표적이 되었다. 자치정부의 법무부, 교육부, 문화부도 파괴되었다! 모스크도 심하게 당했다. 주변의 수십 채의 집들도 무참히 분쇄되었다. 사람들은 죽거나 부상당했다.

그러나 공격은 그 후 반달 이상 더 이어졌다. 전기도 끊긴 상황에서 압델와헤드 교수는 자가 발전기를 이용해 연료가 남아 있는 한, 연일 밤낮으로 가자 사태를 전 세계를 향해 발신했다(그 기록은 같은 해 3월 『가자 지구 통신』이라는 제목으로 세이도샤 출판사에서 긴급 출간되었다).

1월 4일 일요일 오후 9시 41분

가자 지구에서 우리는 비처럼 쏟아지는 미사일과 포탄의 집중포화의 한가운데에 있다! 지금은 완전한 어둠이지만 그 어둠을 찢으며 드론과 헬리콥터가 으르렁거리는 소리가 들려온다. 거리에는 사람 하나 없다! 가끔 구급

차와 소방차의 사이렌 소리가 들린다. 오늘 구급대원 3명이 사망했다. 다른 생명을 살리려던 중이었다. 그저께도 의사 한 명과 구급대원 한 명이 살해당했다.

의료 종사자에 대한 공격은 국제법 위반이다. 그러나 가자 지구에서는 부상자를 구출하는 구급 의료진들이 저격총으로 살해당했다. 인권 활동을 하는 외국인 청년들이 구급차에 올라타서 구급대원을 저격으로부터 보호했다.

1월 8일 목요일 19시 6분
어젯밤의 가자 지구는 정말 온몸이 얼어붙을 만큼 소름이 끼쳤다. 공습은 60여 차례 이상, 게다가 탱크와 대포의 포격이 곳곳에서 시도 때도 없이 이어졌다. 가자 지구에는 단 한순간이라도 안전한 곳 따위는 없다! 우리가 경험하고 있는 이 몸서리쳐지는 공포는 이루 다 말할 수 없을 정도다. 사망자 수도 자꾸만 늘어난다. 오늘만 해도 30명 이상이 사망했다. 부상자는 말할 것도 없다…. 사망자 수는 800명, 부상자는 3,100명에 달한다.

1월 10일 토요일 20시 31분
여기든 저기든 온통 죽음으로 뒤덮여 있다. 어젯밤의 공습은 70회 이상, 게다가 오늘은 30회! 이들 공습으로 수백 명의 어린이와 여성들이 죽었다. 이 무시무시한 파괴를 여러분은 상상할 수도 없을 것이다. 사람들은 이 계속되는 폭격을 도저히 견딜 수 없다. 수많은 가족들이 폭격으로 무너진 건물의 잔해에 깔려 일가족이 전멸했다. 가자 시티 전체가 식량난에 시달리고 있다. 당연히 과일이나 채소 같은 것은 전혀 없다. 전기와 물 사정도 여전히 심각하다. 가자 지구는 인도적 위기의 한계에 다다랐다! 병원들도 붕괴하여 보건위생 상황도 열악하다.

1월 13일 화요일 11시 14분
피로 물든 밤이었다. 어젯밤 또다시 이스라엘의 지상 공격이 있었다. 심야 1시 반에 시작되어 새벽 6시 45분까지 이어졌다. 다시 우리 구역이다. 탱크와 헬리콥터 외에도 그들은 백린탄도 사용했다. 구역 전체가 백린탄으로 번쩍번쩍 빛났다.

백린탄. 인은 대기 중에서 자연 발화하기 때문에 공기와 접촉하는 한 꺼지지 않는다. 인체에 닿으면 뼈에 닿을 때까지 피부와 살을 태워버리고, 숨을 들이마시면 폐를 안쪽에서부터 모조리 태워버린다. 이스라엘은 조명탄으로 사용했다고 주장하지만 '가자 지구, 2008년, 백린탄'으로 검색하면 차마 눈뜨고 볼 수 없을 만큼 머리와 몸에 끔찍한 화상을 입은 아이들, 새까만 숯덩어리로 변한 아기 사진 등이 다수 업로드되고 있다.

1월 19일 월요일 1시 51분
오늘 아침 이스라엘은 일방적으로 휴전을 발표했다. 하지만 실제로는 접경 지역에서 총격을 계속하고 있다. 무인비행기는 상공을 떠나지 않고 F-16은 휴전 발표 12시간 후에도 일부 건물을 공격 목표로 삼았다.

오늘 처음으로 잔해 아래, 자이툰 구역의 뒷길, 가자 지구 북부, 그리고 이스라엘군이 공격하여 파괴한 곳에서 또다시 100구 이상의 시신이 발견되었다! 파괴된 집의 잔해 아래에서 아이들을 포함한 일가족 전원의 시신이 발견된 경우도 많다. 사망자 수는 1,300명을 넘어섰다. 이런 일을 어떻게 믿을 수 있으며 어떻게 이해해야 하는가! … 가자 지구 사회 전체가 넋이 나가버렸다. 목숨을 잃은 수많은 이들, 압도적인 파괴, 잔해, 사상자, 그리고 절멸 상태! 농경지도, 농민의 집도, 그들 주변의 모든 것이 심대한 피해를 입었다. 시민들은 모두 넋이 나가고 정신적 외상과 충격을 받았으며 슬픔에 잠겨 있다. 이스라엘 군인이 건물 내부까지 침입한 주택은 모조리 엉망진창이 되었다.

이것은 팔레스타인 사람이라는 존재 자체에 대한 전쟁이나 다름없다!

4. 우리는 보았다

철수하는 이스라엘군의 탱크는 그 도중에 수확을 앞둔 딸기밭을 짓뭉개며 갔다. 가자 지구 공격의 참상을 취재한 도이 도시쿠니(土井敏邦) 씨가 촬영한 동영상에는 딸기 열매를 움켜쥐고 "이게 무장 저항세력이란 말이냐!"라고 몇 번이나 소리치는 노인의 모습이 기록되어 있다.[63]

가자 지구에는 동물원이 있다. 가자 지구의 아이들도 세계의 다른 아이들과 똑같이 미소짓게 해주고 싶다는 직원들의 마음과 노력으로 개원한 동물원이다. 직원들은 모두 무임금으로 일한다. 지상전이 시작되자, 침공한 이스라엘군은 동물원을 점령하고 직원들의 출입을 금지했다. 직원들은 최소한 동물들에게 먹이를 줄 수 있게 해달라고 간청했지만 받아들여지지 않았다. 점령군이 철수한 후 직원들이 동물원으로 달려갔을 때, 동물들은 대부분 뼈만 남은 채 죽어 있었다.

살아남은 아이들은 심각한 트라우마를 안고 있었다. 수십 명의 친척들이 피신해 있던 오두막이 직격탄을 맞아 부모와 형제자매, 사촌들의 살점을 온몸에 뒤집어쓴 채, 구조될 때까지 며칠을 지내야 했던 아이들도 있다. 공격이 가자 지구 어린이들의 마음에 남긴 깊은 상흔은 후루이 미즈에* 씨의 영화 〈우리는 보았다-가자 지구 삼니 가의 아이들〉(2011년)에 그려져 있다.

5. 아우슈비츠

휴전 5일 후인 1월 27일, 아우슈비츠 해방 기념일, 엄동설한 속의 폴란드 절멸수용소 터에서는 예년과 마찬가지로 홀로코스트 희생자 추도 기념식이 개최되었다. 각국 대표들이 참석했고 미국 대통령과 교황도 메시지를 보내왔다. 하지만 매년 그곳에서 들려오는 말, '다시는 이런 일이 두 번 다시 반복되어서는 안 된다'는 다짐은 도대체 무엇을 반복하지 않

---

* 후루이 미즈에(古居みずえ, 1948~)는 일본의 언론인이자 작가로 장기간 팔레스타인의 가자 지구를 취재하여 〈가다: 팔레스타인의 시(ガーダ パレスチナの詩)〉(2005) 등 여러 편의 다큐멘터리 영화를 제작했다.

겠다는 것일까?

6. 아이스크림

"망각은 다음 학살을 준비한다." 한국의 문부식(文富軾) 씨가 저서 『잃어버린 기억을 찾아서』*[64] 한 챕터의 에필로그에 올린, 어느 한국 시인의 말이다. 공격이 계속되는 동안에도, 휴전이 된 이후에도, 나는 가자 지구 공격에 대해 이야기할 기회가 있을 때마다 이 말을 인용했다. 설령 휴전이 되었더라도 이 사건을 우리가 망각한다면 우리는 다음 학살로 가는 길을 닦아주는 것이다. 우리는 지금, '가자'의 뒤에 있는 것이 아니라, 다음 '가자'의 앞에 있는 것이다.

2009년 10월, 일본국제자원봉사센터의 초청으로 가자 지구의 NGO 직원, 모나 아부 라마단 씨가 일본을 방문하여 교토에서도 강연회를 개최했다. 160명이 정원인 강당은 가득 찼고 오카야마(岡山)에서 달려온 사람도 있었다. 공격이 끝난 지 9개월이 지났는데도 가자 지구에 관심을 갖고 이만큼이나 많은 사람들이 참여했다는 사실에 모나 씨는 놀라고 또 감격하고 있었다. 가자 지구에서는 공격이 일어날 때가 더 낫다고 말하는 아이가 있다고 한다. 공격받는 동안 전 세계가 가자 지구에 관심을 가져 주기 때문에. 그러나 공격이 끝나자마자 가자 지구는 급속하게 잊혀져 갔

---

*   원서는 문부식, 『잃어버린 기억을 찾아서』, 삼인, 2002.

다. 완전 봉쇄는 여전히 계속되고 있는데도 말이다. 일본의 보도도 마찬가지다. 애초에 공격당하는 동안에도 사태의 심각성에 걸맞은 질적·양적 보도는 아니었지만, 휴전 이후 가자 지구의 이름은 더 이상 들리지 않았다. 마치, 한순간에 사람이 대량으로 살해당하지 않는 한, 우리가 주목해야 할 것이 없다는 듯이 말이다.

 망각이 그것을 준비했을까. 아니 망각할 겨를조차 없었다. 가자 지구는 그 후 불과 5년 반 남짓한 기간 동안 이스라엘의 대규모 군사 공격을 두 번이나 더 당했다. 특히 2014년 7월에 시작된 세 번째 공격은 2008/2009년의 첫 번째 공격이 무색할 만큼 제노사이드 공격이었다. 이때의 공격은 51일 동안 이어졌고 사망자는 2,200명이 넘었다. 그중 500명 이상이 어린이였다(젊은 인구가 많은 가자 지구에서는 공격이 있을 때마다 반드시 많은 어린이들이 희생당한다). 여섯 살도 안 된 아이들이 이미 세 번의 전쟁을 경험한 셈이다. 그것도 살아남았을 때나 하는 말이다. 가자 지구에서 인터넷에 올라온 에세이에 첨부된 사진 한 장이 잊혀지지 않는다. 시신을 보관하는 냉장실이 가득 차서 아이스크림용 쇼케이스에 안치된 어린 동생의 사진이다.

7. 긴급의 에크리튀르

 지난 2014년의 51일간 전쟁의 파괴는 무시무시했다. 이스라엘과의 경계선에서 몇 킬로미터 이내의 도시와 마을이 하나같이 철저하게 파괴되

없던 것이다. 드론으로 촬영한 가자 지구의 영상을 보았다. 숨이 멎을 것 같은 파괴의 흔적이었다. 가장 먼저 떠오른 것은 도호쿠(東北)의 쓰나미 피해지역의 광경, 혹은 원폭 투하 후 초토화된 히로시마(廣島)의 모습이었다. 실제로 이번 가자 지구 공격에서 폭격과 포격에 사용된 폭약의 양은 TNT 화약으로 환산하면 히로시마형 원폭 리틀 보이(Little Boy)에 필적한다고 한다.[65] 인구 180만 명(2014년 당시) 중 2,200명의 사망자는 일본 인구 비율로 따지면 14만 명에 해당한다. 1945년 8월 6일부터 같은 해 연말까지 히로시마에서 피폭으로 사망한 사람이 14만 명이다. 핵무기가 사용되지는 않았지만 당시 가자 지구에서 일어난 파괴와 살육의 규모는 히로시마에 필적한다.

그것은 '다히야 독트린'이라는 전술이었다. '다히야'는 아랍어로 '교외'를 뜻한다. 2006년 여름 헤즈볼라 추격을 위해 레바논을 침공한 이스라엘군이 헤즈볼라의 거점이 있는 베이루트 교외의 시가지 공격에 활용했기 때문에 이런 이름이 붙었다. 단적으로 말하자면 목표물의 규모와는 전혀 비례하지 않는 압도적인 무력으로 적과 그 주위 수백 미터 사방에 존재하는 민간 시설까지 모조리 잔해 더미로 만들어버리는 공격이다. 단 하나의 작은 표적을 타격하기 위해 수십 미터의 착탄 오차, 즉 착탄 시 주변 100미터 사방을 파괴하는 포탄이 수십 발이 발사되어 도시 전체를 흙모래의 바다로 바꾸어 놓는다. 명백한 전쟁범죄다. 이렇게 해서 가자 지구에서 최대 50만 명이 집을 잃었다. 51일간 전쟁이 끝난 후부터, 그 전술은 '가자 독트린'이라고 불린다.

민간 시설에 대한 공격은 전쟁범죄다. 이스라엘군은 사전 경고를 했기 때문에 전쟁범죄에 해당하지 않는다고 주장한다. 사전 경고는 지붕에 날리는 미사일, 혹은 한 통의 경고 전화일 수도 있다. 수화기를 들면 녹음된 음성(10분 후에 그 지역을 공격할 테니 대피하라)이 들려오는데, 하지만 어디로 가라는 것일까? 유엔의 대피소는 어디든 초만원이었다. 게다가 유엔 시설조차도 반복적으로 표적이 되어 피난민들이 살해당했다. 하마스가 그곳에 무기를 숨겨놓고 있다거나 주민들을 '인간 방패'로 삼고 있다는 주장으로 온갖 전쟁범죄가 정당화되었다.

수천 명의 사람들이 거리를 가득 메운 모습을 기록한 사진이 여러 장 있다. 파괴가 임박하자 부랴부랴 자택을 뒤로한 채 집을 두고 떠난 피난민들의 무리다. 가난한 사람들일수록 대가족이다. 집 한채에 오륙십 명의 친척들이 사는 경우도 드물지 않다. 한 구역이 공격받으면 수천 명이 한꺼번에 집을 잃는다.

공격이 최고조에 이르던 2014년 8월 8일, 한 인터넷 사이트에 〈12초간의 전화〉라는 제목으로 익명의 영어 에세이가 올라왔다. 조금 길지만 아래에 전문을 인용한다.

전화. 더 정확하게는 12초간의 전화가 열 가족 모두를 거리로 내쫓았다. 12초간의 전화 때문에 할머니, 할아버지들은 50년 넘게 살아온 집, 아이를 낳아 길러내고 그 아이들이 또 자기 아이를 낳아 길러낸 집을 버려야 했다. 큰아버지의 전화가 울렸다. 점령군이 앞으로 10분이면 이 집을 포격할 테니 우리들 전부 당장 대피해야 한다고. 숙모는 정신나간 듯이 소리를 지르며 집 안을 뛰어다닌다. 여섯 명의 아이들이 어디 있는지 찾아나선다. 그녀의 딸은 장애인이다. 누가 그녀를 밖으로 데리고 나갈 수 있을까? 누구에게 먼저 얘기해야 할까? 이 건물에 사는 60여 명의 가족들에게 누가 알릴 수 있을까?

10분 동안 무엇을 할 수 있을까? 옷을 갈아입기? 아이들에게 말하기? 내팽개쳐지는 집의 20년간의 추억을 그러모으기? 죽은 자의 대열에 합류하지 않기 위한 10분간. 상공에서 비행기가 선회하는 소리가 들리자, 그녀는 이제 끝났다고 생각했다. 10분이 지나갔다고 생각했다. 하지만 다행히도 이 끔찍한 소식은 금방 퍼져나갔다. 몇 분 만에 이웃집 막내는 자기 목숨이 위험에 처해 있다는 사실을 알게 된다.

분쟁에 관한 일부 기록에 따르면 할아버지는 1928년 또는 1923년에 태어났다. 제2차 세계대전을 목격했고 영국의 팔레스타인 점령을, 나크바를, 1967년의 (제3차) 중동전쟁을, 1973년의 (제4차) 전쟁을, 베이루트 침공을, 제1차 인티파다를, 제2차 인티파다를, 오슬로 협정을, 이브라힘 모스크 집단학살*을 목격했다. 기본적으로 할아버지는 이 모든 것이 시작될 때부터, 이 모든 것을 겪어왔다.

할아버지는 여든네 살인가 아흔한 살이 되어 또다시 집에서 쫓겨난다. 처음엔 난민캠프에서 몇 년을 보냈다. 또다시 폭력과 불의가 덮치고, 또 집을 떠나야만 한다. 할아버지는 그곳에 드러누워 움직일 수조차 없다. 늙어가

---

* 1994년 2월 25일, 미국의 유대계 의사로 시오니스트인 바루크 골드스타인이 서안 지구 헤브론의 이브라힘 모스크에서 총기를 난사해 팔레스타인 사람 29명을 살해한 사건이다. 그는 이후 분노한 군중에게 구타당해 사망했다. 이 사건은 단독 범행으로 발표되었으나 생존자들은 공범이 존재하며 골드스타인이 수류탄을 던졌다고 증언하여 공식 발표를 반박한다.
https://www.aljazeera.com/news/2016/2/26/remembering-the-ibrahimi-mosque-massacre

고 있어서가 아니다. 죽는다는 것과 난민캠프, 혹은 UNRWA의 학교에서 다시 한 번 더 지내는 것이 어떤 차이가 있는지 알 수 없어서일 것이다. 어떻게 일궈놓은 집인데 버리고 나갈 수가 있겠는가. 할아버지는 문자 그대로 벽돌 한 장 한 장 쌓아올려 이 집을 지었다.

할아버지는 겨우 일어나 벽에 손을 짚고 힘없이 걸어간다. 60년 동안 매일 아침마다 쓸고 닦은 마루에, 올리브 나무에 작별 인사를 할 겨를도 없다. 벽돌 하나씩 쌓아올린 집을 눈에 담을 겨를도 없고 이 집이 어떻게 될지 고민할 겨를도 없다.

앞으로 10분, 추억은 곱씹을 틈도 없이 뇌리에서 자꾸만 흘러넘친다. 앞으로 10분, 서둘러 움직이지 않으면 우리의 목숨도 우리로부터 흘러내릴 것이다. 앞으로 10분, 무엇이든 잔해가 될 것이다. 나의 금속제 책상. 아버지가 몇 년 동안이나 거기서 일을 했던 그 책상. 내가 적어도 십 년 동안 공부하고 내 형제 모두가 공부할 때 썼던 책상. 벽에 걸린 액자, 아버지가 이집트의 알-아즈하르 대학에서 수여받은 졸업증서가 거기에 자랑스럽게 걸려 있다. 부엌 발코니에 기분 좋게 둥지를 틀고 있는 비둘기도 어디로 피신해야 할지 모른 채로. 누나가 벽에 쓴 낙서, 지워지지도 색이 바래지도 않고 30년이 넘도록 거기에 있던 낙서. 일격에 모든 것이 사라져버린다. 우리 가족은 이미 한 사람을 전쟁으로 잃었다. 하지만 우리 중 누구도 이런 일이 실제로 일어날 거라고는 생각하지 못했다. 60명이 살고 있는 집을, 주민 전체를 쫓아내고 파괴하는 일이 저질러질 것이라곤. 숙모가 절망에 빠져 기도한다. "아, 신이시여, 저는 아들을 잃었습니다. 그런데 이제는 집까지 잃게 되는 건가요?"

집에서 쫓겨난 것은 우리 가족만이 아니다. 이 거리의 모든 가족이 그렇다. 40명이 넘는 가족들이 갑자기 난민이 되었다. 이런 끔찍한 상황을 예상하고 있었을까. 다들 가방을 가득 채운 채 신분증 서류를 손에 들었다. 10분이 지났지만 비행기는 아직 공격하지 않았다. 하지만 집으로 돌아가는 사람은 없다. 10분간이 아무 일 없이 지나갔다는 것은 포격* 개시가 늦어졌다는 뜻이지 중지되었다는 뜻은 아니다. 앞으로 무슨 일이 벌어질지 생각하고 슬퍼하는 시간이 훨씬 더 길어졌다는 뜻이다. 우리는 그저 서성거리고 있다. 어린 시절의 그리운 벽을 다시 한 번 만져보지도 못한 채로.66)

51일간 전쟁 기간 동안, 가자 지구의 모습을 전하는 영어 메시지와 사진 동영상들이 인터넷에 많이 올라왔다. 2008/2009년의 공격 당시에는 이메일이 전 세계를 향한 거의 유일한 발신 수단이었다. 사진을 보내는 것도 이메일에 첨부하는 수밖에 없었다. 그러나 그 후 5년 반 동안, 페이스북이나 트위터 등 소셜 네트워크 서비스의 통신망이 전 세계를 뒤덮었고, 스마트폰도 순식간에 널리 보급되어, 전 세계를 향한 정보 전달을 누구나 할 수 있게 되었다. 가자 지구도 예외는 아니었다. 그 결과 2014년 가자 지구의 젊은이들이 SNS를 활용하여 영어로 정보를 발신했다. 그중

---

* 일각에서는 '포격'과 '폭격'을 구분하지 못하는 신문 기사들을 비판하는 경우가 있다. 일반적으로 엄밀하게 포격과 폭격은 구분할 수 있지만 그런 구분은 해당 에세이는 당시 가자 지구에 살던 팔레스타인 사람이 익명으로 올린 기사임을 고려할 필요가 있다. 당시 51일간의 전쟁을 비롯한 이스라엘의 가자 지구 점령 및 침공 전쟁에서는 같은 지역에 항공기의 공습에 의한 폭격과 포병 등의 포격이 합동으로 이뤄지면서 아비규환이 벌어지는 상황이 드물지 않다. 그런 상황에서 피해자들이 포격과 폭격을 구분하지 못하는 것을 문제삼는 건 의미가 없다. 저자는 원문이 국제중동이해연구소(IMEU) 홈페이지에 〈Testimony from Gaza: 12 Secnd Phone Call〉라는 제목으로 게시되었음을 밝혔으나 현재는 홈페이지에서 확인이 불가능하므로 저자의 일본어 번역문을 다시 한국어로 번역했다.

에는 앞서 인용한 것과 같은 영어 에세이도 있었다. 영문학과 학생들과 졸업생들이 자신의 특기인 영어를 살려 단순히 지금 그곳에서 무슨 일이 일어나고 있는지를 저널리즘적으로 전달하는 것뿐만 아니라 지금 가자 지구에서 이 상황을 살아간다는 것이 어떤 체험인지를, 사건의 한 가운데서 문장으로 엮어 잇달아 발표했다. 그것은 정보로 소비되는 것에 저항하는 명백한 '문학'(긴급의 에크리튀르*)이었다.

그들이 영어로 글을 쓴 이유는 세계의 사람들이 읽을 수 있도록 하기 위해서다. 그렇지 않았다면 모국어인 아랍어로 썼을 것이다. 정보로 환원되지 않는 문학적 강도를 가진 그 에세이들은 독자의 영혼에 직접 호소한다. 가자 지구에서 지금, 우리와 똑같은 인간이 파괴와 살육에 휩쓸리고 있다는 것을 느낄 수 있다. 그럼에도 나는 그들이 이런 에세이를 쓴 것은 일차적으로 그들 자신을 위해서였다고 생각한다.

그들은 글을 쓰지 않을 수 없었던 것이다. 앞날을 모르는 내일까지 제정신을 지키고 살아남기 위해. 현재의 부조리를 대상화하고 사건에 휘둘리더라도 결코 나 자신을 잃지 않기 위해. 일말의 인간성조차 무시당한 채 벌레처럼 살해당하고 있는 사건들 한복판에서 스스로 글을 쓴다는 행위를 통해, 자신의 존재를 이 세상에 새겨 남기기 위해. 세계에 알리는 것은 그 때문이다. '문학'에는 겹겹이 그들 자신의 생존이 달려 있었다.

---

*   에크리튀르(écriture)란 원래는 '쓰여진 것', '문자'를 뜻하는 프랑스어이지만 데리다가 1967년 『문법론에 대해서: De la grammatologie』에서 음성언어와 대비되어 그보다 앞서부터 존재했던 문자언어를 가리키는 표현으로 사용했다.

8. 잔디 깎기

몇 년마다 반복되는 가자 지구에 대한 살육과 파괴. 2008/2009년에는 상상할 수도 없는 제노사이드로 여겨졌던 것이 5년 반 동안 두세 번이나 반복되면서 어느새 가자 지구의 일상이 되어 버렸다. 이스라엘군은 군대 용어에서 이를 '잔디 깎기'라고 부른다. 자란 잔디가 깎여나가듯이 가자 지구의 사람들은 몇 년마다 '깎여 나간다'는 뜻이다. 그때마다 수십수백 명의 아이들이 목숨을 잃고 몸과 마음에 씻을 수 없는 상처를 입는다. 대학에서 가자 지구에 대해 이야기했을 때, 학생들의 소감 중 사건의 본질을 꿰뚫는 한 문장이 있었다. "가자 지구, 세계 최대의 야외 감옥, 무기징역, 때로는 사형, 죄는 팔레스타인 사람이라는 것."

어째서 이런 일이 반복되냐는 질문을 자주 받는다. 이 질문에는 여러 가지 차원의 답이 있다.

어째서 이런 짓을 하느냐고 묻는다면, 이스라엘 정부는 하마스의 테러로부터 국민을 보호하기 위해서, 안전보장을 위해서라고 대답할 것이다. 하지만 서안 지구에 건설된 거대한 분리장벽은 이스라엘이 주장하는 '안전보장 울타리' 따위는 전혀 아니며 팔레스타인 사람들의 토지와 자원을 빼앗고 이동의 자유를 박탈하며 그들의 땅에서 인간답게 사는 것을 불가능하게 만드는 스페이시오사이드의 일환인 것처럼, 가자 지구에 대한 공격이 '안전보장'이라는 것도 사실을 은폐하는 표면적인 이유에 불과하다.

이스라엘은 가자 지구에 대한 대규모 군사작전을 항상 하마스의 로켓탄 공격에 대한 반격 내지는 자위(自衛) 전쟁이라고 주장하지만, 실제로 이스라엘의 산발적인 폭격은 가자 지구의 일상이 되어버렸다. 2008/2009년 공격 당시 캘리포니아 대학 법학부의 국제법 전문인 조지 비샤라트 교수는 『월 스트리트 저널』에 기고한 논고를 통해, 하마스의 공격에 앞서 이스라엘의 가자 폭격이 있었다는 사실을 지적하며 하마스의 공격은 그에 대한 반격이며 그러한 이상 이스라엘은 자위전쟁을 주장할 수 없다고 주장했다(이스라엘의 최대 동맹국인 미국의 주류 언론에 이런 논고가 실린 데에 놀랐지만 나중에 비샤라트 교수를 만났을 때 그 점에 대해 물었더니, 해당 저널이 친이스라엘 자본의 산하에 들어가면서 그런 비판적인 기사는 교수의 이 논평을 마지막으로 더 이상 게재되지 않게 되었다고 한다).67)

경제적인 측면에서 볼 때, 군사산업은 이스라엘의 기간산업 중 하나이다. 히로시마와 나가사키가 두 종류의 신형 폭탄의 파괴력을 실제로 측정하는 실험장이었던 것처럼, 가자 지구 역시 신무기 개발을 위한 최적의 실험장이며 동시에 세계 시장에 이스라엘산 무기의 성능을 홍보하기 위한 시연행사 역할을 해주고 있는 것이다.

거기에는 또한 그때그때의 정치적 이유도 얽혀 있다. 2008/2009년 공격은 2009년 2월 총선거를 앞두고 여당의 득표율 상승을 위해 기획된 것이다. 2014년 51일간 전쟁에 대해서는 같은 해 4월, 2007년 이후 분열되어 있던 하마스와 파타가 화해하고 통일정부 출범에 합의하자, 그 실현을 저지하기 위해 실행되었다. 목적은 성공했으며 통일 정부는 파산했다. 공격 때마다 주장되는 하마스의 이스라엘 공격 운운은 이미 군사작전 준비를 마친 상태에서 개전 신호에 필요한 계기를 제공했을 뿐이다.

'어째서 반복되는가'라는 질문이 '무엇이 그것을 가능하게 하는가'라는 의미라면 이렇게도 말할 수 있을 것이다. 제2차 세계대전 후 절멸수용소의 진실이 밝혀졌을 때, 독일인들은 '우리는 몰랐다'고 변명했다. 정말 몰랐는지는 여기서 논외로 하자. '몰랐다'는 것이 변명이 통하는 데에는 알았더라면 이런 일을 용서하지 않았을 테고 반드시 그걸 저지하려 했을 것이라는 함의가 있기 때문이다. 하지만 정말 그럴까? 가자 지구의 살육과 파괴는 전 세계가 지켜보는 가운데 벌어지고 있다. 최신 무기의 실전 시연행사이기도 하니 당연한 일이다. 일본 언론에서도 보도된 바 있다. 우리는 결코 모르는 것이 아니다. 무지가 홀로코스트라는 대량학살을 가능케 했다면, 반복되는 가자 지구의 학살을 가능케 하는 것은 우리의 무관심이라고 할 수 있다. 차 한 잔의 여유로움 속에서 흘러나오는 가자 지구 소식은 잠시 가슴을 울리기는 하지만 많은 이들에게 그 이상의 것이 되지 못하는 것이다.

또 다른 차원에서는 법에 의한 지배가 없다는 점을 지적할 수 있다. 가자 지구에 본부를 둔 팔레스타인 인권센터(PCHR)의 대표이자 변호사인 라지 수라니는 51일간 전쟁이 절정에 이른 2014년 8월 3일에 발표한 「왜 휴전만으로는 충분하지 않은가」라는 제목의 글에서 이스라엘의 전쟁범죄가 단 한 번도 심판받지 않은 사실을 지적했다. PCHR은 2008/2009년 공격과 관련해, 이스라엘을 상대로 1,046명에 대한 490건의 전쟁범죄 형사 고발을 진행했지만 그 후 5년 동안 이스라엘 당국으로부터 답변이 온 것은 44건에 불과하다. 게다가 그 내용은 "군인 한 명이 신용카드를 훔친 죄로 7개월의 징역. 군인 두 명이 9세 소년을 인간 방패로 사용한 혐의로 3개월 집행유예. 군인 1명이 흰 깃발을 들고 있던 일행에 총을 쏴 여성 2명을 사망에 이르게 한 사건에 대해서는 '총기의 오용'으로 45일 투옥"이었다. 수라니는 말한다.

> 여기에 공정성 따위는 찾아볼 수 없다. 이러한 끊임없는 전쟁범죄의 큰 충격과 그럼에도 불구하고 결과적으로 처벌이 이루어지지 않는 것은 우리의 존엄 자체를 부정하고 우리의 인간으로서의 가치를 부정하고 있다. 이러한 판결은 우리의 생명 따위는 거룩한 것이 아니라고 말하는 것이다. 우리 따위는 하찮은 것이라고.[68]

그것은 국제 사회도 마찬가지다. 안보리 결의에 반세기 이상 지속되는 서안 지구와 가자 지구 점령, 가자 지구 완전 봉쇄(그 자체로 전쟁범죄다), 서안 지구의 정착촌과 분리장벽 건설 등 수많은 국제법 위반, 그리고 대규모 군사 공격 때마다 자행되는 수많은 전쟁범죄…. 2008/2009년의 공격 후, 유엔의 진상규명조사단이 조직되어 제출한 장문의 보고서는 이스라엘의 수많은 전쟁범죄를 지적했지만[69] 결국 유야무야인 채로 끝났다. 팔레스타인에 관해서는 법에 의한 지배 따위는 존재하지 않는다. 이렇게 이스라엘을 단죄하지 않음으로써 국제 사회는 수라니의 말처럼 메타 메시지를 보내고 있다. 팔레스타인 사람 따위는 하찮은 존재다, 그들에게 무슨 짓을 저질러도 상관없다….

그런데 또한 다음과 같이 대답할 수도 있다. 그것은 일란 파페가 말하는 1948년의 나크바 이후 계속되는 '점진적 제노사이드', 역사적 팔레스타인에 대한 인종청소의 일환이라고. 또는 이를 '폴리티사이드(politicide, 정치적 학살)'이라고 부를 수도 있다. 완전 봉쇄로 심각한 피해를 입은 가자 지구의 경제 기반은 반복되는 군사 공격으로 철저하게 파괴되었다. 이제 주민의 80퍼센트가 유엔을 비롯한 국제기구와 NGO의 원조로 간신히 연명하고 있는 실정이다. 사라 로이는 "(가자 지구의) 팔레스타인 사람들을 영구적으로 구걸하는 빈민으로 만들려는 의도다"라는 가자 지구의 사미 압둘샤피의 말을 인용하여, 세계는 60년에 걸쳐 난민을 거지로 만드는 데 성공했다고 꼬집었다.

나크바로 가자 지구로 쫓겨 온 팔레스타인 사람들은 유엔이 지급한 텐트에서 생활하며 유엔의 식량 배급을 받기 위해 줄을 서는 난민이었다. 1967년 가자 지구가 점령되자 아버지들은 아내와 아이들을 먹여 살리기 위해, 20년 전 고향을 점령하고 자신들을 추방한 이스라엘의 밑바닥 노동자가 되어 생계를 꾸려나갔다. 그로부터 또다시 20년의 세월이 지났을 때, 사람들은 점령에 저항하며 일어섰다. 인티파다. 1987년*의 점령하에 있던 전역에서 전개된 반점령 민중봉기를 가라앉히기 위해, 미국의 중재로 '오슬로 협정'이 맺어졌다. 이는 팔레스타인 측에 타협을 강요하는 것이었지만 그 결과 가자 지구와 서안 지구에서 무수한 팔레스타인 깃발이 휘날렸다(그전까지는 팔레스타인 깃발만 소지해도 체포되었다). 10년 후, '평화 프로세스'라는 점령 영속화 프로세스에 대해서도 사람들은 다시 일어섰다(제2차 인티파다). 2005년, 이스라엘은 가자 지구의 모

---

* 원문은 1967년으로 되어 있었다. 사실, 오슬로 협정의 계기가 된 것은 것은 1987년 제1차 인티파다이다. 저자의 착오를 바로잡는다.

든 정착촌을 철수하고 그와 동시에 가자 지구에 주둔하고 있던 군대도 철수한다. 그리고 사람들은 '시민사회'를 구축해 나갔다. 2006년, 팔레스타인 평의회 선거가 실시되었고 국제감시단을 조직한 지미 카터 전 미국 대통령도 "민주적이고 거짓 없이 치러진 선거였다"라고 보증했다. 이 선거에서 사람들은 이스라엘의 점령 지배의 공범이자 부패한 파타를 대신해 하마스를 선택했다. 일란 파페와 함께 이스라엘의 '새로운 역사가들' 중 한 명으로 평가받는 옥스퍼드 대학의 아비 슐라임 교수는 이 선거의 역사적 의미를 높이 평가한다. 민주적 정권교체라는 중동의 어느 나라도 아직 이루지 못한 일을 팔레스타인 사람들은 다대한 환난 속에서도 이뤄냈기 때문이다.[70]

　가자 지구의 역사를 살펴봐도 팔레스타인 사람들이 난민적 삶의 경험을 통해 유엔의 원조로 근근이 생명을 이어가는 '난민'에서 점령에 맞서 싸우는 저항자, 고향으로의 귀환과 주권국가 수립을 위해 투쟁하는 정치적 주체, 자신의 사회를 스스로 다스리는 시민으로 변모하고 있음을 알 수 있다. 주민의 80퍼센트가 나크바로 난민이 된 사람들과 그 자손들로 분류상으로는 여전히 '난민'이지만, 그들은 60년의 세월을 치치면서 나크바 당시의 '난민'과는 전혀 이질적인 존재로 변모해냈다. 계속되는 완전 봉쇄와 반복되는 공격이 노리는 것은 이들을 오늘을 살아가는 데 급급하여, 국제 사회의 온정 없이는 살아갈 수 없는 텐트살이 '난민'으로 다시금 돌려놓기 위해서다. 폴리티사이드, 정치적 주체성의 말살인 것이다.

　그러나 동시에 이러한 파괴와 살상, 완전한 봉쇄로도 가자 지구 주민들의 '팔레스타인 사람'이라는 정치적 주체성을 지워버릴 수 없기 때문이라고도 할 수 있다. 깎여도 깎여도 자라나는 강인한 잡초처럼, 그들은 아무리 짓밟히고 절망의 늪에 빠져도 70년 전 인종청소라는 역사적 불의에 대한 투쟁을, 조국 귀환의 꿈을 결코 포기하지 않으려 한다. 그래서 이들에 대한 폴리티사이드의 폭력도 해가 갈수록 더욱 더 심해지고 있다.

9. 분노

나치의 제노사이드 생존자와 희생자, 그 후손들은 팔레스타인 사람들에 대한 집단 살육을 전면적으로 비난한다. 가자 지구에 대한 제노사이드 공격이 계속되던 2014년 8월 22일, 홀로코스트 생존자, 그리고 생존자와 희생자의 유족 등 3백여 명이 연명으로 『뉴욕 타임즈』지에 의견 광고를 내어 이스라엘 비난 성명을 발표하여 세계적인 반향을 불러일으켰다.[71] 성명은 강력한 논조로 "가자 지구에서의 팔레스타인 사람들에 대한 집단 살육과, 역사적 팔레스타인에 대한 계속되는 점령 및 식민지화에 대한 전면적인 비난을 표명한다"며 이스라엘에 자금을 지원하는 미국과 외교를 이용해 이스라엘을 옹호하는 서방 국가들을 비판하고, 더 나아가 이스라엘 정치가와 평론가들이 제노사이드를 공공연하게 주장하며 우파 이스라엘인들이 네오나치 기장을 착용하는 등 "이스라엘 국내에서 팔레스타인 사람들에 대한 극단적인 인종주의적 비인간화가 열광적인 수준에 이르렀다"는 불안을 표명했다.

성명은 엘리 비젤*에게도 엄중히 지탄했다. 비젤은 7월 말부터 8월 초까지 『뉴욕 타임즈』와 『월 스트리트 저널』, 『워싱턴 포스트』, 『가디언』 등 영미권의 주요 신문에 6만 달러에 상당하는 의견 광고를 게재하면서 이스라엘을 옹호하며 다음과 같이 말했다. "나는 내 인생에서 유대인 아이들이 불 속에 던져지는 것을 목격했다. 지금 내가 보고 있는 것은 무슬림 아이들이 (하마스에 의해) 인간 방패로 이용당하는 모습이다. 어느 쪽이든 모두 죽음의 숭배자들이 저지르고 있다…. 오늘날 우리가 견디고 있는 것은 유대인 대 아랍인의 전투도, 이스라엘과 팔레스타인의 싸움도 아니다. 그것은 삶을 찬양하는 자들과 죽음을 찬양하는 자들 사이의 투쟁, 문명과 야만 사이의 투쟁이다."72) 이에 대해 성명은 "이스라엘이 총력을 기울여 가자 지구를 파괴하고 수백 명의 어린이를 포함한 2,000명 가까이 되는 사람들을 살해했다는 결코 정당화될 수 없는 짓을 정당화하고자, 엘리 비젤은 노골적인 거짓을 퍼뜨리고 이들 신문의 지면에서 우리의 역사를 악용하는 데 대해 혐오와 분노를 느낀다. 유엔의 대피소나 집, 병원, 대학을 폭격하는 짓을 정당화할 수 있는 것 따윈 어디에도 존재하지 않는다"라고 비판했다.

성명서는 다음과 같은 말로 마무리된다.

'두 번 다시 반복하지 않는다'는 말은 그 누구에게도 두 번 다시 반복하지 않겠다는 뜻이다!

---

* Elie Wiesel(1928-2016). 루마니아 태생의 미국 유대계 작가. 홀로코스트 체험을 그린 자전적 작품으로 1986년 노벨평화상을 수상했다.

제13장

슬픈 딸기가 열매 맺는 땅

가자에서 가장 싼 것, 그것은 바로 우리의 목숨이에요.

―2014년 3월, 가자에서 NGO 직원, 메이사의 말

지옥이란 사람이 고통받는 곳을 말하는 것이 아니다.
사람의 고통을 아무도 보려고 하지 않는 곳을 말하는 것이다.

―만수르 알-할라즈*

---

* 만수르 알-할라즈(858~922)는 아바스 왕조 시기 페르시아에서 수피즘(이슬람의 신비주의 종파)을 이끌었던 학자로 신과 직접적인 관계를 형성할 수 있다고 주장하였다. "나는 진실이다"라는 발언과 같은 같은 급진적인 사상을 지녔다는 이유로 체포되어 처형당했다.

1. 오렌지

　1986년 4월 초순. 아침 7시에 카이로 터미널을 출발한 버스는 9시경 알-칸타라에서 수에즈 운하를 건너 시나이 반도에 진입한 후, 일직선으로 팔레스타인을 향해 북쪽으로 계속 달렸다. 1978년 이집트/이스라엘의 단독 평화협정에 따라 개통된 카이로-텔아비브 간을 잇는 하루 한 번 운행하는 버스였다. 창밖으로는 푸른 하늘 아래 시나이 반도의 하얀 사막이 끝없이 뻗어 있다. 몇 시간을 달려도 창밖의 풍경은 끊임없이 변화하는 모래언덕의 능선과 풍문(風紋)을 제외하고는 변함없이 마르고 흰 모래가 아득히 펼쳐져 있을 뿐이었다. 나는 어느새 잠이 들었다.
　정오가 지났을까. 버스가 멈췄다. 국경에 도착한 것이다. 버스에서 내려 이집트 측 여권 심사대에서 아랍어로 된 출국 도장을 받고 버스로 돌아간다. 수십 미터 정도 더 가서 다시 버스에서 내린 다음, 이번에는 팔레스타인 측에서 입국 도장을 받는다. 국경을 관리하는 건 이스라엘 군인이다. 여권에 히브리어로 된 입국 도장이 찍힌다. 승객을 태우고 버스는 다시 출발했다. 갑자기 과수원의 짙은 녹음과 주렁주렁 열린 오렌지 열매의 선명한 색이 시야에 들어왔다. 마치 『오즈의 마법사』처럼, 모노크롬으로 된 세계가 갑자기 풀컬러로 바뀌었다. 길 양옆으로 오렌지 과수원이 펼쳐져 있다. 몇 시간 동안이나 흰 사막에 노출되어 건조해진 눈에, 무성하게 우거진 초록과 싱그러운 오렌지가 눈부셨다.

그것은 가자 지구의 오렌지 밭이었다. 나는 오랫동안, 자신이 가자 지구에 가본 적이 없다고 생각했다. 하지만 그때, 어느샌가 나는 가자 지구에 와 있었던 것이다.

2. 클레이시스*

2008/2009년 이스라엘의 가자 지구 공격으로부터 5년이 지난 2013년 12월, 2007년 시작된 가자 지구 완전 봉쇄는 벌써 7년째에 접어들었다. 인간의 통행도, 물자의 반출입도 현저하게 제한되어 있다. 외국인은 유엔 관계자나 이스라엘에 NGO 등록이 된 단체의 직원, 마찬가지로 이스라엘 당국으로부터 프레스 카드를 발급받은 언론사 특파원이 아니면 가자 지구에 들어가는 것은 불가능하다.

2008/2009년의 공격 이후 5년 동안 나는 가자 지구를 갑자기 덮친 그 상상도 할 수 없는 공격에 대해—인간성의 임계점을 경신하는 2014년의 제노사이드 공격은 아직 일어나지도 않았다—그리고 그 이후에도 여전히

---

* Klesis, 헬라어로 하느님의 부르심, 소명(召命)이라는 뜻이다.

계속되는 봉쇄의 폭력에 대해 기회 있을 때마다 이야기해왔다. 2009년에는 학생과 시민 유지들로 구성된 극단을 창립해, 가자 지구를 테마로 한 낭독극 공연 활동을 지역 사회인 교토를 중심으로 이어오고 있었으나 정작 나 자신은 가자 지구를 본 적이 없다(30년 전, 오렌지에 마음을 빼앗긴 그 순간을 제외하고는). 그래서 내 눈으로 가자 지구를 보고 싶었다. 가자 지구에 대해 이야기하면 할수록, 애틋하게 그리워하는 마음이 커져만 갔다. 하지만 봉쇄로 인해 그것은 결코 이루어질 수 없는 꿈이었다.

그래서 하늘의 도움이라고 말할 수밖에 없다. 2013년 12월, 도쿄에서 이틀 연속 세 차례에 걸친 가자 낭독극을 공연한 다음 날, 일본의 국제 NGO에서 전문가로 가자 지구에 파견하고 싶다는 제의가 들어왔다

이듬해인 2014년 3월, 나는 완전 봉쇄된 가자 지구에 들어갔다.

3. 살아 있는 채 당하는 죽음

가자 지구의 완전 봉쇄는 2007년에 시작된다. 그 전년도의 팔레스타인 평의회 선거에서 가자 지구에 거점을 둔 이슬람주의 정당인 하마스(정식 명칭은 '이슬람 저항운동')가 오슬로 협정 이후 자치정부를 맡았던 부패한 파타를 꺾고 승리를 거두었다. 가자 지구 봉쇄는 이스라엘과 미국이 '테러리스트 그룹'으로 간주하는 집단(하마스)을 대표로 선택한 이들에 대한 집단 징벌로서 시작되었다. 국제 사회의 승인을 얻기 위해 하마스는 파타와 함께 새 정부를 구성하고 미국 부시 행정부에 특사를 보내 통

일정부를 승인해 주면 서안 지구와 가자 지구에 임시 국가를 건설하고 이스라엘과 장기간의 휴전협정을 맺을 준비가 되어 있음을 알렸다. 하지만 미국은 파타 지도자 무함마드 달란에게 군수 지원(자금, 무기, 미국에서 훈련받은 병사)을 제공하여 2007년 7월, 쿠데타를 일으키게 한다. 1973년 9월 칠레의 쿠데타와 동일한 수법이다. 당시에도 미국은 민주적 선거로 선출된 살바도르 아옌데*의 사회주의 정권을 무너뜨리기 위해 피노체트** 장군에게 쿠데타를 일으키게 한 것이다. 그러나 칠레와 다른 점이 있었다. 가자 지구의 파타와 하마스 사이의 내전에서 승리를 거둔 쪽은 미국의 예상을 깨고 하마스였던 것이다. 이후 팔레스타인은 가자 지구의 하마스 정권과 서안 지구의 파타 정권으로 분열되었고, 하마스가 통치하는 가자 지구에 대한 전면 봉쇄가 시작되었다.

  2008년 여름, 봉쇄된 가자 지구의 상황에 대해 저널리스트 후루이 미즈에 씨에게 이야기를 들어보았다.73) 가자 지구에 대한 이스라엘의 첫 대규모 군사 공격이 일어나기 반년 전의 일이다. 후루이 씨는 그해 봄, 가자 지구에 들어가 난민캠프에 사는 한 가정에 머물며 완전 봉쇄가 시작된 지 1년이 지난 생활상을 몇 달간 취재했다.

  물, 전기, 가스, 휘발유, 그리고 식량과 의약품도 필요한 최소한의 것밖에 들어오지 않는다. 일본의 도시와 다를 바 없는 근대적 도시생활을 하

---

*   살바도르 아옌데(1908~1973)는 칠레의 정치인으로 대기업 국유화 및 농지개혁 등 사회주의 개혁을 실시했으나, 피노체트의 쿠데타 직후 사망했다.

** 아우구스토 피노체트(1915~2006)는 칠레의 군인으로 아옌데 행정부를 쿠데타(1973.9.)로 무너뜨리고 집권한 뒤 장기간 군부 독재를 펼쳤다. 그가 집권기에 중남미의 다른 독재국가들과 마찬가지로 좌파 척결을 명목으로 벌인 광범위한 인권 유린은 더러운 전쟁(Guerre Sucia)의 대표적인 사례로 언급된다.

고 있는 가자 지구에서 사람들은 자동차 대신 나귀가 끄는 짐수레를 이동과 교통수단으로 삼고, 전등 대신 기름에 담근 심지에 불을 붙이는 등 중세시대로의 역행을 강요당하고 있었다. 그뿐만이 아니다. 가자 지구를 떠나 이스라엘이나 해외 병원에서 수술이나 적절한 치료를 받으면 목숨을 건질 수 있는 병자들이 가자 지구 밖을 나가는 것을 허가받지 못해(여기에서도 그 이유는 '안전보장'이다), 허가가 떨어지길 기다리며 죽어가고 있다. 후루이 씨가 취재하는 동안에도 소아암에 걸린 소녀가 허가를 기다리다 사망했다(국제앰네스티는 이스라엘에 중환자의 가자 지구 출입을 허용하라는 캠페인을 반복적으로 벌이고 있다). 산발적인 폭격은 일상다반사다. 그때마다 사상자가 나온다. 하지만 일본에서는 전혀 보도되지 않는다. 한 번에 십여 명의 사상자가 발생해야 겨우 신문의 외신 한 귀퉁이에 밋밋한 기사가 실리는 정도다….

2008년은 나크바 60주년이 되는 해다. 하지만 가자 지구 주민들은 "지금이 바로 나크바다"라고 말했다고 한다. 그때 후루이 씨가 했던 말을 잊을 수 없다. "일본 매스미디어의 인권 감각이 좀 이상한데요. 가자 지구에서 이만큼 심각한 인권 침해가 일어나고 있는데, 그게 일본에서는 전혀 보도되지 않고 있다는 게…."

2014년, 완전 봉쇄라는 '나크바'는 이미 7년째 계속되고 있었다. 그해 내가 방문한 지 4개월 후에, 가자 지구는 대량 파괴·대량 살육에 휩쓸린다. 공격이 개시된 지 일주일 후에, 이스라엘은 이집트를 통해 무조건 휴전을 제안했지만, 하마스는 이를 일축했다. 이를 전하는 일본 TV 보도를 지금도 생생하게 기억하고 있다. 이스라엘이 애써 제안한 휴전을 봉쇄 해제라는 조건을 고집하는 하마스가 받아들이지 않아 공격이 계속되고 있으니 아이들이 죽어가는 책임은 오로지 하마스에게 있다는 식의 보도였다. 무차별 공격으로 민간인을 살상하고 있는 것은 이스라엘임에도 불구하고 말이다. 가자 지구의 학자, 지식인, 작가, 언론인 등 1백여 명이 연명하여 전 세계를 향해 영어로 성명을 발표한 것은 일주일 후였다.

> 하마스는 이집트와 이스라엘이 가자 지구의 그 누구와도 상의 없이 제안한 일방적 휴전을 거부했지만, 이는 가자 지구의 압도적 다수 주민의 감정을 대표한다. 단순히 진작에 벌어진 일(즉 이스라엘이 가자 지구의 출입을 엄격하게 제한하고 건축자재 대부분을 비롯해 반입되는 물자를 통제하고 사실상 모든 수출을 금지함으로써 경제를 불능으로 만들고, 가자 지구를 아랍권에서 가장 빈곤률과 실업률이 높은 지역 중 하나로 몰고 가는 상황)로 돌아갈 뿐인 휴전 따위를 받아들이기 어렵다는 것은 널리 공유된 대중의 감정이다. 그런 것을 받아들이라는 것은 살아 있는 채 죽은 상태로 돌아가란 말과 똑같다.[74]

팔레스타인 인권센터 대표인 변호사 라지 수라니도 8월 3일자 영문 성명서 「왜 휴전만으로는 충분하지 않은가」에서 다음과 같이 말했다.

> 봉쇄된 상태에서 사는 것, 그것은 인간의 삶이 아니다. 우리는 이런 현실로 돌아갈 수 없다. (…) 휴전만으로는 충분하지 않다. 휴전만으로는 이 고통이 끝나지 않는다. 폭격으로 인한 죽음의 공포가, 두려움은 서서히 목이 졸

려 죽는 공포를 대신하는 것일 뿐이다.[75]

그렇다면 가자 지구 사람들이 말하는 '살아 있는 채로 당하는 죽음', '인간의 삶이 아닌' 봉쇄 하의 삶이란 도대체 어떤 것일까?

4. 봉쇄

학창 시절, 나도 모르는 사이에 가자 지구를 방문한 나를 반겨준 것은 오렌지 열매들이었다. 그로부터 30년 후, 가자 지구에 들어선 내 눈을 가장 먼저 사로잡은 것은 거리 곳곳에 넘쳐나는 새빨간 딸기 열매였다. 거리 곳곳에서 수레와 포장마차에서 딸기를 넘쳐흐를 듯이 잔뜩 쌓아놓고 팔고 있었다. 팔레스타인 인권센터 대표인 라지 수라니를 방문했을 때, 큰 접시에 산더미처럼 담긴 큼지막한 딸기로 대접을 받았다. 가자 지구 북부의 베이트 라히야는 '딸기의 고장'으로 유명하다. 지평선까지 딸기밭이 펼쳐져 있다. 농장 주인이 밭에서 두 손 가득 딸기를 따 와서는 내게 건네주었다. 일본의 백화점에서 파는 것 만큼이나 큼지막한 딸기, 정말이지 달콤했다. EU의 등급으로 치면 1등급에 해당하는 딸기라고 농장주는 말했다. 하지만 그 말투는 씁쓸함이 묻어났다.

그런 고급 딸기를 요르단강 서안 지구에 출하할 수 없다. 서안 지구의 인구는 약 300만 명(동예루살렘 및 이스라엘인 정착민을 포함한다. 2017년 기준). 서안 지구의 시장에서 정착촌의 플랜테이션 농장에서 재배되는 농산물과 경쟁하지 못하게 하기 위해서다. 한편, 유럽 시장으로 출하하는 것은 허용되지만 이스라엘의 수출업자를 통해서만 가능하다는 조건이 있다. 당연히 업자에게 중개 수수료를 지불해야만 하고 이는 가격에 반영되어 시장 경쟁력이 없어진다. 가격을 낮추면 수익이 없다. 아무리 정성을 들여 EU 시장 1등급의 딸기로 가꿔 출하하더라도 경제적 이익은 가자 지구에서 현지 소비하는 것과 다를 바 없다. 이 계절에 가자 지구 곳곳에서 새빨간 딸기가 넘쳐났던 것은 그 때문이었다. 봉쇄가 없었다면 해외 식탁에서 소비되어 가자 지구를 풍요롭게 만들었을 딸기였다.

봉쇄는 단순히 물자가 들어오지 못하거나 혹은 나가지 못한다는 단순한 문제가 아니다. 무엇을 들여와도 되고 내보내도 되는지, 어떤 조건으로 그럴 수 있는지를 점령자들이 자기들 입맛에 맞게 결정하고 주민들은 이에 따를 수밖에 없다. 딸기는 그 사례이며, 가자 지구 경제의 자립적 발전이 봉쇄로 인해 어떻게 저해되고 있는지를 단적으로 보여준다. 그런 것이 1967년 점령 이래 이스라엘이 취해온 일관된 경제 정책이다. 사라 로이는 이를 '반개발(反開發)'이라고 이름붙였다.

봉쇄도 반개발의 일환이다. 공장이 있어도 원재료를 가자 지구로 반입할 수 없다면 제품은 만들 수 없다. 전기가 공급되지 않으면 공장은 가동할 수 없다. 제품을 만들었다고 해도 가자 지구 밖으로 반출할 수 없으니 수출할 수 없다. 봉쇄는 가자 지구의 경제 기반 자체를 파괴한다. 실업률은 40퍼센트를 넘어 세계 최악의 수준이다. 그 수치는 해를 거듭할수록 계속 상승하고 있다. 가자 지구가 가난한 것은 '개발도상국'이기 때문이 아니다. 가자 지구의 빈곤은 점령자들이 주민들을 항구적 빈곤상태에 머물게 하기 위해 의도적으로 조작하고 인위적으로 만들어낸 것이다. 생활 필수품은 이집트와의 국경지대에 뚫린 지하 터널을 통해 운반되기 때문에(지하 터널은 가자 지구의 '생명선'이다) 물가는 치솟는다. 라지 수라니 씨의 표현을 빌리자면, 가자 지구 사람들은 '아프리카 수준의 임금에 도쿄 수준의 물가'를 강요당하고 있다. 빈곤으로 인해 아이들의 건강 상태는 악화되고 있다. 많은 아이들이 영양실조와 영양 부족으로 인한 빈혈을 앓고 있다.

어업은 가자 지구의 기간산업 중 하나이지만 가자 항 부두에는 수백 척이나 되는 어선들이 조업에 나서지 않고 정박해 있다. 오슬로 협정에서 정한 가자 지구의 영해는 20해리*인데, 내가 방문했을 당시에는 근해 3해리쯤에 이스라엘의 초계정이 정박해, 조업하려는 어부들에게 총격을 가한다. 나포되어 생계 수단인 어선을 압수당하는 경우도 있다. 이 때문에 조업은 연안부의 근해로 제한되고 치어(稚魚)까지 남획된 결과 어류도 급감해 어부들도 대부분 실직하고 말았다. 바다가 있는데도, 주민들이 먹을 수 있는 것은 지하 터널을 통해 이집트에서 들어오는 냉동 새우뿐이다.

현재 가구의 80퍼센트가 유엔과 국제 NGO의 원조 없이는 생활할 수 없는 상황이다. 하지만 원조 물자로 배급되는 것은 공장에서 대량 생산되는 값싸고 영양가 낮은 '흰' 밀, 화학적으로 정제된 값싼 기름과 값싼 백설탕이다(과거 전통적인 식탁을 장식했던 것은 '갈색'으로 구워진 통밀빵, 엑스트라 버진 올리브유, 그리고 바다에서 잡은 신선한 생선이었다).

---

*   1해리(海里)는 1.852km로 20해리는 37.04km이다.

육류나 생선 등 양질의 단백질로 필요한 칼로리를 섭취할 수 없기 때문에, 사람들은 지방과 당분을 다량으로 섭취해 보충한다. 그 결과 당뇨병을 비롯한 생활습관병이 풍토병으로 자리 잡았다. 생계 유지를 위한 원조가 가자 지구 사람들의 삶을 갉아먹고 있는 것이다.

물도 마찬가지다. 봉쇄로 건축 자재가 들어오지 않아 파괴된 하수처리 시설을 재건하지 못해 생활하수 등 오수가 그대로 강으로 흘러들어가 유역의 지하수를 오염시키고 있다. 또한 과거 이스라엘 정착촌이 있었던 시절, 정착민들이 플랜테이션 농장 운영을 위해 지하수를 과도하게 끌어올린 탓에 바닷물이 지하 대수층에 침투하여 지하수의 염수화가 진행되고 있다(그래서인지 호텔 수돗물은 끈적거리고 비누 거품이 거의 나지 않았다). 지하수 오염과 염수화로 수돗물의 90%가 음용에 적합하지 않다. 지하 터널을 통해 운반되는 고가의 생수와 정수 필터를 구입할 수 있는 것은 극소수의 부유층에 국한된다. 압도적 다수인 빈곤층은 몸에 좋지 않다는 것을 알면서도 오염된 수돗물을 마실 수밖에 없다. 가자 지구에는 병자가 많은데, 병의 대부분이 오염된 물을 마시기 때문이라고 한다. 살기 위한 물 또한 이곳 사람들의 생명을 속속들이 갉아먹고 있다.

내가 방문했던 2014년 당시 전기 공급은 8시간 주기로 이루어졌다. 오후 2시부터 오후 10시까지 8시간 공급되면, 아침 6시까지 8시간 정전된 후 다음 8시간은 다시 공급되는 식이다. 자가 발전기를 갖추고 터널을 경유해서 가져오는 고가의 연료로 전기를 자급자족할 수 있는 부유층은 정전이 돼도 괜찮지만, 빈곤층 가정은 촛불로 불을 밝힐 수밖에 없다. 하지만 화재로 인해 아이들이 불에 타 죽는 사고가 잇따르면서 최근에는 터널을 통해 중국산 충전 램프가 보급되었다. 그렇지만 사용 빈도가 지나치게 잦아 금방 고장난다. 잦은 교체 비용도 가계를 더욱 압박한다. 피해는 비단 가계에만 국한되지 않는다. 주위 수십 센티미터를 어렴풋이 밝히는 램프 불빛 아래서 아이들은 학교 숙제나 가정학습을 해야만 한다. 봉쇄가 시작된 이후 가자 지구 아이들의 학력은 눈에 띄게 저하되었다고 한다.

전력 부족은 조명 결핍만 가져오는 게 아니다. 근대적 도시 생활은 전면적으로 전력에 의존하고 있다. 특히 의료가 그렇다. 인큐베이터에 인공투석기…. 가자 시티의 알-시파 병원을 방문했을 때 나를 안내해 준 의사는 연료는 병원 자체 발전기를 우선적으로 가동하고 구급차 출동을 자제하고 있다고 말했다. 응급병동에 도착하자 의사는 말없이 캐비넷을 열어 내부를 보여주었다. 의약품은 물론 구급용 의료키트도 바닥이 났다. 매년 팔레스타인을 방문해 한 달 동안 서안 지구와 가자 지구에서 의료 활동을 하고 있는 홋카이도 팔레스타인 의료봉사단의 네코즈카 요시오 의사에 따르면 인공 투석은 원래 해야 할 시간의 절반밖에 하지 못하고 있다고 한다. 장기적으로 보면 분명히 생명을 단축시킨다고 네코즈카 의사는 말한다. 또한 손바닥에 화상을 입은 사람들을 많이 치료했다는데, 겨울에 난방용 연료 대신 폐자재 등으로 모닥불을 피워 몸을 녹이려다 가연성 물질이 폭발해 손바닥에 화상을 입는 것이다. 일본이었다면 즉시 적절한 치료를 받아 별 문제가 없을 화상이더라도 여기서는 평생 장애로 남고 만다.

지중해성 기후인 가자 지구는 겨울이 우기다. 그러나 전력 부족으로 하수용 펌프가 가동하지 않아 폭우가 쏟아지면 저지대에는 하수가 범람하여 홍수가 발생한다. 겨울 홍수는 연중행사처럼 되었다. 한편, 고층 주택에서는 상부층으로 수돗물을 끌어올리는 펌프가 가동하지 않아 물이 나오지 않는다.

북부에 위치한 가자 시티에서 해안도로를 타고 남쪽으로 달린다. 지중해에 면한 가자 지구의 해안선은 약 40킬로미터, 수심이 얕아 해수욕을 즐기기에 딱 좋은 모래사장이다. 예전에는 해안가에 이스라엘의 거대 정착촌이 있었기 때문에 가자 지구 사람들은 해변에 가는 것조차 불가능했지만, 2005년에 정착촌이 모두 철수한 덕택에 여름이 되면 다시 해수욕을 즐길 수 있게 되었다. 하지만 정착민들이 사라졌기 때문에 가자 지구 전역에 대한 무차별 공격도 가능해졌다. 참고로 정착민들은 가자 지구에서 철수하면서 그동안 경영한 플랜테이션 농장을 파괴하고 농작물을 뿌리째 뽑아버렸다. 자신들이 떠난 후 남아 있는 농원을 팔레스타인 사람들이 이용하지 못하게 하려는 것이다. 한때 정착민들의 농원이 점유하고 있었던 광활한 땅에는 살벌한 황무지가 펼쳐져 있었다.

해안도로를 달리며 생각한다. 가자 지구는 유럽에서도 가깝다. 질 좋은 해변도 있다. 개발하면 여름 휴양지로는 안성맞춤인 곳이다. 유럽에서 많은 휴양객이 몰려들 것이다. 하지만 봉쇄가 계속되는 한 그런 일은 기대할 수 없다.* 농업, 어업, 관광업…, 고등교육을 받은 우수한 인적 자원도 있는 가자 지구는 잠재적으로 경제를 발전시킬 수 있는 풍부한 자원을 지니고 있다. 그러나 그 모든 가능성은 철저히 저해되고 주민들은 의도적이

---

*   미국 대통령에 재선된 트럼프는 선거 운동 당시 공약 중 하나로 가자 지구 전쟁(2023~) 종식을 내세웠는데, 2025년 1월 가자 지구를 미국이 접수하여 휴양지로 개발하고 그 주민들은 주변으로 이주시킨다는 소위 '가자 지구 구상'을 내놓아 큰 반발을 일으켰다.

고 인위적으로 극도의 빈곤 상태에 머물러 있다. 사라 로이가 말하는 '반개발'에 의해, 사리 하나피가 말하는 '스페이스오사이드'에 의해.

갑자기 차 안에서 악취가 풍긴다. 가자 계곡에 다다를 무렵이었다. 가자 계곡을 흐르는 강에 정화되지 않은 채 배출된 생활하수가 지중해로 흘러들어가, 하구 부근에 오수 웅덩이를 만들고 있었다. 그것이 악취를 풍기고 있는 것이다. 마치 팔레스타인 사람들에게 아름다운 해변 따위를 즐길 수 있게 해줄 수 없다는 듯이. 기온이 그다지 높지 않은 3월에도 꽤나 악취가 심했다. 여름철에는 견디기 힘들 것이 틀림없다. 사람들은 사랑하는 바다와 아름다운 해변을 매일매일 자신들의 손으로 오염시켜야 하는 것이다.

여기서 묘사한 것은 봉쇄라는 폭력의 단편적인 일부에 불과하다. 그럼에도 불구하고 봉쇄는 삶의 모든 수준, 모든 측면에 걸쳐 복잡하게 얽혀 있는 인과 관계를 따라 지효성(遲效性)이 있는 독처럼 천천히 잠식한다. 최종적으로는 반복되는 전쟁과 마찬가지로, 아니 전쟁보다 훨씬 더 광범위하게 가자 지구 사람들의 삶에 치명적으로 파괴적인 영향을 미치고 있다.

4년 전 방문 당시 어업조합 사무실을 방문했을 때 '각성제에 손을 대지 말라'는 계몽 포스터가 붙어 있었다. 트라마돌이라는 진통제가 마약 대신 사용되고 있는 것이다. 하지만 그동안 윤택하게 공급되던 트라마돌은 어느 순간부터 품귀 현상이 일어나면서 가격이 치솟고 중독된 남성들에 의한 가정폭력과 범죄가 빈번하게 발생하고 있다(가자 지구로 유입되는 트라마돌에는 원래의 성분에 포함되지 않는 금단 증상을 유발하는 어떤 성분이 첨가되어 있다고 전문가들은 말한다).⁷⁶⁾ 봉쇄는 주민의 몸뿐만 아니라 가자 지구의 가정과 사회의 윤리적 기반까지도 내부에서 잠식하고 있었다.

5. 구조적 폭력

2012년 10월에 가자 지구를 방문한 노엄 촘스키*는 「가자 지구의 인상(印象)」이라는 제목의 에세이를 다음과 같은 한 문장으로 정리했다.

> 감옥에서 하룻밤을 보낸 것만으로 외재적인 힘에 의해 전적으로 통제되는 것이 어떤 것인지 직접 깨닫는 데에 충분하다. 마찬가지로 세계 최대 규모의 야외 감옥에서 살아남기 위해 애쓴다는 것이 어떤 것인지를 이해하려 한다면 가자에서 하루를 보내는 것만으로도 충분하다.⁷⁷⁾

하지만 가자 지구에 들어선 나의 첫인상은 촘스키와는 전혀 달랐다. 표면적으로 놀랍도록 극히 평범한 '일상'의 광경이 펼쳐져 있었다. 아침이 되면 교복을 입은 아이들이 등교하고 대학 캠퍼스는 학생들로 넘쳐나며, 거리에는 카페와 레스토랑, 아이스크림 가게도 있다. 시장의 가게 앞에는

---

* 노엄 촘스키(1928~)는 미국의 유대계 언어학자이자 세계적 석학으로서 미국 중심의 제국주의 및 신자유주의 질서를 비판하는 한편, 이스라엘의 팔레스타인 점령을 비판하고 팔레스타인 해방 운동을 지지했다.

중국산 냄비 같은 것들이 즐비하게 늘어져 있고, 소박하지만 평범한 차림새를 한 사람들이 쇼핑을 하고 있었다. 아무것도 모르는 여행자라면(물론 그런 여행자는 가자 지구에 들어가지 않겠지만) 며칠만 지내는 정도로는 가자 지구가 봉쇄하에 있다는 사실을 알아채지 못할 수도 있다. 여기저기서 자유롭지 않고 가난함을 느끼더라도 개발도상국이니까 하고 납득해버릴 것이다. 한 발자국만 내딛으면 무차별 공격에 시달리는 사람들이 무조건적인 휴전을 거부할 정도로 견디기 힘든 상황(살아 있는 채 당하는 죽음)이 누구나 다 알 수 있는 형태로 눈앞에 펼쳐지는 것은 아니다.

종래에 평화는 전쟁이 없는 상태라고 여겨져 왔다. 이에 대해 1970년대 '평화학의 아버지'로 불리는 노르웨이의 평화학자 요한 갈퉁은 폭력을 세 범주로 분류했다. 전쟁 등 물리적 폭력이 직접적으로 행사되는 '직접적 폭력', 빈곤이나 차별 등 사회 구조에서 간접적으로 만들어지는 '구조적 폭력', 그리고 직접적 폭력이나 구조적 폭력을 정당화하거나 유지하는 태도나 사상과 같은 '문화적 폭력'. 이렇게 평화 개념을 재정의하고 전쟁이라는 직접적 폭력이 없는 것만으로는 소극적 평화에 불과하며 진정한 평화란 직접적 폭력뿐만 아니라 구조적 폭력도 없는 상태를 의미한다고 했다.

점령과 마찬가지로 봉쇄는 갈퉁이 말하는 구조적 폭력이다. 물리적 폭력의 직접적 행사라는 전쟁은 인명의 살상, 건조물 파괴를 대대적으로 수반하기 때문에 사진 한 장만 봐도 그 치명적인 파괴성을 쉽게 확인할 수 있다. 하지만 구조적 폭력인 봉쇄는 다르다. 외형적인 물리적 파괴를 수반하지 않기 때문에 봉쇄가 이곳 사람들의 삶(즉 생활, 목숨, 인생)을 얼마나 치명적으로 잠식하고 파괴하고 있는지는 가시화되지 않는다. 봉쇄란 보이지 않는 폭력인 것이다. 풀솜으로 서서히 목을 조르는 듯이 인간과 사회를 안쪽으로부터 잠식하는 '일상'이 있을 뿐이다. 전쟁과 같은 스펙터클한 사건성도 없다. 그래서 보도되지도 않는다(이것은 갈퉁이 말하는 문화적 폭력이다).

일주일 정도 호텔에 머물면서 가자 지구를 본 것만으론, 봉쇄라는 폭력의 치명적인 파괴성을 이해하기란 도저히 불가능하다. 압도적 다수를 차지하는 빈곤층이 시달리는 봉쇄라는 이름의 스페이시오사이드의 실태를 실감하려면 후루이 씨처럼 몇 달 동안 그들의 집에서 자고 먹으며 모든 것을 함께 해야만 한다. 어쩌면 언제든지 일본으로 돌아갈 수 있는 선택권이 있는 우리가 봉쇄의 단면을 경험하는 것만으로는 제대로 헤아릴 수 없을 것이다. 언제 끝날지 모르는 봉쇄 아래에서 '살아 있는 채로 당하는 죽음'을 참고 견디며 몇 년마다 발생하는 대규모 군사 공격에 의해 '깎여나갈' 수밖에 없는 가자 지구 사람들의 절망의 깊이를 가늠하는 것이 과연 가능할 것인가.

6. 자긍심

2014년 여름 51일간 전쟁이 휴전된 지 두 달 후인 10월, 저널리스트 도이 도시쿠니 씨의 초청으로 가자 지구에서 팔레스타인 인권센터 대표이자 변호사인 라지 수라니 씨가 일본을 방문했다. 내가 근무하는 교토의 대학에서도 '가자 지구에 살다'라는 제목으로 라지 씨의 강연회를 개최했다.

몇 년 전 일본을 방문했을 때 오사카에서 강연한 라지 씨는 강연 말미에, 가자 지구의 팔레스타인 사람으로 태어나서 정말 행복하다고 말했다. 왜냐하면 자신에게는 동포의 인권을 위해 싸우는 인생의 분명한 목적, 사명이 있기 때문이라고 했다. 다시 일본을 찾은 그에게, 교토에서의 강연회 마지막에 사회를 맡았던 나는 물었다.

"몇 년 전, 당신은 가자 지구 팔레스타인에서 태어난 것을 행운이라고 말씀하셨습니다. 이번 여름의 제노사이드 전쟁을 경험한 지금도 그렇게 생각하십니까? 그렇게 생각하신다면 그 이유는 무엇입니까?"

라지 씨는 아주 조금의 망설임도 없이 대답했다.

"물론 저는 행복합니다. 이번 공격으로 수십만 명이 집을 잃었습니다. 그렇지만 굶어 죽는 사람은 없습니다. 사람들은 단 한 조각의 빵조차도 함께 나눠 먹고 있습니다. 이런 가자 지구의 팔레스타인 사람으로 태어난 것이 저는 자랑스럽습니다."

그런데 몇 주 전 후쿠오카를 방문했을 때, 한 여성이 최근 가자 지구의 친척에게서 전화로 들은 이야기를 주저하면서도 내게 알려주었다. 지금 가자 지구에서 남자들이 담요 한 장을 서로 빼앗기 위해 치고 박고 싸운다고. 빵 한 조각이라도 이웃과 나누려고 하는 사람들이 있는 반면 담요 한 장을 서로 빼앗으려는(그것은 자신을 위한 것일 뿐만 아니라 아마도 땅바닥이나 잔해 사이에서 잠자는 아이들을 위한 것이리라) 사람들이 있다는 것도 역시 가자 지구의 비참한 현실이었다.

7. 파국

그로부터 4년이 지난 2018년. 가자 지구의 완전 봉쇄는 벌써 12년째에 접어들었다. 상황은 가파르게 악화되고 있다. 이제 가자 지구의 모든 것이 붕괴를 향해 가고 있다. 4년 전 하루 8시간이었던 전력 공급은 이제는 하루에 겨우 4시간, 때론 2시간일 때도 있다. 발전소를 가동하기 위한 연료비는 기존에는 서안 지구의 팔레스타인 자치정부(파타)가 이스라엘에 냈지만 2018년 3월, 하마스와의 대립으로 파타가 그 지불을 미루게 된 결과다. 그리고 가자 지구의 바다. 사람들에게 자비를 베풀고 피폐해진 몸과 마음을 치유해 주던, 이전과 같은 아름다운 바다는 더 이상 존재하지 않는다. 가동 중이던 하수처리장마저 전력 부족으로 가동이 중단되어 200만 명이 사는 가자 지구의 생활하수가 처리되지 않은 채 매일 대량으로 바다로 흘러들어간다. 바닷물 오염은 해안선의 80퍼센트 이상 퍼져나갔으며, '푸른 바다'는 수평선 너머에서나 간신히 보일 정도라고 한다. 해수욕은 두말할 필요도 없다. 수영을 하면 피부병 등 각종 질병을 유발한다. 사망한 사람도 있다. 가자 지구 사람들의 생명을 길러내고 휴식과 치유의 장소가 되어 그들의 삶을 달래주던 바다는 이제 가서는 안 될 장소가 되어버렸다.

팔레스타인 중앙통계국의 발표에 따르면 가자 지구 주민의 빈곤율은 53퍼센트, 즉 100만 명 이상이 하루 4.6달러 미만으로 생활해야만 하며, 그중 3분의 2에 해당하는 65만 명은 하루 3.6달러 미만으로 생활한다. 교육비도 교통비도 낼 수 없고, 비를 피할 수 있는 쉼터와 입을 옷과 먹거리를 마련하기도 빠듯할 만큼 심각한 빈곤 상태에 놓여 있다(2018년 5월 현재).[78] 그들은 원조로 간신히 생을 이어가는 것이다.

가자 지구에는 젊은 인구가 많다. 2018년 현재 14세 이하가 전체 인구의 45퍼센트, 24세 이하가 66퍼센트를 차지한다. 트라마돌 중독은 이미 4년 전부터 사회문제로 대두되었는데, 이제 미래에 대한 희망을 찾지 못하는 젊은이들 사이에서는 약물 중독이 불길처럼 번져가고 있다. 봉쇄는 다음 세대를 짊어질 젊은이들을 약물로 파괴함으로써, 팔레스타인 사회의 미래도 파괴하려 하고 있다. 아니, 애초에 이곳에 미래가 있을까 하는 의문이 들지 않을 수 없다. 자살을 금지하는 이슬람 사회인 가자 지구에서 자살 역시, 특히 젊은이들 사이에서 극적으로 증가하고 있다. 등유를 뒤집어쓰고 자신의 몸에 불을 붙이는 것이다.

봉쇄가 구조적 폭력이라는 점에 변함은 없지만 그것은 더 이상 4년 전처럼 '보이지 않는' 폭력이 아니라 가자 지구에 들어온 사람이라면 누구의 눈에도 분명하게 드러나는 현재적(顯在的) 폭력으로 변했다. 외부에서 온 사람이 헤아릴 수 없는 것은 그곳에 사는 사람들의 절망의 깊이다.

2017년 11월, 정기적으로 가자 지구로 들어가 아이들을 상담하는 팔레스타인 출신 이스라엘 정신과 의사, 무함마드 만수르 박사는 이스라엘 『하아레츠』지와의 인터뷰에서 현 상황에 대해 다음과 같이 말했다.

(가자 지구에는) 사회적 규칙 같은 것은 없습니다. 그 정점에 있는 것은 무시무시한 절망감입니다. 가자에서 제가 만나는 사람들은 모두 절망에 빠져 있습니다. 택시를 타면 운전기사가 자신의 절망에 대해 이야기하고 어떻게

트라마돌을 복용하는지에 대해 이야기합니다. 저녁을 먹으러 식당에 들어가면 웨이터가 제 자리에 앉아서 자기들의 절망에 대해 이야기합니다. 병원을 방문하면 정신과 의사나 정신분석의가 와서 전문적 사례에 대해 이야기하기 전에, 먼저 그들이 개인적으로 겪고 있는 문제를 이야기합니다. 모두가 절망하고 있습니다.

-디스토피아 소설이나 영화의 줄거리, 혹은 전율할 만한 사회적 실험같네요. 완전히 격리된 사회에서 꺼림칙한 상황에 놓여, 전기도 없이 폐허 속에서 독재적인 정부의 통치 아래 살아가고 있는 거죠. 도대체 무엇이 이 사회를 하나로 묶고 있는 것일까요?

아무것도 없습니다. 사람들은 내부갈등으로 가득 차 있습니다. 예전에는 모두가 한배를 타고 있다는 감각이 사람들을 하나로 묶어주었습니다. 모두가 봉쇄로, 이스라엘의 공격으로 고통받고 있다는 느낌입니다. 모두가 운명을 같이 한다는 마음이 있었습니다. 그것이 이제는 더 이상 없습니다. 사람들은 서로를 비난하고 욕하고 화를 냅니다. 그야말로 카오스입니다. 사회를 하나로 묶어주는 요인을 하나만 꼽으라면 체제일 것입니다. (…)

-독재 정권 '하마스'가 가자 지구의 전면적 붕괴를 막는 최후의 보루라는 건가요?

불행히도 그렇습니다. 만약 하마스가 없었다면 이곳은 사시사철 범죄만 있는 상황이 되었겠죠. (…) 모두들 자기 이익만 생각할 뿐입니다. 심지어 제 동료들도 마찬가지입니다. 가자 지구에는 한때 연대의식이 있었습니다. 선량하고 강한 인간관계로 이어져, 굳건하게 단결된 사회였습니다. 요즘 사람들은 친구에게조차 무관심합니다. (…) 심지어 가족조차도 서로 돕지 않습니다. 우리는 지금, 가자 지구의 사회가 대규모로 빠르게 붕괴되는 것을 목격하고 있습니다. (…)

-거기서 철학적으로 도출되는 결론은 무엇일까요?

인간성 상실입니다. 당연합니다. 제 친구인 이탈리아 정신분석학의 프랑코 디마초는 생존을 위한 투쟁 속에서 살아야 할 때 우리는 인간성을 상실한다고 주장합니다.

-인간성이라는 말의 의미는 무엇인가요?

타인의 아픔을 아는 힘입니다.[79]

10년이 넘는 봉쇄는 난민들에게서 마지막 남은 인간성마저 박탈함으로써, 그들을 진정한 노 맨으로 만들려 하고 있다. 이것이 나크바로부터 70년 후 가자 지구의 모습이다.

"세계는 60년 동안 난민을 거지로 만드는 데 성공했다"는 사라 로이의 말을 비틀어 본다면, 세계는 70년 동안 난민을 인간성을 상실한 완전한 노 맨/인간 아닌 자로 만드는 데 성공했다고 해야 할까.

인터뷰에서 만수르 의사는 어른부터 어린이에 이르기까지 폭력이 만연한 가자 지구의 현 상황을 '지옥'이라고 말한다. 중세의 이슬람 신비주의 사상가 알-할라즈의 "지옥이란 사람이 고통받는 곳을 말하는 것이 아니다. 사람의 고통을 아무도 보려고 하지 않는 곳을 말하는 것이다."라는 말에 비춰 볼 때, 사람들이 타인의 고통에 무관심한 가자 지구는 할라즈가 말하는 바로 그 '지옥'이다. 1987년, 20년에 걸쳐 점령의 굴레에 묶여 있던 사람들은 억압에 맞서 자유와 존엄한 삶을 요구하며 죽음을 두려워하지 않고 점령군에 맞섰다(제1차 인티파다). 어떤 억압적인 정치도 인간에게서 외형적인 자유는 빼앗을 수 있지만 자유를 추구하는 걸 빼앗을 수는 없다. 자유와 존엄을 추구하는 인간의 투쟁에서 세계적인 전위대였던 그 가자 지구의 30년 후 모습은 '지옥'이었다. 그러나 물론 진정한 지옥은 가자 지구를 그런 지옥으로 만들면서도 그것을 못본 척 살아가는 사람들이 살고 있는 '이 세상'일 뿐이다.

몇 달에 한 번씩 가자 지구의 지옥을 체험하는 만수르 의사는 자신도 그 때문에 PTSD로 고통받고 있다. 하지만 그럼에도 그는 가자 지구로 가는 발길을 멈추지 않는다. 인간이 선한 존재라고 당신은 믿고 있느냐는 질문에 그는 이렇게 답했다. "심각한 트라우마를 경험한 사람이라도 계속 살아갈 힘, 더 나은 삶을 살 수 있는 힘이 있다고 저는 믿습니다. 희망을 잃으면 계속 일할 수 없습니다. (…) 가자 지구의 상황이 좋아질 것이라는 희망, 사람들이 이 상황을 바꿀 수 있으리라는 희망을 품지 못한다면, 나는 가자 지구에 계속 갈 수 없습니다."

희망. 라지 수라니 씨가 교토의 강연회에서 말한 '단 한 조각의 빵조차도 함께 나눠 먹는 사람들'이란, 이런 맥락에서 이해해야 할 것 같다. 그 말은 단순히, 이런 비참한 일을 겪으면서도 빵을 나누는 인간성을 잃지 않은 가자 지구 사람들의 훌륭함을 칭송한 것이 아니다. 그것은 그 자신이 몸담고 있는 가자 지구라는 지옥 같은 절망의 깊이와 더욱이 그곳의 상황을 바꾸기 위해서 그 자신이 계속 일하기 위해 그가 계속 믿으려 하는 희망인 것이다. 지옥의 절망적인 어둠의 늪 속에서 사람은 절망에 휩싸이지 않고 내일을 살아갈 수 있는 영혼의 근원, 희망이 필요하다. 진정한 '희망'이라는 것은 지옥 속에서만 찾아낼 수 있는 게 아니다. 라지 씨는 그날 강연의 마지막을 시 한 구절로 마무리했다. 튀르키예의 시인 나짐 히크메트*가 감옥에서 쓴 다음의 시다.

아직 아무도 건너지 못한
가장 아름다운 바다
아직 성장하지 않은
가장 아름다운 아이
우리가 아직 본 적 없는
우리의 가장 아름다운 날들
내가 아직 한 번도 입에 담은 적 없는
당신에게 들려주고 싶은 가장 아름다운 말
인생이란 말이지
바로 희망이 전부야, 나의 사랑하는 사람[80]

---

* 나짐 히크메트(1902~1963)는 튀르키예의 작가이자 공산주의자로 민중을 소재로 한 여러 작품을 발표했다.

제14장

가자 지구에 지하철이 달리는 날

Don't forget Palestine

―에드워드 사이드, 임종 시 남긴 말

우리를 둘러싼 이 모든 고통과 동료들의 죽음에 의미가 있을까?
만약 무의미하다면 수용소에서 살아남는 것에 의미 따위는 없다.
살아남느냐 아니냐에 의미가 있는 삶은 우연한 행운에 좌우되는 것이고
그런 삶은 원래 살 가치가 없는 삶인 것이다.
그렇다면 이 고통스런 상황에서 우리가 살아가는 의미는 무엇일까?

―빅터 프랭클*, 『밤과 안개』

---

* 빅터 프랭클(1905~1997)은 오스트리아 출신 유대인으로 정신과 의사로 활동했으며 아우슈비츠·다하우 수용소로 끌려갔으나 생존했다. 이후 자신의 홀로코스트 경험을 바탕으로 로고테라피(Logotherapy, 의미치료) 이론을 정립하는 한편 『죽음의 수용소에서: Man's Search for meaning』를 출간했다.

1. 일곱 번째 날

1992년 가을 도쿄 우에노(上野)에서 일본 아시아-아프리카 미술회의가 주최하는 〈제3세계와 우리〉 전시회가 개최되었다. 이스라엘 점령 하의 팔레스타인에서는 탈레브 드웨이크와 파티가벤이라는 두 명의 팔레스타인 작가들이 참가하여 일본을 찾았다.

동예루살렘 출신인 탈레브의 작품들은 모두 예루살렘의 거리 풍경을 그만의 독특한 터치로 그려낸 것이었다. 유대화가 진행되면서 예루살렘 거리에서는 아랍의 거리로서의 역사적 풍경이 하루가 다르게 사라져가고 있고 언젠가는 완전히 과거의 것이 되어 버릴지 모른다는 위기감 때문에 그 자신은 이 거리의 기억을 캔버스에 새기고 있다고 말했다.

파티는 가자 지구 북부에 위치한 자발리아 난민캠프 출신이다. 1947년생인 그는 한 살 때 난민이 되었다. 전시된 파티의 작품 중 한 점이 아직도 기억에 남는다. 〈사막의 모자(母子)〉라는 제목의 그 유화에는 서양 회화의 성모자상을 연상시키는 구도로 젊은 어머니와 그 가슴에 안긴 어린 아기가 그려져 있었다. 서양의 성모자상과 다른 점은 모자의 등 뒤로 가

시 돋친 선인장이 무성하고 어머니는 팔레스타인 전통 의상을 입고 있다는 것, 어린 아이의 얼굴에는 괴로움이, 어머니의 얼굴에는 불안이 드러나 있다는 점이다. 난민 모자를 둘러싸고 있는 선인장은 그들이 겪게 될 고난을 상징한다고 화가는 말했다. 생각해보면 2000년 전 성가족*도 팔레스타인에서 가자를 거쳐 이집트로 탈출한 난민이었다.

전시회 기간 중, 파티의 인터뷰 취재를 아랍어 통역으로 진행하던 중이었다. 기자가 나이를 묻자 파티는 "7일이야"라고 대답했다. 귀를 의심하며 무심코 되물었더니, 화가는 이렇게 말했다. "난 태어나서 처음으로 가자 지구를 떠나 일주일 전에 일본에 왔지. 그리고 일본인이 어떻게 살고 있는지를 봤어. 일본인의 이런 삶, 이것이 인간이 산다는 것이라면 나는 지금까지 가자에서 단 한 번도 인간으로 살아본 적이 없었어. 나는 일본에 와서야 비로소 처음으로 인간이 산다는 것이 어떤 것인지 알았어. 그래서 내 나이는 7일이야."

그로부터 십여 년 후, 오랫동안 전국지(全國誌)의 외신 담당 부원으로 세계 각지를 취재한 신문기자 분과 이야기를 나눌 기회가 있었다. 아파르트헤이트 체제 하의 남아프리카공화국, 경제 제재 하의 북한에도 가본 적이 있다는 그 기자는 지금까지 본 곳 중 가장 비참한 곳이 가자 지구였다고 했다. "미래에 대한 희망을 전혀 찾을 수 없기 때문에."

모두 다 가자 지구가 완전 봉쇄되기 훨씬 이전의 이야기다.

---

* 가톨릭의 성모 마리아, 예수, 요셉 3인 가족을 의미한다.

2. 강제수용소

1948년, '유대인 국가'를 표방하는 이스라엘의 건국과 이에 수반한 인종청소로 팔레스타인 사람들은 난민이 되었다. 데이르 야신, 탄투라, 다와이메…, 팔레스타인 각지에서 저질러진 집단학살로 인해 육친이 살해당하고 강제 추방당하며 혹은 마수가 뻗치기 전에 달아나기 위해, 나무 줄기에서 나무껍질을 벗겨내듯이 돌로 지은 집에서, 오렌지 과수원에서, 아몬드 꽃이 만발한 마을에서 끌려 나온 난민들은 유대인 군대에 쫓겨 북으로, 동으로, 남으로 뿔뿔이 흩어졌다. 한 번 국경을 넘은 사람들 중 상당수는 70년이라는 세월이 흘러 손자 세대가 되었어도 고향으로 돌아가지 못하고 있다.

팔레스타인 남서부, 지중해에 면한 가자 지방의, 1948년 점령을 간신히 면한 한 구역(지금의 가자 지구)에는 19만 명이 넘는 난민이 들어왔다. 당시 가자 지구의 인구는 8만 명이 조금 넘었다. 주민의 두 배를 넘는 난민이 들어온 것이다. 이 작은 가자 지구 전체가, 하나의 거대 난민캠프가 된 셈이다. 70년이 지난 현재 가자 지구의 총 인구는 약 200만 명, 그 중 약 70퍼센트에 해당하는 130만 명이 나크바로 난민이 되어 가자 지구로 온 사람들과 그 자손들이다. 이 중 50만 명이 가자 지구의 북부, 중부, 남부 등 총 8개의 난민캠프에 거주하고 있다. 파티의 출신지이기도 한 자발리아 난민캠프는 1.4평방킬로미터 면적의 땅에 12만 명이, 해변 난민캠프(Beach Camp, 정식 이름은 알-샤티 난민캠프)는 겨우 0.6평방킬로미터 면적의 땅에 8만 4,000명이 거주하고 있다. 1평방킬로미터로 환산하면 14만 명인 셈이다. 가자 지구의 난민캠프는 세계에서 가장 인구가 밀집된 곳이다.

가자 지구의 200만 팔레스타인 사람들, 2인간의 제반 권리와 단절된 노 맨들. 가자 지구뿐만이 아니다. 이스라엘 점령 하의 요르단강 서안 지구도, 이스라엘 영내에서도, 레바논 및 그 외 난민캠프에서도 팔레스타인 사람들은 모두 아감벤이 말하는 이 세상의 '암묵적 허구'—'인간이라는 것'과 '주권 개념과 강하게 연결된 국민'이라는 것 사이에 조금의 간격도 없다는 허구—의 외부에서 인간의 탄생과 시민의 동일성에서 떨어져나간 채 살아가고 있다. 그들이 애초에 모든 인권 일체로부터 배제되어 있다면 지난 70년간 이방의 난민캠프이든 점령지이든, 각각의 노 맨스 랜드에서 그들이 겪는 일체의 부조리-일란 파페가 '점진적 제노사이드'라고 이름붙이고, 사리 하나피가 '스페이시오사이드'라고 부르는 폭력-도 납득이 간다. 인간의 제반 권리로부터 배제된 만큼, 그들은 법 밖의 폭력에 계속하여 노출될 것이다. 나크바가 70년 전에 발생해 완료된 사건이 아니라 70년 동안 현재진행형으로 오늘까지 계속되고 있는 사태인 것도 이 때문이다.

그중에서도 가자 지구는 70여 년이 넘도록 고향으로 귀환할 수 없는 난민이 인구의 70%를 차지하고, 또한 50여 년 이상에 걸쳐 점령하에 있으며, 그리고 2007년 시작된 전면 봉쇄로 200만 명의 주민이 감금되어 생명유지에 필요한 최소한의 칼로리조차 공급받지 못하고 드론에 의해 끊임없이 감시받고 미사일이 일상적으로 날아오며 몇 년마다 대규모 파괴와 살육이 반복된다. 오늘 살아남아도 내일, 혹은 몇 년 후 공습으로 죽임을 당하기 위한 것일 뿐이다. 그러니 가자 지구는 '난민캠프'라기보다는 '강제수용소'라고 부르는 것이 더 어울릴 것이다. 그곳은 아감벤이 말한, 국가들로 이루어진 공간에 뚫린 구멍, 위상기하학적으로 변형된 땅, 살아 있는 채 죽임을 당한 이들이 사는 '사막의 연옥'이다.

나크바로부터 십여 년 후, 가산 카나파니는 소설 『태양의 사내들』에서 주변 아랍 국가들의 난민캠프에 갇혀 있는 동포들에게 '벽을 두드리라'고 호소했다. 당신들을 사막의 노 맨스 랜드에 내버려 두고 굶주림을 달랠 빵과 비를 피할 텐트만 주고는 나머지는 망각 속에 안주하고 있는 세계를 향해, 너희들의 존재를, 팔레스타인 사람들의 존재를, 이 세상의 벽을 두드려 알리라는 것이다. 난민으로서 생물학적 생존에만 급급해 있는 한, 당신들은 이 노 맨스 랜드에서 세상으로부터 잊혀진 노 맨인 채, 질식해 죽어갈 수밖에 없다고.

3. 귀환의 대행진

영화화된 『태양의 사내들』81)의 마지막 장면. 사막에 방치된 급수 트럭, 불지옥으로 변해버린 물탱크 속에서 세 남자는 필사적으로 탱크의 벽을 두드렸다. 사막의 태양으로 인해 땀방울이 떨어지자마자 순식간에 증발할 정도로 뜨겁게 달궈진 금속 벽을 맨손으로 계속 두드리며 폐를 태워버릴 듯한 열기 속에서 그들은 외쳤다. 세상을 향해, 자신들의 존재를 알리기 위해. 그러나 그 외침은 에어컨 실외기 소음에 묻혀, 냉방이 잘된 실내에서 안일함에 빠져버린 사람들의 귀에 들리지 않았고 결국 세 사람은 원작과 마찬가지로 시체가 되어 쓰레기장에 버려졌다.

나크바로부터 70주년을 맞이한 2018년 봄, 가자 지구에서는 70번째 나크바 기념일인 5월 15일을 앞두고 '귀환의 대행진'이라는 이름의 대규모 시위가 시작됐다. 행진은 3월 30일, '토지의 날'에 시작되었다. '토지의 날'이란, 이미 언급한 바와 같이 1976년의 이날, 이스라엘 정부에 의해 영내의 팔레스타인 사람들의 토지가 강제수용되는 것에 반대하여 팔레스타인계 시민들이 이스라엘 전역에서 총파업과 항의 시위를 벌여 군·관헌의 탄압으로 6명이 살해되었다. 이후 팔레스타인 사람들의 소무드(저항, 불퇴전)를 상징하는 날로 기억되고 있다.

'귀환'이라고는 하지만 팔레스타인 사람들이 갈 수 있는 곳은 가자 지구와 이스라엘의 경계 철조망 바로 앞, 몇백 미터까지만이다. 이스라엘은 자국의 안전보장을 이유로 가자 지구의 경계선으로부터 300미터까지의 구역을 군사적 출입금지구역(off-limits)인 완충지대(buffer-zone)로 지정하여 팔레스타인 사람들의 출입을 금지하고 있다.. 그러나 실제로는 경계선으로부터 1.5킬로미터 이내로 진입하는 것만으로도 실탄을 맞는다. '가자 회랑'이라고도 불리는 길쭉한 직사각형의 가자 지구는 바다에서 이스라엘과의 경계까지 가장 짧은 지점은 4, 5킬로미터밖에 안 된다. 그중 1,5킬로미터는 들어가면 목숨이 위태롭다. 완충지대만으로도 가자 지구 전체 토지의 17퍼센트를 차지하며, 여기에 팔레스타인 농지까지 포함되는데도 말이다. 이스라엘은 2005년 모든 정착촌을 철수하면서 가자 지구가 점령에서 해방되었다고 주장하지만, 위의 한 가지 사실만으로도 가자 지구가 여전히 점령지라는 점을 알 수 있다.

가자 지구 시민사회의 주도로 시작된 이 비폭력 행동, '귀환'의 행진에는 매일 수천 명이나 되는 팔레스타인 사람들이 참여했고 주말에는 그 수가 수만 명을 헤아린다. 가자 지구의 팔레스타인 사람들이 그야말로 성난 파도와 같이 경계 지역으로 몰려든 것이다. 국제 사회가 인정하는 팔레스타인의 정당한 권리인 난민 귀환과 국제법을 무시하고 계속되는 불법 봉쇄 해제를 요구했다. 그 전년도인 2017년, 미국의 트럼프 대통령이 주이스라엘 대사관의 예루살렘 이전을 선언하고 나크바 기념일 전날인 5월 14일(1948년 이날, 이스라엘이 '독립'을 선언했다)에 이전 기념식을 개최하기로 함에 따라, 미국 대사관의 예루살렘 이전 반대도 세 번째 요구사항으로 추가되었다.

시위의 무대가 된 경계지대에는 고향 마을의 이름을 딴 70년 전의 난민 캠프 텐트도 재현되어 있었고 그 옆에는 난민 1세대인 노인 여성들이-나크바로 고향을 쫓겨났을 때는 아직 어린 소녀였던 여성들이-전통 의상을 입고 마을에서의 생활 그대로 가마솥에서 빵을 굽고 전통 음식을 행진 참가자들에게 대접하며 팔레스타인 노래를 부르고 손주들에게 고향 마을에서의 기억을 들려주었다. 고향에 대한 그리움, 귀환에 대한 열망은 12년간 지속된 봉쇄로 제각기 흩어졌던 사람들을 다시 하나로 묶어주었다.

젊은이들 중에는 완충지대에 진입해, 펜스 너머에 있는 이스라엘 병사들을 향해 돌이나 화염병을 던지는 이들이 있는가 하면 펜스를 기어올라가 팔레스타인 깃발을 게양하는 이들도 있었다. 드론에서 최루탄이 발사되고 펜스에 접근한 자들은 무자비하게 저격당했다. 아니 총알의 표적이 된 것은 이들 '침입자들'만이 아니었다. 완충지대에 진입하든 말든 상관없었다. 출입금지구역 앞에 서서 펜스 저편에 있는 고향의 환영을 바라보면서 팔레스타인 국기를 흔들고 70년 전 아버지가, 어머니가, 조부모가 폭력적으로 추방당했던 고향으로의 귀환을 실현시켜 달라고 세계에 호소하는 그런 비폭력 시위에 참여했던 시민들도 차례로 저격을 받아 살상당했던 것이다. 부상자의 생명을 구하려던 간호사도 저격당했다. 나크바 기념일까지 6주 동안 50명 이상이 사망하고 수천 명이 부상을 입었지만, 그래도 사람들은 행진에 참여하기를 멈추지 않았다. 그리고 나크바 기념일 전날인 5월 14일 하루에만 60명이 추가로 사망했다. 지금까지 부상자는 1만 수천 명에 이른다. 그 절반은 실탄에 당했다. 특히 젊은이들의 다리가 겨냥되었다. 날아오는 것은 작열탄이다. 착탄되면 그 충격으로 탄환이 터지면서 혈관을 갈기갈기 잘라놓는 것이다. 왼쪽 다리에 총을 맞은 뒤 오른쪽 다리에 총을 연달아 맞은 사람도 있다. 많은 젊은이들이 한쪽 다리, 혹은 양쪽 다리를 절단해야만 했다.

　이스라엘의 '집단학살'이 절정에 달했던 5월 14일과 다음날인 15일 이틀 동안, 가자 지구의 병원들은 아수라장이 되었다. 300명 이상의 부상자들이 속속 이송되어 병상도 만원, 수술실도 만원이었다. 의약품도 바닥을 드러냈고 진통제도 없이 몇 시간씩 수술을 기다려야 하는 사람들도 있었다. 가자 지구 최대 종합병원인 알-시파 병원에서는 6시간 동안 80건이나 되는 수술이 이뤄졌다. 2,200명 이상이 살해된 2014년 여름의 51일간 전쟁 당시조차도 이 지경까지는 아니었다고 한다. 해외에서 달려온 자원봉사 의사들도 이런 현장은 본 적이 없다고 말한다. 이번에도 팔레스

타인의 최악의 상황이 또 한 번 경신된 것이다.[82]

지역 스포츠 클럽에 가입해 축구와 핸드볼, 배구를 즐기며 그 순간만큼은 봉쇄도 가난도 다 잊고서 잠시나마 '자유'를 맛보고 아침마다 해변을 달리며 몸을 단련함으로써 필사적으로 인생에 내일을 살아갈 '목적'을 만들고자 했던 젊은 운동선수들. 그들도 행진에 참가했다가 작열탄에 희생되어 다시는 운동할 수 없는 몸이 되어버렸다.[83] 다리를 빼앗긴다는 것은 여전히 가자 지구에서 살아가려던 그들의 의지를 지탱해 주던 것들을 파괴하는 행위다. 12년에 걸친 봉쇄에도 아랑곳하지 않고 여전히 '삶'의 편에 머물고자 하는 사람들, 그래도 살아가는 것에 '의미'를 찾으려 노력하는 사람들로부터 그 의미를, 그 토대를 빼앗아 버리는 짓이다.

가자 지구의 저널리스트와 활동가들이 영어로 전 세계에 발신하는 기사를 보면, 귀환의 행진은 가자 지구의 전 인민이 나서 난민의 귀환과 봉쇄 해제를 세계에 호소하는 비폭력의 일대 운동이다. 이를 통해 나크바 이래 지난 70년간 부정당해 온 존엄성을 회복하고, 제각기 흩어진 가자 지구의 사람들을 다시 결속시키고, 과거 인티파다처럼 점령에 맞서는 새로운 저항운동으로 하나가 되려는 기대를 담은 것이다.

하지만 행진에 참여한 모든 사람들이 다 그런 것은 아니다. 행진에 참여한 한 청년은 완충지대 깊숙이 경계 펜스 바로 근처까지 가는 청년들에 대해 다음과 같이 말한다.

> 대부분의 언론 보도는 저항행동으로 인해 젊은이들이 죽고 다쳤다는 사실은 전하지만, 그들이 왜 시위에 나서 목숨을 '내던지려' 하는지는 전해주

지 않는다. 그들이 그렇게 하는 것은 더 이상 살아도 아무런 의미가 없다고 생각하기 때문이다. 이민자든 뭐든, 가자 지구에 갇힌 채 밖으로 나갈 수도 없고 생계 수단도 없고 아주 소소한 꿈조차 이룰 수 없다. 과거에는 많은 죽음을 목격했고 현재는 비참하기 짝이 없으며 미래는 알 수 없다. 그래서 그들에게는 사는 것보다 죽는 것이 더 나은 것이다. (…) 그리고 나처럼 뒤쪽에 있었던 젊은이들의 인생은 아마도 앞쪽에 있던 이들에 비하면 아직은 나은 편일 것이다. 앞쪽에 있었던 젊은이들에게는 더 이상 잃을 것이 아무것도 없었으리라.[84]

'잃을 것'이란 무엇인가. 그것은 강제수용소가 된 가자 지구에서 그나마 의미를 찾을 수 있는 '삶'인 것이다. 예를 들어 이 청년처럼 말이다. 그는 영어로 에세이를 써서 전 세계에 알리는 프로젝트의 일원이다. 대학에 다닐 수 있는 경제적 여유가 있고, 영어로 가자 지구의 상황을 외부에 알림으로써 상황을 자신의 손으로 변화시키려는 활동에 참여할 수 있다. 이들에게 행진은 팔레스타인 사람들의 민족적 대의를 세계에 호소한다는 액면 그대로의 의미를 지닌다. 그러나 완충지대 깊숙이 들어가 스스로 목숨을 던지는 젊은이들에게 행진은 전혀 다른 의미를 지닌다.

경계 펜스 근처까지 진입해 이스라엘 군인을 향해 돌을 던지거나 철조망에 올라가 팔레스타인 깃발을 게양하려는 것은 단지 피에 굶주린 젊은이들의 무모한 행동이 아니다. "다리에 총을 맞아 절단된 사람이 흐느껴 울고 있다. 다리가 없어졌기 때문이 아니라 군인이 자신을 죽이지 않았기 때문이다." 이 한 문장으로 시작하는, 『하아레츠』지의 이스라엘 기자

아미라 하스가 쓴 기사 「우리를 확실하게 처리해 달라: *Don't Wound Us, Kill Us*」는 이스라엘 군인의 총구 앞에 스스로 목숨을 내던지는 젊은이들에 대해 이야기하고 있다.[85] 사실 자살은 이슬람에서 금지되어 있다(그럼에도 불구하고 자신의 몸에 불을 질러 목숨을 끊는 젊은이들이 늘고 있다는 것은 앞에서 언급했다). 하지만 귀환 행진에서 이스라엘군의 총에 맞아 죽는다면 그것은 조국 해방을 위한 투쟁에서 순교한 것이지 자살에는 해당하지 않는다. 또한 '순교자(샤히드)*'의 가족에게는 하마스에서 조위금을 지급한다(하지만 그것이 그들이 기대하는 만큼의 금액은 아니지만).

2018년 9월, 가자 지구에서 장기간 취재했던 저널리스트 도이 도시쿠니 씨의 귀국 보고회가 도쿄에서 열렸다. 그 첫머리에 도이 씨가 이야기한 것도 이들 펜스로 향하다 총살당해 샤히드가 된 젊은이들에 관한 내용이었다. "샤히드가 되고 싶다"며 행진에 참가했던 14세 소녀는 경계 철조망 앞에서 예배를 드린 후 팔레스타인 국기를 들고 펜스에 올라갔다가 사살당했다고 한다. 소녀의 가족은 극빈 상태였다.

완충지대에서 이스라엘 군인에게 '합법적 자살'을 당하길 선택하는 이들이 가자 지구에서 살아가는 '지옥'(또는 절망)이 어떤 것인지는 사람마다 다르다. 그러나 가자 지구에서 산다는 것이 오직 육체적 죽음만이 피난처가 될 수 있는 견디기 힘든 생지옥이라는 점에는 변함이 없다. 그리고 그 '생지옥'을 출현시키고 있는 것은 봉쇄로 인한 '필설로는 이루 표현할 수 없는 빈곤'(하스)이다.

---

*   원문은 순난자(殉難者).

가자 지구가 그곳에 사는 사람들에게 '생지옥'이 된 것은 10년 이상에 걸친 불법적인 봉쇄 때문이며 그 책임은 일차적으로 이스라엘에 있다. 그러나 이를 바탕으로 지적해야 할 것은 서안 지구를 통치하는 파타와 가자 지구를 통치하는 하마스 양측 정부의 책임이다.

2006년 의회 선거에서 승리한 하마스는 그전까지 십여 년에 걸쳐 자치정부를 이끌며 부패를 일삼은 파타에 대한 안티테제였다. 그러나 민주적 절차에 의해 팔레스타인의 대표로 선출된 하마스 역시, 자치정부가 분열하고 봉쇄되고 게토화된 가자 지구를 10년 이상 강권적이고 독재적으로 통치함으로써 민주주의라고는 눈 씻고 봐도 없는 파타와 다를 바 없는 부패한 집단으로 전락하고 말았다. 가자 지구의 젊은이들이 스스로 몸에 불을 지르거나 이스라엘의 저격수 앞에 목숨을 던진다든지, 목숨을 걸고 탈출을 시도할 수밖에 없는 절망적인 빈곤에 시달리는 동안, 하마스 정부에게 중요한 것은 자신들의 정치권력을 유지하는 것이지, 고통 받는 200만 팔레스타인 사람들의 삶도 해방도 아니다. 그리고 그것은 서안 지구의 파타 정권도 마찬가지다.

나크바 기념일이 지나도 행진은 여전히 계속되고 있다. 살상도 계속되고 있다. 귀환 행진에 참가하는 사람들의 생각이 무엇이든 간에,[86] 그것은 가자 지구라는 국경지대에 버려져 생지옥이 된 '물탱크'에 갇힌 사람들이 자신들과 이 세상을 격리시키는 불타는 벽을 손의 피부가 열상을 입고 찢겨지는 것도 아랑곳하지 않고 맨손으로 계속 두드리며 기도(氣道)를 태우면서도 세상을 향해 계속해서 외치는 것이다.

4. 와탄

"당신에게 조국(와탄)이란 무엇안가요?"

1982년, 레바논의 수도 베이루트에 있는 샤브라-샤틸라 두 팔레스타인 난민캠프에서 일어난 주민 학살 20주년이 되는 9월, 희생자 유족의 증언을 듣기 위해 방문한 샤틸라 캠프에서 안내를 맡은 난민 2세인 사회복지사 즈후르 아카위 씨에게 물었다.

"와탄은 알라 다음으로 중요한 것이죠. 우리에게 인간으로서의 존엄을 부여하는 것이에요." 즈후르 씨는 일말의 망설임도 없이 답했다.

레바논의 난민캠프도 팔레스타인 사람들의 '사막의 연옥' 중 하나다. 지난 70년 동안 레바논의 팔레스타인 난민들은 노 맨으로서 괴로움과 쓰라림을 매일매일 겪으며 살아왔다. 그들에게 인간 존엄을 부여하는 것은 와탄이다. 가자 지구의 젊은이들을 귀환 행진으로 내모는 것도, 노 맨스 랜드에서 사는 한 계속 부정당할 수밖에 없는 인간의 존엄을 부여해 주는 것도 바로 와탄에 대한 갈망일 것이다.

팔레스타인 사람이 노 맨인 한, 영속되는 나크바와 점진적 제노사이드에 종지부를 찍으려면 한시라도 빨리 팔레스타인 사람들이 점령에서 해방되어 자기들의 와탄을 가져야 한다. 그런데 그것은 어떤 와탄인가?

2008년 7월, 이스라엘 국회(크네세트)는 「유대인 국민국가로서의 이스라엘 기본법」을 새롭게 가결시켰다. 기본법이란, 아직 성문 헌법이 없는 이스라엘에서 「독립선언」이 표방하는 건국이념을 명문화해, 헌법과 동등한 기능을 하는 법률이다. 1958년 「크네세트 기본법」을 시작으로 통일 예루살렘을 영구 수도로 규정한 1980년의 「예루살렘 기본법」(점령지인 동예루살렘의 합병은 국제법 위반이다), 「인간의 존엄과 자유 기본법」(1994년) 등 지금까지 13개의 기본법이 제정되었다. 2008년 신기본법은 그 이름에서 알 수 있듯이 이스라엘이 '유대인의 국민국가'임을 성문화한 것이다.

총 11조로 구성된 신기본법은 그 제1조 '기본 원칙'에서 에레츠 이스라엘*은 유대인의 역사적 고향으로, 이스라엘 국가는 유대인의 국민국가라 하여 민족자결권을 유대인만의 권리로 규정하고 있다. 현재 이스라엘이 그 전역을 지배하고 있는 역사적 팔레스타인에는 이 땅의 유대인 인구와 대치하는 약 600만 명의 팔레스타인 사람들이 있다. 유대인 이상으로 이 땅을 역사적 고향으로 삼고 있는 이들이지만, 신기본법은 이들에게 민족적 고향에 대한 자결권을 전혀 인정하지 않고 있다. 더 나아가 신법을 읽어보면 이스라엘 전체 인구의 20퍼센트를 차지하는 팔레스타인 사람들의 존재 자체를 철저히 배제했다. 이스라엘의 「독립선언」은 "종교, 인종, 성별에 관계없이 모든 주민의 사회적, 정치적 제반 권리의 완전한 평등을 보장한다"라고 천명했다. 팔레스타인에 '유대인 국가' 건설을 인정한 유엔 결의안(유엔총회 결의 제181호)이 건국 선언에 "모든 주민의 평등"을 명기할 것을 건국의 조건으로 삼았기 때문이다. 그러나 신기본법에는 '모든 주민의 평등'은커녕 '평등'이라는 문구가 전혀 나오지 않는다.

---

* 신이 '야곱-이스라엘에게 약속한 땅'을 의미한다(구약성서의 창세기에 등장하는 야곱은 후에 하느님의 뜻에 따라 이스라엘로 개명한다). 그것이 포괄하는 범위는 시대에 따라 다르지만 근대에는 영국 위임통치령이 된 '역사적 팔레스타인' 전역, 즉 현재 '이스라엘'이라고 불리는 지역에 요르단강 서안 지구와 가자 지구를 더한 지역을 가리킨다. (저자 주)

이스라엘이 '유대인의 국민국가'라는 것은 식민지 지배가 그러했듯이, 또한 아파르트헤이트 체제하 남아프리카의 백인들이 그러했듯이, 팔레스타인 전역을 그곳에 사는 팔레스타인 사람들의 의지와 상관없이 유대인들 마음대로 지배한다는 뜻이다. 점령지에서의 정착촌 건설이 그 상징이다. 신기본법 제7조는 "정착촌은 유대인 국가에 있어 국가적 가치를 지닌 것이며 이스라엘 국가는 그 건설·강화를 장려·추진할 것"이라고 선언하여, 팔레스타인 사람들의 더 많은 토지를 수탈할 것과 점령의 영속화를 선언하고 있다. 유대인 우월주의에 기반한 아파르트헤이트 원리를 이스라엘 국가의 기반으로 성문화한 것이 이번 신기본법이다. 팔레스타인계 미국인 작가 수잔 아불하와는 이들 조항을 나치의 「뉘른베르크법」과 차례로 비교하며 그 유사성을 지적한다. 그리고 신기본법은 흑인과 원주민 차별을 합법화한 미국의 「짐 크로우법」 및 「인디언 이주법」, 그리고 「뉘른베르크법」의 전철을 밟고 있다고 비판한다.[87]

한편 유대인 우월주의에 기반한 아파르트헤이트 체제란, 건국 이래 줄곧 이 땅의 현실이었다. '유대인 국가'는 지난 70년 내내 유대인에 의한, 유대인을 위한, 유대인의 국가였다. 이스라엘 정치학자 오렌 이프타첼[*]이 말하는 '에스노크라시'[**]나 다름없다. 그동안 이스라엘은 국가 이데올로기인 시오니즘이나 자국 점령 정책을 '식민지주의' 혹은 '아파르트헤이트'라고 비판하는 사람들을 '반유대주의자'라고 부르며 논박해 왔는데, 이

---

[*] 오렌 이프타첼(1956~)은 이스라엘 베르셰바의 벤구리온대학 정치지리학과 도시계획학 교수로 이스라엘 인권단체인 베첼렘의 이사 및 의장을 역임하기도 했다.

[**] ethnocracy: 한 민족이 다른 민족을 지배하는 정치체제.

번 신기본법 제정으로 이스라엘 스스로 아파르트헤이트 국가임을 선언한 셈이다.*

유대인 우월주의에 근거한 팔레스타인 사람들에 대한 차별과 아파르트헤이트 체제가 이미 이스라엘 국가의 실태였고 신기본법은 그것을 다시 명문화한 것에 불과하다고 말하는 이들도 있다. 하지만 이제 그것이 헌법에 준하는 법으로 성문화됨으로써, 팔레스타인 사람들에 대한 차별과 점령은 더욱 강화될 것이다. 아파르트헤이트는 더욱 세를 얻게 되어 그 실천에 박차를 가할 것이다. 실제로 신기본법이 통과된 다음 달인 8월, 이스라엘 정부는 기존의 정착촌을 확장하는 형태로 새로운 주택 1,000호 건설을 결정했고(이로 인해 팔레스타인 토지는 더욱 수탈당한다), 아울러 이스라엘 국내에서 팔레스타인 국기를 게양하는 것을 금지하는 법안도 국회에 제출되었다.

"사람이 자기 집에서 너무 유유자적하지 않는 것은 인간 윤리의 일부이다"라는 아도르노의 말이 문득 떠오른다. 시오니즘이 추구하고 팔레스타인에 실현된 유대인의 와탄(homeland)은 아도르노가 한 말의 반대편에 있는 것이다.

---

*   신법은 찬성 62, 반대 55로 통과되었는데, 반대표를 던진 의원의 80퍼센트 가까이는 이스라엘 국가는 이미 '유대인의 국민국가'로서 실재하고 있기 때문에 이를 굳이 성문화하여 세계로부터 쓸데없는 비판을 불러일으킬 수 있다는 이유로 반대했을 뿐이다. 보편주의적 가치관으로 신기본법이 체현하는 '유대인 우월주의'에 반대하는 의원들은 극소수에 불과했다. (저자 주)

5. 모든 시민을 위한 국가

'유대인의' 국민국가는 이 나라가 이스라엘의 유대계 시민과 이스라엘 시민은 아니나 외국의 유대인들을 '국민'으로 삼는 국가라는 뜻이다. 팔레스타인 난민이 70여 년 동안 고향으로 귀환할 수 없는 반면, 이스라엘의「귀환법」은 제 외국의 유대인은 언제든지 이스라엘로 '귀환'할 수 있다고 규정하고 있다. 유대인이라면 그 '역사적 고향'에서 '국민'으로서의 특권을 행사할 수 있다는 것이 시오니즘의 사상이다. 이스라엘의 팔레스타인계 시민은 이스라엘인이지만 '국민'이 아니며, 이스라엘은 '이스라엘인의 나라'가 아니다. 신기본법이 통과되기 전인 6월, 팔레스타인계 의원 3명이「모든 시민을 위한 국가로서의 이스라엘」법안을 국회에 상정했으나, 국회 상임위원회는 "유대인 국가 이스라엘의 존재를 부정한다"며 법안 심의 자체를 거부했다.

이스라엘을 유대인을 위한 국가가 아니라 그 땅에 사는 모든 시민을 위한 국가라는 사고는 시오니즘을 극복하는 사상으로서 종래 주장되어 왔지만, 최근 그러한 국가를 구상하고 그 실현을 위해 활동하는 팔레스타인 사람들이나 유대인 그룹이 이스라엘과 점령하에서 여럿 탄생하고 있다.『유대인 국가법』이 통과되어 시오니즘의 본질이 누가 보더라도 분명히 드러난 지금, '모든 시민의 나라'를 요구하는 목소리는 점점 더 높아지고 있다.

팔레스타인을 억압하고 그 희생 위에 유대인이 특권을 향유하는 아파르트헤이트 국가가 아니라 유대인, 아랍인 구별 없이 완전한 평등을 향유하는 '모든 시민을 위한 나라, 민주적인 하나의 국가'. 일찍이 PLO가 '팔레스타인 해방'을 외치며 무장 투쟁에 의해 실현하려 했던 국가모델은 반세기를 거치면서 글로벌 시민사회가 BDS 운동*를 통해 세계의 시민들에게 그 동참을 호소하고 있다. 몇 년 전에는 뮌헨에서 공동선언도 이루어졌다. 그 서두에는 다음과 같이 명시되어 있다.

> 역사적 팔레스타인에 건설될 민주적인 하나의 국가는 현재 그곳에 살고 있는 사람들과 지난 세기에 그곳에서 추방된 사람들과 그 자손을 포함한 모든 시민의 국가이다. 독립된 주권국가에서 모든 시민이 평등한 권리를 향유하고 자유롭고 안전하게 살 수 있다. 팔레스타인의 민주적인 하나의 국가는 팔레스타인 사람들이 시오니즘과 이스라엘 아래에서 고통받았던 인종청소, 점령, 인종차별을 종식시킬 것이다.[88]

꿈같은 이야기다. 하지만 아파르트헤이트 없는 무지개의 공화국(넬슨 만델라 취임 이후의 남아프리카 공화국)도 인종차별의 폭력 속에서 꿈을 꾸면서 시작되었고 그 꿈을 결코 포기하지 않음으로써 실현되었다는 것을 잊지 말아야 한다.

---

* 반 아파르트헤이트 운동에서의 남아공의 보이콧 운동을 모델로 하여, 이스라엘에 대한 불매운동, 투자 철수, 경제 제재를 주장한다. (저자 주)

6. 가자 지구의 지하철

2014년 3월, 봉쇄 7년째를 맞은 가자 지구. 프랑스 문화센터를 방문했을 때의 일이다. 건물에 들어서자 현관 옆 벽걸이 액자에 담긴 화려한 그림이 눈길을 끌었다. 자세히 보니 가자 지구의 지하철 노선도였다. 빨강과 파랑으로 구분된 여러 노선이 남북으로 뻗어 있고 역 이름도 모두 적혀 있었다. 도쿄나 런던, 파리에서 볼 수 있는 지하철 노선도와 마찬가지인 지하철 노선도다. 그것이 허구의 예술 작품이라는 것을 알아차리는 데는 잠시 시간이 걸렸다. 너무나도 정교하게 만들어져 있어 순간 정말 이런 지하철 노선이 가자 지구의 지하를 달리고 있는 것이 아닌가 하는 생각이 들 정도였다. 가자 지구의 지하철이라는 생각지도 못한 것을 본 나는 한동안 그 자리에 못박힌 채로 작품을 응시하지 않을 수 없었다.

그것은 가자 지구의 예술가 무함마드 아부살(1976-)이 제작한 〈가자 지구의 지하철〉*이다. 그뿐만이 아니다. 그는 지하철(Metro)을 나타내는 M이란 글자를 큼지막하게 곁들여, 아래쪽에 아랍어로 '지하철 역'이라고 표시한 표지판을 만들면서 그가 구상한 노선도상의 역이 있는 장소 70곳의 지표면에 그 표식을 놓고 촬영했고 그 일련의 사진도 작품으로 만들었다. 항구, 해안, 거리, 번화가, 총탄에 맞은 건물 앞, 아침의 가자 지구, 밤의 가자 지구…. 지하철 표식으로 하나로 연결된 가자 지구의 다양한 표정을 한 다양한 장소의 풍경. 작가는 지하철 차량까지 디자인했다. 지하

---

* 〈a METRO in Gaza〉(2012)

터널을 달리는 2층짜리 유선형의 메탈릭한 근미래형 지하철 차량이다.

가자 지구의 지하터널이라고 하면 이집트와의 경계 지하에 뚫린 무수한 터널이 떠오른다. 완전 봉쇄되어 식량, 의약품, 연료, 생필품이 거의 들어오지 않는 가자 지구에 있어서는 문자 그대로 '생명선'이 되고 있는 터널이다. 가자 동물원의 동물들도 이 터널을 통해 운반되어 왔다(그 동물들도 10년 이상 지속된 봉쇄로 인해 뼈만 남기고 굶어 죽어서 지금은 미이라로 만들어져 전시되어 있다). 세계에서 가장 인구가 밀집된 가자 지구는 대중교통이 없고 지상은 자동차로 넘쳐나며 게다가 그 연료는 봉쇄로 인해 지하 터널을 통해 들어오는 값싼 폐기름을 쓴다. 이는 대기를 오염시키고 사람들의 건강을 해친다. 이 역시 '봉쇄'로 인해 자연환경과 주민의 심신 건강이 복합적으로 훼손되는 사례다. 봉쇄로 인한 대혼잡과 대기오염. 무함마드 아부살은 상상 속에서 가자 지구에 지하철을 운행하는 것으로 이 문제를 '해결'했다. "지하 터널을 뚫는 경험을 이번에는 긍정적인(positive) 일에 사용했죠. 지하터널에 관해서라면 우리는 전문가니까요."[89]라고 아부살은 말한다. 가자 지구의 지하철은 앞으로 더 연장되어 서안 지구의 예루살렘과도 연결될 예정이다.

물론 봉쇄가 계속되는 한, 경계선 아래 지하 터널(이집트에서 가자 지구로 물자를 운반하는 터널이나 가자 지구의 전사들이 이스라엘로 잠입하기 위한 군사용 터널)은 굴을 뚫어도 가자 지구의 지하철 같은 건 있을 수 없다. 꿈같은 이야기다. 하지만 200만 명의 주민들을 생지옥으로 몰아넣고 있는 이 강제수용소의 펜스가 마침내 쓰러지는 날이 온다면…? 가자 지구가 더 이상 거대한 난민캠프도, 세계 최대의 야외 감옥도, 강제수용소도 아닌 날이 온다면…? 그곳에 갇혀 있는 200만 명의 사람들이 그 굴레에서 해방된다면…? 요르단강에서 지중해까지*, 지금 이스라엘이 지배하는 그 땅 위에서 유대인도 아랍인도 신 앞에서 그러하듯 자유롭고 평등한 인간이 된다면…? 그것이 바로 시오니즘이 무엇보다도 가장 두려워하는 사태다. 그래서 귀환의 대행진에 참가하는 시민들을 향해 마치 경계선의 장벽을 넘어 침입하려는 좀비 떼마냥 총을 쏘고 있다. 하지만 만약 그것이 실현된다면, 이 세상의 현실이 된다면…?

사막의 감옥의 철창이 사라지는 그때, 가자 지구에 지하철이 달릴 것이다. 그날이 되면 가자 지구의 사람들은 그 어디든 자유롭게 갈 수 있게 될 것이다. 지하철을 타고 예루살렘의 알-아크사 모스크에 가서 예배를 드릴 수 있을 것이다. 나블루스의 대학**에 다니고 헤브론에 있는 친척을 방문할 것이다. 예루살렘 사람들은 지하철을 타고 주말에 가자 지구의 해변을 즐기러 올 것이다. 다음 공격이 언제 일어날지, 1년 후엔 자신이 살아 있을지 하는 불안감 없이 누구나 미래를 상상할 것이다. 해외여행도, 바다를 건너 세계로 날아가는 것도 더 이상 '꿈'이 아니라 한 사람 한 사람의 노력에 의해 실현될 것이다. 푸르름을 되찾은 바다는 다시금 사람들에게 하늘의 자비를 베풀 것이다. 아이들은 해변에서 환호성을 지르며 축구공을 쫓아다닐 것이다.

가자 지구에 지하철이 달리는 날, 그때는 더 이상 서안 지구의 분리장벽

---

*   '요르단강에서 지중해까지'는 오늘날 팔레스타인 해방 운동의 구호로 사용되는 표현이다. 예를 들어 '요르단강에서 지중해까지 팔레스타인은 자유로워지리라.'

** 나블루스에는 안나자 국립대학(An-Najah National University)이 있다.

도 없고 인종차별도 없다. 한때 정착민으로 있던 자들과 한때 난민이었던 자들이 형제처럼 금식 후의 식탁*을 함께 둘러앉게 될 것이다.

유대인 아이들과 팔레스타인 아이들이 형제자매처럼 손을 잡고 같은 학교에 다니고 하누카 축제**에서 함께 납으로 된 팽이를 선물로 받아 함께 놀 것이다. 그때, 과거에 일어난 모든 사건의 의미가 달라진다. 가자 지구는-불의와 억압의 불길에 휩싸였던 사막의 연옥은-'자유와 정의의 오아시스'로 바뀔 것이다.

이것이 우리의 희망이다. (…) 이 신념이 있다면 우리는 절망의 산에서 희망의 돌을 캐낼 수 있다. 이 신념이 있다면 우리는 이 나라의 시끄러운 불협화음을 아름다운 형제애의 교향곡으로 바꿀 수 있다. 이 믿음이 있다면 우리는 언젠가 자유로워지리라 믿고서 함께 일하고 함께 기도하고 함께 투쟁하고 함께 감옥에 들어가고 함께 자유를 위해 일어설 수 있다.

—마틴 루터 킹 주니어, 「내겐 꿈이 있다」

〈가자 지구의 지하철〉은 우리가 아직 본 적 없는 아름다운 팔레스타인의 내일, 아름다운 세계의 내일을 상상하게 한다. '절망의 산'에서 '희망의 돌'을 캐내는 정(釘)이다. 이 세상이 아직 본 적 없는 우리의 가장 아름

---

* 유대교와 이슬람교 모두 종교적 관습으로 정기적인 금식을 행하고 있다.
** 하누카는 유다 마카베오가 기원전 164년 예루살렘 성전을 수복한 것을 기념하는 절기로 유대력 9월 25일부터 8일간 거행된다. 이때 '드레이들'이라 불리는 전통 팽이를 가지고 노는 풍습이 있다.

다운 아이들, 우리의 가장 아름다운 날들을 상상하는 것. 모든 것은 상상하는 데서 시작된다. "인간이 상상할 수 있는 것은 모두 실현할 수 있다"(쥘 베른*). 지금 가자 지구의 사막의 연옥에서 목숨을 걸고 '와탄'으로 돌아가고자 하는 가자 지구 팔레스타인 사람들의 영혼의 외침을 듣는 일은 우리가 이 세상을 우리 자신의 어떠한 와탄으로 상상하고 그것을 영혼을 바쳐 희구할 것인지를 묻는 일이기도 하다.

---

* 단, 해당 인용문은 쥘 베른이 남긴 말로 전해지고 있지만 그가 이와 같은 말을 어디서 했는지는 정확히 확인되지 않고 있다.

후기

2018년 8월 9일, 이스라엘은 가자 지구의 150곳을 폭격했다. 하마스가 이스라엘을 향해 200발의 로켓을 발사한 것에 대한 보복이라고 한다. 해변 난민캠프에 있는 사이드 알-미샬 문화센터도 폭격을 받아 5층짜리 건물이 잔해로 변했다. 이스라엘이 상습적으로 내세우는 하마스가 이곳에서 활동하고 있었기 때문이라는 것이 센터를 공격한 이유다. 2004년 개관해 두 개의 극장과 영화관을 갖춘 이 센터는 하마스가 아니라 가자 지구의 예술문화 활동의 일대 거점이었다. 완전 봉쇄되어 '살아 있는 채로 당하는 죽음'을 견뎌내야 하는 가자 지구의 주민들에게 무대와 영화, 콘서트를 제공했고 여러 극단과 악단이 이곳을 활동의 터전으로 삼고 있었다. 이곳에서 세계 무대로 비상한 이들도 있다. 센터는 팔레스타인의 민족무용인 다브케 무용단도 운영하고 있었는데, 250명의 어린이들이 참여하고 있었다. 그 센터가 순식간에 잔해 더미가 되었다.

자살이라는 종교적 금기를 어기고 지옥에 떨어지는 것과 봉쇄 하의 생지옥을 살아가는 것 사이에 더 이상 차이를 찾지 못하고 목숨을 끊는 이들이 급증하고 있는 가자 지구에서 그럼에도 불구하고 삶의 편에 남아 있는다는 것, 인간다움을 지킨다는 것은 가자 지구 사람들의 투쟁의 근간을 이루고 있었다. '예술'이 얼마나 그들을 지탱하는 힘의 원천이자 자양분이었던가. 프리모 레비의 『이것이 인간인가』를 읽은 사람이라면, 단테의 『신곡』을 암송하는 것만으로도 어떻게 절멸수용소에서 레비의 삶을 지탱해 주었는지 알 것이다. 이스라엘이 알-미샬 문화센터를 표적으로 삼은 것도 센터가 가자 지구의 예술 활동의 거점이며, 완전 봉쇄의 폭력 속에서 인간을 그저 살아 있는 생명으로 환원시키고 마는 것이 아니라 '인간'답게 만드는 영혼의 양식임을 알고 있기 때문이다.

센터가 파괴된 다음 날 가자 지구의 예술가들은 악기를 가져와 센터의 잔해 한가운데서 연주했다. 10년 전인 2008/2009년 공격 때도 휴전이 되자마자 가자 지구의 예술가들은 가까스로 파괴를 면한 회화 작품을 반쯤 무너진 건물의 벽에 걸고 그것을 촬영한 동영상을 〈폐허 속의 예술〉이라는 제목으로 세계에 발신했다. 마치 팔레스타인 사람들의 회복력을 세계에 보여주려는 듯이. 하지만 이번 센터를 표적으로 삼은 데서 드러나듯이, 최근 이스라엘의 공격은 무장해방세력을 타격한다기보다는 팔레스타인 사람들의 '회복력'의 근원, 그들이 '그래도 인간다움을 지켜내자'는 정신적 토대-그것이 지난 70년 간 그들의 투쟁을 지탱해 온 저력이다-를 근본적으로 파괴하려는 게 아닐까.

"팔레스타인은 방문할 때마다 최악의 상황을 경신하고 있다", 20년 전쯤에 들었던 말이다. 20년이 지난 지금, 오히려 이렇게 말해야 할 것이다. "팔레스타인은 방문할 때마다 *기하급수적*으로 최악을 경신하고 있다"라고. 팔레스타인에 대해 이야기하면 반드시 받는 질문이 있다. "희망은 어디에 있나요?"

나크바로부터 4반세기가 지난 1970년대, 팔레스타인의 젊은이들은 남녀 불문하고 해방전사(페다인)가 되어 총을 손에 쥐고 조국의 해방과 고향으로의 귀환을 위해 목숨을 던졌다. '팔레스타인'은 에드워드 사이드(Edward Said)의 말처럼, 인간의 완전한 자유를 위한 투쟁에서 세계의 전위대였다. 그로부터 50년이 지난 지금, 역사의 승리자가 승리의 나팔을 높이 불며 잔해 더미를 만들어내는 한편, 가자 지구에서는 경유를 뒤집어쓰고 몸에 불을 붙이는 젊은이들이 있다. 또는 이스라엘의 저격수 앞에 스스로 몸을 던지기도 하고 사고로 처리되기 위해 옥상에서 '발을 헛디뎌' 추락사하기도 한다. 한 임산부는 가자 지구에서 아이를 낳기를 거부하고 뱃속의 아기와 함께 스스로 목숨을 끊었다. 이것이 나크바 이후 70년이 지난 팔레스타인의 현실이다.

가자 지구의 젊은이들의 분신자살. 이는 튀니지 청년 무함마드 부아지지의 행동을 모방한 것이리라. 2010년 12월, 튀니지의 한 지방도시의 가난한 청년이 시청 청사 앞에서 자신의 몸에 불을 지른 것이 체제 변혁을 요구하는 전국민적 시위로 이어져 대통령은 퇴진했다. 튀니지의 재스민 혁명의 성공은 순식간에 아랍 세계 전역으로 파급되었고 이집트의 무바라크 대통령도 리비아의 카다피 대령도 권좌에서 쫓겨났다. 한 사람의 청년이 불사른 사건이 세상을 바꾼 것이다.

위장된 순교나 사고사와 달리, 가자 지구의 청년들이 자기 몸을 불사르는 스펙터클화를 통해 이슬람 최대의 종교적 금기인 자살을 드러내는 것은, '이 세상'을 향해 목숨으로 호소하려는 것이다. 봉쇄 하의 가자 지구의 삶이 종교적 금기를 어기고 지옥에 떨어지는 것과 다를 바 없는 생지옥이라는 사실을 말이다. 불길에 휩싸인 무함마드 부아지지의 모습이 세상을 뒤흔들고 체제의 변혁을 가져왔듯이, 청년들은 '살아 있는 채로 당하는 죽음'을 강요당하고 있는 200만 명의 가자 지구 팔레스타인 사람들에게 '이 세상'이 응답하기를 염원하고 있다. 그들이 스스로 목숨을 끊는 것은 도저히 구제할 수 없는 절망 때문이지만, 그럼에도 구태여 충격적인 '분신자살'을 선택한 것은 천국에 갈 수 있다는 사후의 구원까지 희생하면서까지 이 사태를 방치하는 세상에 대해 항거하고 분명한 응답을 요구하기 위해서일 것이다. 그러나 그것은 보도조차 되지 않는다. 희망은 어디에 있는 것인가.

이스라엘의 팔레스타인계 배우 무함마드 바크리가 일본을 방문해 도쿄와 교토에서 팔레스타인 작가 에밀 하비비*의 소설 『비관적인 낙관론자 사이드의 실종을 둘러싼 기묘한 사건』을 일인극으로 상연한 것은 2006년의 일이었다. 이때 바크리는 라미라는 이름의 반(反) 시오니스트 유대인 친구 한 명과 함께 일본을 방문했다. 교토 공연 개막 전, 무대 뒤의 어둠 속에서 홀로 담배를 피우고 있는 바크리의 곁으로 다가간 그는 "캄캄한 어둠 속의 산중에서 저 멀리 희미하게 보이는 불빛"이라며 손가락에 담배를 끼운 손을 배우다운 동작으로 크게 폈다. 어둠 속에서 담배의 희미한 불빛이 비친다. "내게 라미는 그런 존재야. 그 빛이 있기에 절대적인 어둠 속에서도 절망하지 않고 계속 걸어갈 수 있지."

어둠 속에서 저 멀리 비치는 희미한 불빛이라도 그것이 '나'를 위해 켜

---

* Emile Shukri Habibi(1922-1996), 나크바 이후에도 고향 하이파에 머물며 팔레스타인이 겪은 역사적 부조리를 아랍어 소설로 계속 써온 작가이자 정치가.

져 있다는 것을 안다면 우리는 외롭지 않다. 절대적인 어둠 속에서도 계속해서 걸어갈 수 있다. 바크리에게 라미가 그랬던 것처럼, 우리도 캄캄한 어둠의 산중에서 저 멀리 떠 있는 불빛이 될 수 있지 않을까. 아니 그렇게 되어야 한다고 생각한다. 팔레스타인에 희망이 있다면 그것은 바로 우리 자신일 것이다.

  이 책은 월간 『미스즈(みすず)』에 2016년 3월부터 2018년 7월까지 격월로 연재한 것에 새롭게 마지막 장을 추가하고 가필 수정하여 정리한 것이다. 전작 『아랍, 기도로서의 문학』에 이어 이 책이 기획 단계부터 햇수로 3년에 걸친 연재를 거쳐 단행본으로 나오기까지 미스즈쇼보 편집부의 스즈키 에이카(鈴木英果) 씨에게 많은 도움을 받았다. 팔레스타인에 대해 이런 책을 저술하는 것은 나의 오랜 소원이었는데, 스즈키 씨가 연재를 기획하고 끝까지 함께 해주신 덕분에 실현될 수 있었다. 진심으로 감사드린다.

  팔레스타인과 만난 지 40년의 세월이 흘렀다. 그동안 방문한 팔레스타인에서 혹은 일본에서 다양한 '만남'이 있었다. 직접 만나서 이야기를 나눴던 만남도 있고 레이첼 코리 씨처럼 그녀의 사후에 처음 만난 경우도 있다. 어느 쪽이든 그런 만남을 통해 나는 팔레스타인에 대해 많은 것을 배웠다. 오히려 그런 만남이 내게 팔레스타인에 대해 가르쳐 주었다고 말해야 할지도 모른다. 이 책은 내게 그런 '외면하지 않는 사람들'을 둘러싼 기억의 일부이다. 이러한 만남을 통해 내가 조금씩 팔레스타인에 대한 이해를 넓혀갔던 것처럼, 독자 여러분도 팔레스타인을 접하고 팔레스타인에 대해 알고 팔레스타인을 만나기를 바라며 이 책을 쓰게 되었다.

지난 40년 동안 팔레스타인과 함께 걸어오면서 다양한 사람들을 만나고 배우고 격려받고 도움받았다. 여기에 그 한 분 한 분의 이름을 일일이 적을 수는 없지만 도움 주신 모든 분들께 진심으로 감사의 말씀을 전한다.

그 어떤 불의도 영원히 지속될 수 없다. 끝나지 않는 나크바의 고통에 종지부를 찍는 날이 반드시 올 것이다. 문제는 우리가 어떻게 관여할 것인가, 그리고 그날이 조금이라도 일찍 오게 하려면 우리는 무엇을 할 것인가에 있다.

그날이 오면…, 그날이 오면….

2018년 나크바로부터 70년째 되는 10월에

오카 마리(岡 眞理)

역자의 말

번역자 또한 이 세계 대부분의 사람들과 마찬가지로 팔레스타인 문제와는 무관한 채로 살아왔다. 내가 중학생이었을 무렵, 9.11 테러가 발생했고, 아프간 전쟁에 이어, 이라크 전쟁이 발발했다. 당시 언론에서 보도되는 오사마 빈 라덴, 사담 후세인, 그리고 '테러리스트'들의 이미지는 중동이라 불리는 이슬람 세계 전체에 대한 내 인상을 결정했다. 그 무렵엔 팔레스타인이 의식에 있었던 것 같지는 않다. 그나마 어렴풋한 기억 속에 급우 한 명이 "하마스 멋있다"라고 깜짝 놀랄 만한 말을 했던 것이나, 팔레스타인 해방기구(PLO) 의장이었던 아라파트가 사망하여 쿠피예를 두른 그의 생전 모습이 언론에 자주 오르내렸던 것, 언젠가 KBS의 〈도전! 골든벨〉을 시청할 때 '가자 지구'가 마지막 문제의 정답으로 나왔던 것 정도였을 것이다. 아직은 팔레스타인도, 인티파다도 여전히 낯설게 들렸다.

대학생 시절, 튀니지의 청년 노점상인 부아지지가 분신했다. 이는 '아랍의 봄'이라 불리는 범이슬람권 민주화 운동으로 확산되었다. 그 충격 이후, 내게 이슬람 세계는 외부 세계에 적대적인 테러리스트들의 공간에서 저항하는 행위자들의 공간으로도 인식되기 시작했다. 그러나 그 때도 팔레스타인이 나의 의식에 전면에 떠오르는 일은 없었다.

훗날 부산의 인디고 서원에서 운영하는 영화 인문학 프로그램인 〈부산 청년, 영화를 말하다〉 2기에 참가했을 때였다. 나를 비롯한 참가자들은 운영진이 선정한 영화를 함께 감상하고, 다양성과 인권 문제는 물론 동물권 문제까지 인문학적 관점에서 논의하는 과정에서 이전보다 정신적으로 크게 성장할 수 있었다고 생각한다.

영화 중에는 〈다니엘 바렌보임과 서동시집 오케스트라〉가 포함되어 있었다. 영화는 팔레스타인 출신의 미국 학자인 에드워드 사이드와 이스라엘인 지휘자 다니엘 바렌보임이 함께 이끌었던, 팔레스타인과 이스라엘 출신 청소년들의 오케스트라를 다룬 다큐멘터리다. 함께 모여 영화를 감상하며, 다니엘 바렌보임이 이스라엘 국회에서 이스라엘의 팔레스타인 점령과 지배를 성토한다거나, 두 나라 청소년들이 협주하는 장면에서는 팔레스타인 사람들이 이스라엘과 평화 속에서 공존하기를, 진정으로 기원했다. 그 때 함께했던 모두가 같은 마음이었을 것이다. 그 무렵, 팔레스타인을, 세계의 수많은 지명들 중 하나, 이슬람 세계의 일부가 아닌 비로소 그 자체로서 인식하게 되었던 것으로 기억한다.

한편, 〈부산 청년, 영화를 말하다〉 2기 프로그램의 영화 중에는 〈그을린 사랑〉도 있었는데, 당시에는 영화가 레바논 내전을 배경으로 했다는 점까지는 들었지만, 그 레바논 내전이 팔레스타인 역사의 거대한 비극의 하나였다는 점, 심지어는 주인공들을 팔레스타인 사람들로 볼 수 있다는 점은 한참 나중에서야 깨닫게 되었다.

시리아의 어린 난민 쿠르디가 사체로 떠오른 것이 그 무렵으로, 오늘날 곤히 잠든 아들을 보고 있을 때는 문득 쿠르디를 떠올리곤 한다. 단, 팔레스타인은 마치 어린 쿠르디처럼, 내 의식 속에 문득문득 떠오를 뿐이었다. 지금은 가자 지구에서 전 세계를 향해 발신되는 무수한 메시지들 속에서, 그 모습을 본다.

2023년 10월 7일, 하마스가 가자 지구 너머 이스라엘령에 대한 대대적인 공격을 감행하면서('알-아크사 홍수 작전') 또다시 전면전이 발발했다. 그 이후 하마스가 이스라엘인들의 음악축제를 습격해 강간을 저질렀다거나, 이스라엘 아기들의 목을 잘랐다는 참혹한 주장들이 앞다투어 보도되기 시작했다.

이러한 보도들은 그동안 팔레스타인 사람들의 입장을 지지했던 내 의견을 잠시나마 크게 뒤흔들어 놓기에 충분했으나, 얼마 지나지 않아 이러한 주장들 중 상당한 분량이 근거 없다는 반박이 이어지기도 했다. 뿐만 아니라, 이스라엘이 대규모 폭격으로 팔레스타인 사람들을 무차별 학살하고 있다는 보도들이 쏟아졌다.

그러더니 이번에는 하마스가 병원 지하에 진지를 구축해 팔레스타인 사람들을 인간 방패로 쓰고 있다는 비난적인 기사들이 뒤를 이었다. 나는 머리가 어지러울 정도로 복잡하게 뒤엉킨 보도 속에서 어느 순간부터는 갈피를 잡지 못한 채 몇 달을 보냈다. 한편 여러 언론을 비롯한 여러 미디어에서는, 팔레스타인보다는 이란 등 주변 강대국들의 이 전쟁과 관련된 동향 따위를 활용해 어떻게 주식을 투자하면 좋을지를 신이 난 듯이 떠들고 있어, 혼란스러움을 더했다.

'알-아크사 홍수 작전'과 전면전이 발발한 이듬해, 나는 대학원에 들어가 역사교육을 공부하게 되었으며, 그해 말 『가자에 지하철이 달리는 날』

번역을 맡게 되었다. 여기에는 분명 우연이라는 요소가 크게 작용했을 것이다. 그러나 한편으로는 이처럼 생애 순간순간, 나는 팔레스타인 문제에 가까워졌다가 어느새 멀어지고, 그것을 잊어버렸다가 다시 가까워지기를 반복하고 있었다. 그리고 번역을 계기로, 간접적이나마 마침내 팔레스타인 문제에 개입하게 된 것이다.

그것을 느끼게 된 사소한 사건이 있었다. 어느 자리에서 지인이 '알-아크사 홍수 작전' 당시 이스라엘인들이 음악축제에서 하마스의 습격을 받고 인질로 잡혔다는 이야기를 꺼내자, 주변 사람들은 이를 처음 접한 듯 놀라워했다. 1년도 더 된, 과장된 보도가 마치 어젯밤 일인 듯 이야기되고 있었던 것이다. 아주 작은 모임에서 일어난 일이지만, 팔레스타인이 사람들의 인식 속에 얼마나 주변화되고 있는지를 들여다볼 수 있었다.

때마침 질베르 아슈카르의 『이스라엘의 가자 학살』을 읽고 있던 나는, 그것을 민간인 습격으로만 볼 수 없으며, 포로 교환 목적을 지닌 것으로, 우리가 흔히 상상하듯 포로 학대로 이어지는 잔혹한 인질극과는 다르다는 점, 민간인 습격 및 인질극 이전에 이스라엘의 팔레스타인 점령부터 이야기하라고 하며, 위 책을 챙겨 보라고 꼬집었다. 책은 다소 급진적인 논조였는데, 나는 그 이상으로 과격해지고 있었다.

그러자 동석한 다른 사람이 '전 세계 난민 중 팔레스타인 난민들이 가장 많은 지원을 받는다'고 했다. 출처가 어디냐고 되묻자, 그는 유튜브에서 어느 교수가 말하는 것을 들었다고 했다. 나는 기어이, 그렇게 말하는 의도가 무엇인가, 지원을 많이 받으니 팔레스타인에 관심을 끄자는 이야기인가 하며 물고 늘어졌다. 아마도 그 때 생애 처음으로 팔레스타인 문제로 화를 냈을 것이다.

　나중에서야 화두를 꺼낸 지인과 이야기했을 때, 그도 가자 지구를 침공한 이스라엘 방위군(IDF)이 팔레스타인 사람들을 조롱하며 즐거워하는 모습을 보고 이스라엘을 경멸하게 되었다는 이야기를 해 주었다. 그런 그조차도 이번 전쟁의 시작을 하마스가 무고한 민간인들을 습격한 것으로 여기고 있었던 것이다.

　뒤늦게 이야기하는 감이 있지만, 이 책은 2018년에 출간되었다. 번역자의 말을 쓰는 지금으로부터 벌써 7년이나 되었다. 그렇기에 2023년에 발발한 가자 지구의 전쟁이 현재 진행형일지라도, 이 책이 지금도 시의성을 지닐 것인지 번역을 시작한 초기에 스스로 의문이 드는 것도 어찌 보면 당연했다.

　분명, 이 책의 이야기-서사들은 2018년 이전의 이야기이다. 번역을 하면서 틈틈이 언론의 최근 보도, 그리고 번역을 시작할 즈음부터 구독하고 있던 팔레스타인과 연대하는 여러 개인 및 단체들이 SNS에 올린 게시글을 읽다가, 금세 이 책의 지나간 이야기들을 번역하고, 또다시 오늘 올라온 게시글들을 확인하기를 반복하는 것이 일상이 되었다. 그러다 보니, 가깝게는 수 년 전 이야기들과 오늘날 일어난 일들의 연대기가 뒤죽박죽으로 뒤섞이게 되었다. 가자 지구에서 전쟁이 일어난 초기에는 수많은 보도와 반박이 뒤엉키는 속에 허우적대었고, 번역 중에는 시간과 시간 사이를 끊임없이 오가는 중에 과거는 현재가 되고, 현재는 과거가 되었다. 시간의 경계는 흐려졌고, 나는 정신을 잃을 것 같은 기분에 휩싸였다.

　가령, 저자는 25년 전 요르단 강 서안 지구의 제닌 난민 캠프를 거닐다가, 어느 뇌성마비 청년이 부모 눈 앞에서 이스라엘 군의 불도저에 짓밟힐 때 함께 으스러졌다는 휠체어를 보았다고 한다. 다시 25년 뒤인 올해 4월 19일에, 나는 한국의 팔레스타인 평화연대가 올린 장문의 게시글을 읽었다. 거기에는 소아마비 장애아동인 아흐마드 아부 알-루스가 이스라엘의 폭격으로 엄마, 동생과 함께 불길 속에서 타 죽고 난 뒤 남겨진 휠체어 사진이 첨부되어 있었다.

제정신을 차릴 때쯤 알아챈 사실이 있었다. 이 책에 담긴 이야기-서사들이 여전히 반복되고 있다는 것. 그것은 결코 옛날 이야기가 아니라 오늘날 팔레스타인 각지에서 벌어지고 있는 현실이었기에 머릿속에서 과거와 현재가 그토록 혼란스럽게 뒤엉켰던 것은 아니었을까. 그리고 결코 나만이 그렇게 느꼈던 것 같지도 않다.

학살이 더 광범위하고 잔혹해지며, 치밀해지고 첨단화되고는 있으나, 팔레스타인에서 과거와 현실을 나누는 것은 도저히 불가능할 것이다. 그것은 휴전이 되든 말든, 이스라엘이 팔레스타인을 점령하고 있는 한 언제까지고 계속될 것이다. 다만, 이번 전쟁에서 확연히 달라진 것이 있다면, 무자비할 만큼 늘어난 학살의 희생자 수일 것이다. 그 수는 유엔 인도주의업무지원국(OCHA)의 통계에 따르면 2025년 5월 14일 기준으로 52,928명에 달한다. 언젠가는 희생자 수의 통계를 내는 것은 무의미하다는 이야기를 들은 것 같다. 만약 이번만큼은 그 말이 옳다면, 그것이 어디까지 치솟을지 알 수 없기 때문이리라.

분명 책의 제목은 미래지향적이고, 표지의 에메랄드 빛 돌담은 화사하게 빛이 나서, 왠지 모를 희망을 품게 한다. 번역자가 느꼈던 그런 첫인상을 비슷하게 느낀 독자들도 있으리라 생각한다. 우리의 이 책이 그와 같은 희망을 품고 있을 터라 여겼다. 그러나 그런 생각은 보기 좋게 빗나가고 말았다. 그곳에 희망이 있다면, 말기 암의 극심한 고통을 통증 완화 치료 없이 맨몸으로 버텨내면서까지 딸의 학비를 대 주려는 어느 팔레스타인 어머니의 마지막 싸움이, 이스라엘군의 봉쇄로 처참하게 굶어 죽은 동물원의 동물들을 수습해 박제로 만들어서까지 아이들의 웃음을 되살려내려는 집념이 바로 그 증거일 것이다.

미프타흐(열쇠). 나크바의 그날, 팔레스타인 사람들이 이스라엘인들에게 쫓겨나면서도 저마다 몸에 지녔던 그것으로 다시 열고자 했던 집은 더 이상 남아있지 않다. 그것을 지녀왔던 이들도 난민인 채로 차례차례 죽고, 수시로 집단학살을 당했다. 그러면 그들의 남은 자식들이 그것을 이어받아 귀환을 위한 투쟁을 이어갈 것이다. 그들이 죽으면 그들의 자식들이, 자식을 남기지 못한 채 죽은 이들의 염원과 함께 팔레스타인으로 돌아갈 것이다. 마지막 한 사람이 남을 때까지, 요르단 강에서 지중해까지. 비록 언젠가 인류의 역사가 끝나는 그날까지라도.

번역을 마무리짓게 된 5월은 나크바가 일어난 그 달이었다. 팔레스타인 사람들과 함께 싸워주지 못했음은 물론, 팔레스타인과 연대하는 이들과 함께하지 못하고 책상에서 번역을 하는 데 그친 점에 대해, 번역자로서, 그리고 역사교사로서, 팔레스타인 사람들, 전 세계의 연대자들, 특히 연대하는 교사들에게 큰 미안함을 느낀다. 번역을 시작할 때부터 줄곧, 아주 조금이나마 팔레스타인 사람들에게 도움이 되었으면 하고 바라며, 번역으로 연대하겠다고 마음먹었다. 동시에 팔레스타인 문제를 번역하지 않게 되는 날, 즉 팔레스타인 사람들이 비로소 평화를 찾는 날을 염원한다.

　지금도 세계 각지에서 수많은 이들이 팔레스타인의 깃발을 나부끼며, 이스라엘의 집단학살을 규탄하며 팔레스타인 사람들과 함께 행진하고 있다. 그들 한 사람 한 사람 또한, 가산 카나파니가 한 말처럼 하나의 대의(大義)이다. 그리고 그 모든 대의는 요르단 강에서 지중해까지, 팔레스타인을 향한 귀환의 대행진일 것이다. 세상의 모든 이들과 함께 손을 잡고 귀환의 대행진에 나서는 그날을 염원하며.

2025년 5월, 나크바가 일어난 그 달에

주석

1) 요르단은 1950년 요르단강 서안 지구를 병합한 뒤, 1954년에 제정한 국적법으로 요르단에 거주하며 나크바 이전에 팔레스타인 국적을 가지고 있던 팔레스타인 사람들에게 요르단 국적을 부여하기로 결정했다. 이로써 요르단의 팔레스타인 사람들 대부분은 요르단 국적을 갖게 되었다. 다만, 1967년, 제3차 중동전쟁에서 이스라엘에 점령된 가자 지구로부터 도망쳐 요르단에 온 난민들에게는 시민권을 주지 않아서 레바논의 팔레스타인 사람들과 같은 상태에 놓여 있다.
2) 모두 1967년 6월의 전쟁(제3차 중동전쟁, 6일 전쟁)을 피해 요르단으로 온 팔레스타인 난민들을 수용하기 위해 암만 근교에 설치된 긴급 캠프이다. 바카아 난민캠프는 요르단에서 가장 큰 팔레스타인 난민캠프이다.
3) "The Iraqi Palestinian Crisis" 2008년 4월 8일 화요일, Guest blog by Refugees International Senior Advocate Kristele Younes and Refugee Council USA Director Elizabeth Campbell http://thegroundtruth.blogspot.jp/2008/04/iraqi-palestinian-crisis.html/
4) 칸 영화제에서 황금종려상을 수상한 프랑스 영화 〈디판〉(원제 〈Dheepan〉, 자크 오디아르 감독, 2015년)은 이러한 비극에 기반하여 스리랑카에서 파리로 건너 온 난민을 주인공으로 묘사했다.
5) ジョルジョ・アガンベン『人權の彼方に-政治哲學ノート』、高桑和巳譯、西谷修解題、以文社、二〇〇〇年、二八-二九頁(Giorgio Agamben, MEZZI SENZA FINE, 1996)

6) アガンベン、前掲書、三四頁

7) Dorothy Spearse, "Exploring Mortality With Clothes And a Claw", The New York Times, 2010년 5월 9일, http://www.nytimes.com/2010/05/10/arts/design/10boltanski.html?_r=0

8) 위와 같음.

9) 石原吉郎「確認されない死の中で」『望郷と海』、みすず書房、二〇一二年

10) 가산 카나파니 『하이파에 돌아와서/태양의 사내들(ハイファに戻って/太陽の男たち)』, 구로다 도시오(黒田壽郎)·누타하라 노부아키(奴田原睦明) 역, 가와데쇼보신샤(河出書房新社), 2009년(초판은 1987년. 2017년에 문고본화되었다)

11) 예를 들어 자비에르 콜러 감독의 〈희망의 여행〉(스위스, 1990년), 필립 리오레 감독의 〈너를 생각하며 바다로 간다〉(프랑스, 2009년, 국내 개봉명은 〈웰컴〉), 에마누엘레 크리알레세 감독의 〈바다와 대륙〉(이탈리아, 2011년, 국내 개봉명 〈테라페르마〉), 잔프랑코 로시 감독의 〈바다는 불타고 있다〉(이탈리아, 2016년, 베를린 영화제 황금곰상 수상, 국내 개봉명 〈파이어 앳 시〉) 등이 있다.

12) カナファーニー「太陽の男たち」黒田壽郎譯、九九頁

13) ジャン・ジュネ『戀する虜-パレスチナへの旅』、鵜飼哲·海老原武譯、人文書院、一九九四年

14) '아랍인'이란 역사적으로 아라비아 반도에서 아랍어를 사용하는 사람들을 가리키는 말이었지만 아랍/이슬람 세계의 확대에 따라 오늘날에는 아랍어를 모어로 사용하는 사람들, 그리고 비아랍 세계로 이민 간 2세 이후의 사람들을 포함한다. 다시 말해 모어가 아니더라도 아랍어를 바탕으로 역사적으로 형성된 문화를 자신의 문화적 정체성으로 여기는 사람들을 의미하는 언어문화적인 개념이다. 중동 아랍 세계에서는 기독교도나 유대교도일지라도 아랍어를 모어로 사용하는 한 모두 '아랍인'이다.

15) 팔레스타인 사람들에 대한 인종청소는 1947년 11월 29일 유엔총회가 팔레스타인 분할을 다수의 찬성으로 가결한 직후부터 이스라엘 건국을 거쳐 1949년 겨울까지 1년 여에 걸쳐 전개되었다. 특히 5월 15일이 '나크바의 날'로 지정된 것은 그 전날인 1948년 5월 14일, 이스라엘이 독립 선언을 했기 때문이다.

16) 1967년 제3차 중동전쟁 발발일. 이스라엘의 기습 공격으로 아랍 측은 대패했고, 이스라엘은 동예루살렘을 포함한 요르단강 서안 지구(당시 요르단령), 가자 지구(당시 이집트 관할), 이집트령 시나이 반도 시리아령 골란 고원을 6일 만에 점령했다. 이집트/이스라엘 평화조약에 의해 이집트에 전면 반환된 시나이 반도를 제외하고는 나머지 영토는 반세기 동안 이스라엘의 점령 상태에 있다(예루살렘과 골란고원은 이후 이스라엘에 병합되었다). 1948년 나크바에 대비하여 '나크사(크나큰 좌절)'라고 불린다.

17) Jewish Voice for Peace, "Nakba Factsheet," https://jewishvoiceforpeace.org/wp-content/uploads/2015/07/JVP-Nakba-Fact-Sheet.pdf

18) Deir Yassin Remembered, http://www.deiryassin.org/mas.html

19) Menachem, Begin, The Revolt: Story of the Irgun, cited in Ilan Pappe, Ethnic Cleansing of Palestine, Oneworld Publications, 2007

20) Ilan Pappe, Ethnic Cleansing of Palestine, Oneworld Publications, 2007(イラン・パペ『パレスチナの民族淨化』、早尾貴紀・田浪亞央江譯、法政大學出版局、二〇一七年

21) Ilan Pappe, 'How Israel Was Absolved of Deir Yassin and All Other Massacres,' The Electronic Intifada, 2015년 4월 10일

22) 이스라엘에서 나크바의 기억을 억압·은폐하는 사례는 일일이 열거할 수 없을 정도로 많지만 다음 몇 가지 예를 들자면 우선 당연히 이스라엘 역사 교과서

에는 나크바에 대한 서술이 없다. 이스라엘에는 팔레스타인 사람들의 나크바의 기억을 이스라엘 역사에 새기기 위한 활동을 하고 있는 '조크로트'(히브리어로 '그녀들은 기억하고 있다'라는 뜻)'라는 NGO가 있다. 조크로트가 역사 수업에서 나크바에 대해 가르치기 위한 부교재를 만들어 이를 활용한 수업 워크샵 등을 개최했으나 교육부장관의 통고에 따라 이를 이용한 일체의 수업이 금지되었다. 또한 나크바를 공개적으로 추모하는 것도 법적으로 금지되었다(통칭 '나크바법'). 1988년, 테오도르 카츠는 탄투라 집단학살을 관련 이스라엘 군인, 피해자인 탄투라 마을의 팔레스타인 생존자 등의 구술사를 바탕으로 밝혀낸 석사 논문을 하이파 대학에 제출하여, 한때 역대 최고 점수로 평가받았다. 그러나 그 내용이 신문에 보도되면서 재향군인 등이 카츠를 명예훼손으로 고소했고, 석사 논문은 불합격 처리되었다(Jonathan Ofir, 'The Tantura massacre of 1948 and the academic character assassination of Teddy Katz', *Mondoweiss*, 2016년 3월 3일.

23) Ilan Pappe, 'How Israel Was Absolved of Deir Yassin and All Other Massacres,' *The Electronic Intifada*, 2015년 4월 10일

24) 金石範「私は見た 四・三虐殺の遺骸たちを」『すばる』二〇〇八年二月号、一五九頁

25) Ilan Pappe, 'How Israel Was Absolved of Deir Yassin and Other Massacres.'

26) ジョルジョ・アガンベン『人權の彼方に』高桑和巳譯、以文社、四六頁

27) 레이첼 코리의 이메일은 다음 주소에서 읽을 수 있다. Rachel Corrie Foundation for Peace and Justice. https://rachelcorriefoundation.org/rachel/emails

28) Edward Said, *Covering Islam*, Routledge and Keagan Paul, 1981. エドワード・サイード『イスラム報道 増補版』、淺井信雄・岡眞理・佐藤成

文譯, みすず書房, 二〇〇三年

29) 레바논의 작가 라시드 알-다이프가 내전 중이던 1986년, 그 악몽 같은 광경을 소설 『졸음과 잠 사이에 노려지는 틈(眠氣と眠りのあいだの狙われた空隙)』에 묘사했다. 중동현대문학연구회(中東現代文學研究會) 편 『중동현대문학선 2012(中東現代文學選 二〇一二)』에 야마모토 가오루(山本薰)의 발췌 번역과 해설이 수록되어 있다.

30) 쉽볼렛(Shibboleth)은 어떤 집단의 구성원을 다른 집단과 구별하기 위해, 그 집단 고유의 발음 등의 지표를 사용하는 것을 말한다. 구약성서 사사기의 고사에서 유래한다. 살육을 피해 강을 건너려는 아브라함의 피난자들에게 길르앗 사람들은 그들이 발음할 수 없는 '시' 발음이 들어간 '쉽볼렛'라는 단어를 말하게 하고 제대로 발음하지 못하는 사람을 그 자리에서 살해했다.

31) 예를 들어 Jean Said Makdisi, *Beirut Fragments*, Perea Books, 1998은 그 기록이다.

32) 십자군이 점령한 예루살렘을 무대로 십자군과 살라흐 앗 딘(살라딘)이 이끄는 아랍/이슬람 군대의 전투를 그린 리들리 스콧 감독의 영화 〈킹덤 오브 헤븐〉(미국 외, 2005년)의 마지막 장면에서는 전투에서 승리하고 유럽인들이 패배한 예루살렘에 들어선 살라흐 앗 딘이 교회 바닥에 굴러다니는 십자가를 집어 들고 엄숙하게 제단에 올려놓는다. 이 영화가 베이루트에서 상영되었을 때, 이 장면에서 관객들은 큰 박수를 보냈다고 중동 특파원 로버트 피스크는 전한다. "레바논에서 다시는 내전이 일어나지 않을 것이다." 이 같은 기원을 담은 한 문장으로 피스크의 기사는 끝을 맺는다. Robert Fisk, 'Why Ridley Scott's story of the Crusades struck such a chord in a Lebanese cinema', *The Independent*, 2005년 6월 4일

33) 이 구상에 대한 비판은, 예를 들어 야쿠시게 요시히로(役重善洋)「중동 민중혁명」과 대(對)팔레스타인 원조: 평화와 번영의 '회랑' 구상의 좌절과 새로

운 시민연대(「中東民衆革命」과 對パレスチナ援助: 平和と繁榮の回廊」構想の挫折と新しい市民連帶)」, 『PRIME』, 제34호(第三四号) 메이지학원대학 국제평화연구소(明治學院大學國際平和研究所) 2011년 10월(二〇一一年十月) pp.35-42(三五-四二頁)

34) "아파르트헤이트는 살인, 교수형, 실종, 체포, 추방, 몰수, 저학력, 반투스탄의 건설 등으로 특징지어지지만, 팔레스타인 사람들에게 일어나는 일에 비하면 일요일의 피크닉과 같은 일이다. 나는 자신 있게 단언한다. 이스라엘은 아파르트헤이트 국가다." 이 말은 2006년 3월 11일 런던에서 개최된 노동조합의 팔레스타인 연대 집회 '점령에 도전하는 팔레스타인 노동자들'에서 윌리 마디샤 남아공 노동조합회의 의장이 한 발언이다.
https://www.stopthewall.org/2006/03/18/trade-unions-call-greater-action-and-effective-boycott-against-apartheid-israel

35) 자세한 내용은 무기수출금지네트워크(武器取引反對ネットワーク, NAJAT) https://najat2016.wordpress.com/ 참조할 것.

36) BADIL, 'The Survey of Palestinian Refugees and Internally Displaced Persons 2013-2015'. Vol. VIII., Table 2-2, p.74. http://www.badil.org/en/publication/survey-of-refugees.html

37) Radwa Ashur, *al-Tanturiyya*, Dar al-Shuruq, 2010, p. 199.

38) Bayan al-Hout, *Sabra Shatila: September, 1982*, Pluto Press.

39) ジャン・ジュネ『シャティーラの四時間』, 鵜飼哲・梅木達郎譯, インスクリプト, 二〇一〇年

40) Raji Sourani, Why a Gaza Ceasefire isn't Enough, *The Electronic Intifada*, 2014년 9월 3일.

41) 2018년 8월, 미국의 트럼프 대통령은 UNRWA에 대한 자금 지원을 정지하겠다고 발표했다. 난민 어린이들을 위한 학교를 운영하는 것도

위태로워지고 있다.

42) ポーリン・カッティング『パレスチナ難民の生と死』、廣河隆一譯、岩波同時代ライブラリー、一九九一年(Pauline Cutting, "Children of the Siege", Pan Books, 1988)

43) アン・スウィー・チャイ『ベイルートからエルサレムへ』、荒井雅子・岡眞理・法貴潤子

44) 야노 카나코(矢野可奈子), 「테타(남부 레반트 아랍어로 '할머니'라는 의미-역자 주)들이 말하는 팔레스타인의 허스토리즈(herstories) 박탈·배제·표상에 대한 도전으로서(テータたちの語るパレスチナのハストリーズ——剝奪・排除・表象に對する挑戰として)」 교토대학교 대학원 인간·환경학연구과 (京都大學大學院人間・環境學研究科) 2007년 1월 제출 석사논문. 야노는 2005년 가을부터 이듬해 2006년 여름까지 11개월간 요르단강 서안 지구의 비르제이트 대학에 유학하여, 나크바 이전의 팔레스타인을 기억하는 난민 1세대 여성 3명의 생애사를 인터뷰하고 이를 석사논문으로 정리했다.

45) Liyānā Badr, 'Ain al-Mir' ā, dār sharqiyyāt, 1991.

46) アミラ・ハス『パレスチナから報告します占領地の住民となって』、くぼたのぞみ譯、筑摩書房、二〇〇五年、二一九頁

47) Edward Said, 'By birth or by choice?', Al-Ahram Weekly, 1999년 10월 28일-11월 3일, No.453 (「타고난 것인가, 선택한 것인가」, 에드워드 사이드 『오슬로에서 이라크까지(オスロからイラクへ)』, 나카노 마키코 역, 미즈즈서방, 2005년). 단, 이 책은 필자가 번역하여 인용했다.

48) 훗날 총리를 역임한다. 오슬로 협정으로 1994년 노벨 평화상을 수상했으며, 1995년 그를 '배신자'라고 여긴 유대인 종교적 내셔널리스트에 의해 암살당했다.

49) 1993년 라이트 라이블리후드상 시상식 연설문에서(이하 특별한 언급이 없는

한, 아르나의 발언 인용문은 동일).
https://www.rightlivelihoodaward.org/speech/acceptance-speech-arna-mer-khamis/

50) 아르나의 활동에 관해서는 제닌 자유극장의 홈페이지를 참조함.
http://www.thefreedomtheatre.org/who-we-are/our-legacy/

51) 라이트 라이블리후드상은 1980년에 제정되어 매년 환경, 인권, 지속 가능한 개발 등의 분야에서 공적이 있는 복수의 개인 및 단체가 표창을 받는다. 팔레스타인-이스라엘 관련으로는 지금까지 아르나 외에도 모르데하이 바누누(1987년, 이스라엘의 핵개발을 세계에 폭로하고 투옥된 이스라엘 기술자), 펠리시아 랭거(1990년, 점령 하의 팔레스타인 정치범을 위해 활동하는 이스라엘 변호사), 구쉬 샬롬(2001년, 점령에 반대하는 이스라엘의 인권단체), 인권을 위한 의사들(2010년, 이스라엘), 라지 수라니(2013년, 팔레스타인의 인권 옹호 활동에 헌신하는 가자 지구 출신의 팔레스타인 변호사) 등이 수상했다.

52) Maryam Monalisa Gharavi, 'Interview with late Juliano Mer Khamis: We are Freedom Fighters', *Electronic Intifada*, 2011년 4월 5일.

53) Ralph Waldo Emerson, *Ralph Waldo Emerson: Selected Essays, The Scholar's Companion*, ed., with notes and suggestions for study by Oren Henry Smith, Ann Arbor, Michigan: University of Michigan Library, 2005, pp. 60–61

54) Ariella Azoulay, Kheira's Smile, *in Moments*, Israel, 2002.

55) Buthina El-Khoury, *Women in Struggle*, 2005.

56) Gideon Levy, Tank Lanes Built Between New Jenin Homes, *Haaretz*, 2004년 6월 10일. https://www.haaretz.com/1.4709450

57) B'Tselem, Restrictions on Movement, https://www.btselem.org/

freedom_of_movement

58) ブサイナ・ホーリー　「魂の破壊に抗して」、WiSEC編　『Women in Struggle-目線-パレスチナ・ジェンダー・占領・人權を考える』、二〇〇八年

59) サラ・ロイ「ホロコーストとともに生きる——ホロコースト・サヴァイヴァーの子どもの旅路」、『みすず』、二〇〇五年三月号

60) Sari Hanafi, 'Spacio-cide. Colonial Politics, Invisibility and Rezoning in Palestinian territory,' *Contemporary Arab Affairs*. London: Routledge, II (1), pp. 106-121.

61) Rani Burnat from Bil'in, International Solidarity Movement, 2016년 3월 15일. https://palsolidarity.org/2016/03/rani-burnat-from-bilin/

62) Nasrallah Ibrahim, *Ārās Āmina, al-dār al-ʿarabiyya lil-ʿulūm*, 2004.

63) 2009년 4월 5일, 교토대학에서 열린 도이 도시쿠니 씨 강연회에서 도이 씨가 소개한 가자 지구 취재 영상.

64) 文富軾『失われた記憶を求めて—狂氣の時代を考える』、板垣龍太譯、現代企畫室、二〇〇五年。

65) Ali Abunimah, 'How many bombs has Israel dropped on Gaza?', *The Electronic Intifada*, 2014년 8월 19일.

66) Anonymous, Testimony from Gaza: A 12 Second Phone Call, *IMEU*, 2014년 8월 8일.

67) George E. Bisharat, 'Israel Is Committing War Crimes: Hamas's violations are no justification for Israel's actions', *Wall Street Journal*, 2009년 1월 10일.

68) Raji Sourani, 'Why a Gaza ceasefire isn't enough', *The Electronic Intifada*, 2014년 8월 3일.

69) 2009년 이스라엘의 가자 지구 공격에 대한 전쟁범죄 규명을 위해 남아프리카공화국의 전직 판사, 리처드 골드스톤을 대표로 하여 유엔이 조직한 진상규명조사단. 같은 해 9월에 제출된 430페이지에 달하는 보고서(이른바 '골드스톤 보고서')는 이스라엘-하마스 쌍방 모두 전쟁범죄가 있었다고 지적하면서 특히 이스라엘 방위군의 수많은 전쟁범죄, 인도주의에 대한 범죄를 비판했으며 이 때문에 골드스톤(그도 유대인임에도 불구하고)은 '반유대주의자', '유대 민족의 배신자'라는 안팎의 중상모략에 시달렸다.

70) Avi Shlaim, 'How Israel brought Gaza to the brink of humanitarian catastrophe', *The Guardian*, 2009년 1월 7일.

71) 'Holocaust Survivors Condemn Israel for 'Gaza Massacre,' Call for Boycott', *Haaretz*, 2014년 8월 23일.

72) 'Nobel laureate Wiesel: Hamas must stop using children as human shields', *CNN*, 2014년 8월 3일.

73) 古居みずえインタビュー「現在がナクバだ―封鎖されたガザで何が起きているか」、『インパクション』一六五号(特集「21世紀のアパルトヘイト國家・イスラエル」)、二〇〇八年八月.

74) 'No ceasefire without justice for Gaza', *The Electronic Intifada*, 2014년 7월 22일.

75) Raji Sourani, 'Why a Gaza ceasefire isn't enough', *The Electronic Intifada*, 2014년 8월 3일.

76) 'Gaza Kids Live in Hell: A Psychologist Tells of Rampant Sexual Abuse, Drugs and Despair', *Haaretz*, 2017년 11월 11일.

77) Noam Chomsky, 'Impressions of Gaza', *chomsky.info*, 2012년 11월 4일.

78) OCHA, '53 percent of Palestinians in Gaza live in poverty, despite

humanitarian assistance', The Monthly Humanitarian Bulletin, 2018년 6월 5일, https://www.ochaopt.org/content/53-cent-palestinians-gaza-live-poverty-despite-humanitarian-assistance

79) 'Gaza Kids Live in Hell', op. cit.

80) 나짐 히크메트(1902-1963). 여기에 인용한 시는 중동현대문학 번역자인 이시이 게이이치로(石井啓一郎) 씨의 가르침에 따르면 히크메트가 튀르키예 부르사 교도소에 수감되었던 시기에, 긴 감옥생활로 생이별하게 된 아내 피라예를 생각하며 쓴 『21시에서 22시 사이의 시집(詩集, Saat 21-22 Siirleri)』이란 연작시 중 한 편이다. 영어 번역은 Randy Blasing & Mutlu Konuk, trans., *Poems of Nazim Hikmet*, Persea Books, 2002, New York. 이시이 씨의 가르침에 감사드립니다.

81) Taufiq Saleh, *al-makhdū'ūna*, Syria, 1973.

82) Amjad Ayman Yaghi, 'Gaza's health sector near collapse', *The Electronic Intifada*, 2018년 6월 7일.

83) Ali Abusheikh, 'What the Great Return March means to me', *We are not Numbers*, 2018년 6월 17일.

84) Amjad Ayman Yaghi, 'When a sniper shot a a surfer', *The Electronic Intifada*, 2018년 7월 19일.

85) Amira, 'Palestine Protestors in Gaza: Don't Wound Us-Kill Us', *Haaretz*, 2018년 8월 13일.

86) 정치적인 항의와도 합법적인 자살과도 관계 없는 이들도 있다. 현장에 설치된 텐트에서 시위 참가자에게 샌드위치나 라마단 기간에 단식 후의 식사를 대접하기 위한 목적으로 참가하고 있는 이들(하스, 상동)

87) Susan Abulhawa, 'Israeli 'national-state' law follows in footsteps of Jim Crow, Indian Removal Act, and Nuremberg Laws', 'Nuremberg

Laws', *Mondoweiss*, 2018년 7월 23일.

88) ODS:One Democratic State in Palestine, 'The Munich Declaration', https://odspal.jimdo.com/documents-1/the-munich- declaration/

89) 'A metro for Gaza:Unveiling the underground', *Mashallah News*, 2012년 1월 5일자.

https://mashallahnews.com/a-metro-for-gaza-mohamed-abusal/

가자에 지하철이 달리는 날

1판 1쇄   2025년 7월 20일

지은이   오카 마리
옮긴이   박용준
편집   김효진
교열   이수정
디자인   최주호
펴낸곳   마르코폴로
등록   제2021-000005호
주소   세종시 다솜1로9
이메일   laissez@gmail.com
페이스북 www.facebook.com/marco.polo.livre

ISBN   979-11-92667-94-2 03210

책 값은 뒤표지에 있습니다.